博物馆馆藏文物
保护工作研究

张慧敏　　苏力为◎著

吉林科学技术出版社

图书在版编目（CIP）数据

博物馆馆藏文物保护工作研究 / 张慧敏，苏力为著
. -- 长春：吉林科学技术出版社，2023.7
ISBN 978-7-5744-0782-4

Ⅰ. ①博… Ⅱ. ①张… ②苏… Ⅲ. ①博物馆－文物
保护－研究 Ⅳ. ①G264

中国国家版本馆 CIP 数据核字(2023)第 157207 号

博物馆馆藏文物保护工作研究

著	张慧敏　苏力为	
出 版 人	宛　霞	
责任编辑	张伟泽	
封面设计	皓麒图书	
制　版	皓麒图书	
幅面尺寸	185mm×260mm	
开　本	16	
字　数	240 千字	
印　张	15.75	
印　数	1-1500 册	
版　次	2023年7月第1版	
印　次	2024年2月第1次印刷	

出　版　吉林科学技术出版社
发　行　吉林科学技术出版社
地　址　长春市福祉大路5788号
邮　编　130118
发行部电话/传真　0431-81629529 81629530 81629531
　　　　　　　　　81629532 81629533 81629534
储运部电话　0431-86059116
编辑部电话　0431-81629518
印　刷　三河市嵩川印刷有限公司

书　号　ISBN 978-7-5744-0782-4
定　价　82.00元

张慧敏，女，42岁，2005年7月毕业于山东省科技大学，本科学士。同年入职巨野县巨野县博物馆。曾在《文化研究》、《朔方论丛》、《海岱考古》、《长城华章》、《博览群书》等各地省级以上期刊发论文30余万字。参与了《山东文物精品大系》玉器卷、书画卷和青铜器卷的编纂工作。2008年参加了全国十大考古新发现"淄博高青陈庄遗址"考古发掘工作。参加工作以来多次获得省、市先进个人称号，菏泽市"五一"劳动奖章获得者，菏泽市巾帼建功标兵等。

苏力为，1987年1月出生，山东单县人，2009年毕业于湖北咸宁学院，文学学士。同年入职单县博物馆，文博馆员。参与了《山东文物精品大系》书画卷的编纂工作。发表论文《不以规矩非其病，不受束缚乃其性---从＜清乾隆十五年黄慎花卉册页＞说黄慎》，《多媒体技术在博物馆陈列展览中的影响研究---以单县博物馆为例》。科技项目《单县文化现状的对策》获县级科学技术进步二等奖，参与课题《探究晋冀鲁豫野战军对菏泽红色文化的影响》被确定为2021年菏泽市社会科学研究立项课题。

目　录

第一章 绪 论

博物馆的陈列展览是知识和思想传播的载体,是博物馆实现其文化价值和核心功能的基本方式和直接服务民众的重要手段。因此,对博物馆陈列展览进行研究十分重要。本章将对博物馆学及博物馆陈列展览的内容进行阐述。

第一节 博物馆学与博物馆信息传播

19 世纪末期中国开始出现公共博物馆,百余年来,我国博物馆的数量和质量都有显著提升,博物馆学也日益受到重视。中国大学的博物馆学教育在民国时期就已经开始。"博物馆学"变成了"博物馆",少了一个"学"字意义大相径庭,博物馆学是门学科,而博物馆是机构名称。

关于博物馆学的学科类属问题,根据《中华人民共和国学科分类与代码国家标准》,一级学科"870 图书馆、情报与文献学"下设二级学科"87050 博物馆学"。这也形成了中国博物馆学在教育系统和科研系统分别属于不同一级学科的现状。在《中国图书馆图书分类法》中,"G2 信息与知识传播"下设"G26 博物馆学、博物馆事业"。在我国大学的教学中,博物馆学专业通常与考古学专业一并属于历史学院,而科研方面,博物馆学则与图书馆学、情报学、档案学同属一类,显得非常混乱,给教学科研都带来不利。

目前全国开设有文物与博物馆学专业的高校有六十余所,但各学校都普遍缺乏师资和专业教材。大部分学校博物馆学方面的课程都开设有"博物馆学概论""博物馆藏品管理""博物馆陈列展览""博物馆社会教育"等,"博物馆学概论"原有王宏钧先生主编的《中国博物馆学基础》作为教材,现有陈红京教授等编著的"马工程"教材《博物馆学概论》,而其他几门专业课几乎没有特别合适的教材。

荷兰学者彼得·冯·门施(Peter van Mensch)提出博物馆学属于信息科学,他认为博物馆学的关键点是信息。博物馆的物是信息的载体。的确,博物馆可以被理解为一个传播系统,特别是博物馆的陈列展览,就是博物馆向公众传播的重要媒介之一。

西方博物馆学者根据博物馆传播的特性,构建了博物馆信息模式图。1968 年,邓肯·卡梅隆(Duncan Cameron)发表了《作为传播系统的博物馆和博物馆教育的启示》,最早提出博物馆传播模式的研究,他将美国数学家克劳德·艾尔伍德·香农(Claude Elwood Shannon)提出的信息论传播模式引入到博物馆传播的研究中来,构建了最早的博物馆信息传播模式。他认为,在博物馆的传播模式中,策展人员就是传播者,观众就是接收者,而实物就是媒介,这也是博物馆传播不同于其他大众媒介的地方。而且一个博物馆有很多传送者、媒介和接收者。

后来，卡梅隆认为在博物馆传播模式中增加一个反馈环节非常重要，这是进行展览传播有效性研究的基础，因此他在原有传播模式图的基础上增加了反馈环节，构建了一个新的传播模式。信息由观众反馈给策展者，有助于传播者修改传播策略。反馈也可以让观众将其自己的理解与预期传播的信息进行比较，以此来看信息是否正确有效地被接收。这个模式在博物馆领域比较有影响力，很多学者都赞同卡梅隆的看法，认为博物馆信息传播是大众传播的一支，也应遵循大众传播的一般规律。博物馆观众可以看作是特定传播系统的一部分，他们是信息的接收者，博物馆工作人员通过展览这个媒介传递信息给观众。为了知道信息是否被接收和理解，博物馆必须通过观众反应这个反馈渠道来完成传播过程。今天的博物馆工作人员还是要考虑怎样有效地把信息传播给观众，观众也会想哪些信息对自己有用，随即将这些有用信息纳入自己的经验范围之内，因此，这个看似简单的传播模式在今天依然有着重要意义。但是这个传播模式也存在着一些问题，我们应该加以注意。

1970 年，克内兹（Knez）和赖特（Wright）对卡梅隆强调博物馆中物体作为媒介的观点提出质疑，他们认为应该对博物馆进行区分，比如文字符号（书面或口头语言）在科学博物馆展览中占据重要地位，而对于艺术博物馆来说，物体则更为重要。博物馆传播的主意功能是知识认知，至少在科学博物馆中是这样。他们创造了适合于科学博物馆的博物馆传播模式。该模式认为观众是消极和被动的，由于许多个人和社会因素，如他们的背景、文化假定、知识水平和参观博物馆的个人议程等，观众仍然不能积极主动地诠释他们的经验。

迈尔斯（Miles）以博物馆展览的工作流程为基础，从准备、实施、开放后三个阶段构建了博物馆信息传播模式图，并将前期调研、形成评估、总结评估融入进来。总体上看，该图并未把握博物馆信息传播的实质特点，不像是信息传播模式图，更像是博物馆展览业务工作流程图。

艾琳·胡珀-格林希尔（Eilean Hooper-Greenhill）依据符号学家乔治·穆南（Georges Mounin）的理论，从"相关性（pertinence）"的概念出发，构建了一个新的博物馆信息传播模式。在这个传播模式中，"传播者"被一个团队所取代，涵盖了策划者、设计师、保管人员和观众的兴趣。"接收者"被认为是他或她自己经验意义的积极创造者，他们的先前知识、态度和价值观都将有助于理解。"媒介"被认为是传播者和理解者的中间地带（middle ground），大量的、各种各样的并且有可能冲突的意义在这里不断被创造和再创造。这个中间地带并不是固定的，而是经常变动的。每一个新的理解者都对预期的传播进行新的解释。中间地带包括了博物馆的所有传播媒介：建筑、人、展览、物体、咖啡厅、洗手间等等。博物馆的意义并不仅限于对展览或陈列的解释，在咖啡厅或信息服务台获得的良好体验也会影响对博物馆人工制品意义的理解。就媒介而言，博物馆通过实物媒介传播是博物馆的最大特征，艾琳·胡珀-格林希尔认为"博物馆作为一个传播信息的渠道，实际上是与其他渠道并无二致的。但它能够非常有效地做到的，却是提供给受众对'实物'的独特体验，从而激发他们深入学习与此相关的事实"。

该传播模式虽然简单，但飞跃性的进步就是充分认识到了观众的主观能动性。大众传播学中受众一词是从英文 audience 翻译而来，具体到某种媒体，可以是观众、听众等。传播学的研究从"传者本位论"到"受众本位论"的变化说明了受众研究的重要地位和意义。对于受众的研究，有助于调整传播策略，取得更好的传播效果。博物馆的观众同样如此，他们远非策展人和博物馆工作人员想象的那样是被动、机械，易被操纵的，大多观众来到博物馆是主动的、有主见的，有着自己的议程。博物馆观众在传播过程中，对信息并非全盘接受，而是有选择地接受，再结合自己的先验经验来理解对自己有用的信息。对观众来说，受传过程也是一个选择过程。这种选择包括选择性注意、选择性理解和选择性记忆。传播过程中，观众会接收到很多信息，但是却不会把所有的信息都牢牢记住，他们只会对自己感兴趣的、对自己有利的信息加工后进行记忆。

博物馆的信息传播可分为两个不同的模式路径：一是现实的传统传播模式，二是未来的理想传播模式。就前者而言，博物馆作为传播主体，诠释物后，通过信息、符号等构建了文本，此文本即是原初意义世界，是传播的媒介。观众作为传播过程的接收者，在接收信息、感受原初意义世界后，会结合自己的先验经验，对信息进行选择性记忆，继而加工再创造，生成一个对观众而言的新生意义世界。观众通过自己的新生意义世界对博物馆有所期待、建议，反馈给博物馆。如此循环往复，促进博物馆的发展与观众自身的进步。

就后者而言，博物馆同样是传播主体，通过前期调研、诠释物，形成文本，即最初意义世界。而观众在此传播模式中不再是被动接收者，而是最初意义世界的参与构建者，在策划展览大纲、教育活动的过程中参与进来，博物馆和观众共同构建了原初意义世界。博物馆是为社会及社会发展服务的教育机构，概括地说，博物馆的使命即是通过文本推动社会发展。而观众在解读文本的过程中，结合自己的先验经验，看到物背后的意义，完善自己的知识体系，更好地立足于社会。因此在博物馆完成使命和观众实现自我的双重作用下，原初意义世界升华为共生意义世界，这个升华的过程也是物的人化，人的精神化实现的过程。此共生意义世界的价值所在就是推动社会发展。

第二节 博物馆陈列展览的"物"与"人"

"物"与"人"是博物馆的两大关注对象，收藏物是解释博物馆为什么存在，而服务人则体现了博物馆为谁存在。"收藏"是博物馆的基础职能，"物"不会自动进入博物馆，要征集部门主动去收集；"物"有遭受自然或人为损伤，乃至散失的可能性，需要运用物理、化学等自然科学手段加以保存，并建立一套完善的管理制度。然而，博物馆不是为了收藏而收藏，收藏的目的在于利用。保存的最佳方法是将藏品封存锁闭，而利用却要将藏品公之于众，这显然是一对矛盾。因而有学者提出，博物馆的特殊矛盾就是保存与利用的矛盾。

那么，博物馆是否就只存在保存与利用这一对特殊矛盾呢？正如博物馆并非只有收藏职能一样，我们也不能说保存与利用是博物馆唯一存在的特殊矛盾。任何时候都不应忘记，博物馆是人类社会的产物，人类之所以要保存某些"物"，是期待它们能对人类本身产生有益的影响。保存是手段，利用才是目的。用行话来说，藏品保管是博物馆的基础职能，社会教育是博物馆的最终职能。

正因为有社会教育职能，博物馆才与研究机构或物品仓库区别开来。其实在博物馆的社会教育职能中，还包含着一对特殊矛盾，这就是"物"（主要指展品）与"人"（主要指观众）之间认识论上的矛盾，因为我们人类并不是只要看到什么东西就能自然理解其内涵意义的。既然社会教育是博物馆的最终职能，那么对"物"与"人"这对矛盾的研讨，其必要性应不亚于对"保存"与"利用"这对矛盾的研讨。相比而言，保存科学研究是在运用理工科已有技术成果基础上展开的，更多地带有演绎性质；社会教育职能研究所面对的却是一个人们平时不太关心的课题，内中含有更多的归纳性色彩，它是博物馆学研究的重点。

世界上的科学体系分为纯粹研究"物"的自然科学，和研究人以及与人有关问题的人文社会科学。自然科学历史悠久，并愈益分化，其重点在"物"本身，按自然科学规律去研究，并不重视人。而社会科学以"人"为重点，客观存在总与人相关，实际上不可能只有"物"存在，也不可能只有"人"存在。研究"人"固然需要"物"，研究"物"也必然是与"人"有关的"物"。深入探讨"人"怎样通过"物"来认识世界的，只有博物馆学。专门研究"物"或"人"的，在社会上都有专门学科和机构，而博物馆学的这项内容却不见于其他机构，若博物馆自己不去研究，在社会上找不到现成答案，也就很难办成理想的博物馆。这样讲也许不太好理解，下面转而从传播学角度看待这个问题，或许更简明易懂。

以博物馆形式使"物"与"人"结合，其意义不在于物理方面，也不在于生理方面，而在于心理方面。博物馆是一种社会教育机构，因而也可视为一种类似于大众传播机构的设施。博物馆教育传播的特点是，博物馆工作者以实物资料为主要媒介向广大观众传达特定的信息，隐藏在观众参观这一具体现象背后的，正是以实物为主要中介的信息传递过程。在博物馆里，"物"与"人"结合的主要形式，就是陈列展览。

博物馆物与人的关系，简单地说就是博物馆诠释物来激发人，反过来，激发人是为了更好地诠释物。即博物馆通过对物的解读，将物的信息传播给观众，让观众结合其先前的知识获得新的升华。而且观众会从他自己的理解角度，对物进行新的解读，从观众的视角理解物。

一、基于简单分类的陈列方式

博物馆学主要关注今天怎么做以及未来如何发展的问题，至于"以前如何做"的历史问题，则归入博物馆学基础理论范畴而少人问津。尤其像陈列展览这种比较具体的工作，由于技术和材料方面的发展速度很快，因而人们即便想要参考"以前如何做"，其回溯年限也很短，往往觉得十年前的经验已缺乏参考价值。实际上这是针对陈列展览技术层面的看法，如果从观念或者说理念的角度考察历史，则会感到指导陈列展览方式的思想观念发展要平缓得多。因为思想观念发展变化的主要因素不是技术和材料等，而在于陈列展览举办者对博物馆陈列展览的功能及其利用者（观众）的态度和看法。可以说这种态度和看法自从陈列展览出现就存在着，因而也可以说它同博物馆存在的历史同样长久，并且具有一定的延续性。当代博物馆的陈列展览（尤其基本陈列）方式，往往是在同一主题空间中同时包含了满足研究参考、教育及娱乐性观赏等多种功能的因素，但从片段性的陈列品组合手法看，大致可分为适合专业研究和专业教育的、基于分类思想的系统陈列方式，以及适合非专业群体的通俗陈列方式，历史回顾主要是对这两种陈列方式做简单的回溯与评说。

我们觉得，透过陈列展览历史回顾来体会和把握陈列观念，是陈列设计人员培养专业素质的有效途径之一，比之归纳几条文字定论叫人死记硬背的方式更有说服力和可接受性。

人类收藏心理的发生，可以追溯到久远的时代，最初可能就是因为审美的心理，收藏美好的事物。封建时代皇家贵族、教会宗庙或私人的收藏已相当普遍，不过，我们只是把这些古代事物称为博物馆的"雏形"或"萌芽"。最接近现代意义博物馆的设施，出现在欧洲文艺复兴时期。意大利佛罗伦萨的美第奇家族（Medici Family）在 16 世纪早期建造了一座宫殿，称为"乌斐济"，这座建筑的第三层是专为收藏和展示美术品而设计的，为室内采光而开了较大的窗户。这可算较早的美术馆建筑之一。

建于牛津大学附属博物馆——阿什莫林博物馆（Ashmolean Museum）是最早的近代意义公共博物馆之一，藏品系由私人收藏家捐赠（主要是一些自然标本）。至于该馆的陈列方式如何，因资料缺乏而不为后人所关心。由于欧洲最早出现的一批公共博物馆（包括大英博物馆等）的建立过程，都与私人收藏家的捐赠或皇家贵族财产充公的行为有关，所以我们一直以私人收藏家存放物品的方式来推测当时的陈列景象，那就是在一定室内空间中杂乱无章地摆放，其排列甚至会按收藏先后顺序或按物品体量大小以便于节约空间。总而言之，众多藏品彼此之间没有内容意义的逻辑关系。因为私人收藏家并不考虑藏品对外界的人们有什么意义，完全可以凭自己个人喜好或意愿排列，某件藏品之所以放在某个位置的理由，可能只有收藏家本人才清楚，而在别人眼里就是杂乱无章。坦率地说，这也许是私密性空间的特点，至今在日常生活中仍可见到，不足为奇。

不过，收藏家并非尽是些不学无术而又附庸风雅的权贵，经过文艺复兴运动的洗礼，尤其启蒙运动和近代自然科学的兴起，很多人的收藏对象已经从单纯猎奇观赏物品转向范围更广的一切具有理性认知价值的物品。尤其在自然标本领域，有不少收藏家是具备科学头脑的研究者，丹麦的奥拉夫·沃姆即属此类，在他去世后第二年（1655）其子出版了《沃姆自然博物馆》，该书的卷首插画展示的就是其收藏室的内景，鱼类、鸟类、部分动物模型挂在天花板上，动物的角挂在一面墙上，武器与箭挂在一面墙上，底下三层展柜也分类陈列了不同的物品。这种方式是较早的排序方法的研究，在分类与比较研究的基础上，逐渐形成一套藏品编排与分类的科学思想。

藏品内容涉及自然史、工业艺术品、人种学、人类学与考古学等文物，还有古币及奇珍异物等。该馆主要功能就是提供给牛津大学师生一个文化知识的实验室，以牛津大学的教学目的为陈列重点，只定期开放给大众。可见其陈列的主要利用者是带着研究或教学目的而来的相关专业教师和学生。而便于研究的分类摆放，不仅便于个人研究，也便于其他带有研究目的的藏品利用者，基于分类的陈列思想以及相应的陈列方式正是牛津大学师生们所期待和要求的。虽然这种学究气味浓厚的陈列方式并不符合普通百姓的胃口，但对于这座大学博物馆（甚至可以说是一座被称为博物馆的开放性教学实验室）来说却无可厚非。从该馆展出的早期陈列室图片来看，大致如此。

但是，似乎不宜过高评价当时的分类行为，因为那时的分类行为还相当简单，体系化的科学分类学是后来才出现的。

私人收藏家式的摆放甚至可以按入藏顺序排列，谈不上严格意义上的陈列展览，与其说是教育形式的陈列，毋宁谓收藏形式的罗列。在形式上大多没有专门的展柜，收藏柜架就是展台，陈列密度自然也就很高，相当于开放的仓库。展示设备的设计也不太重视陈列的视觉效果，常常尺度高大，支撑部件粗实，有的还带有繁琐的装饰。

欧洲君王的藏品通常只允许著名的旅游者和外国学者去参观，这些藏品往往单独地收藏在君王们的宫殿里。参观植物园也受到同样的控制。1700 年以后，维也纳的皇家艺术陈列馆允许一般公众交费参观，罗马的奎里纳尔宫和马德里的埃斯科里亚尔也都如此。

二、基于科学分类的陈列方式

17 世纪私人收藏家乃至阿什莫林博物馆的藏品分类，都还比较粗放，也难免带有个人喜好的成分，所以还不宜用"分类学"的字眼形容当时的分类水平。藏品分类走向细致精确和体系化的任务，落在 18 世纪将众多收藏单位资料纳入研究视野的科学家身上，被誉为现代系统生物学之父的瑞典人卡尔·冯·林奈即典型人物，初步建立了"双命名制"（即"二名法"），把过去紊乱的植物名称归于统一，对植物分类研究的进展有很大影响。这种从众多私人收藏室和博物馆藏品归纳出来的科学体系分类学思想，又反过来影响了自然史博物馆的陈列。如约翰·伍德沃德博士是物理（医学）教授，收集了来自世界各地的岩石、矿物、化石和考古标本。他的一生收藏并编目了 9 000 多个标本。他死后把一半的遗产遗赠给了剑桥大学，后来剑桥大学又买下了剩下的一半。这些藏品今天还存于剑桥的塞奇威克地球科学博物馆。

英国的收藏家汉斯·斯隆（Hans Sloane）医生在遗嘱中表明为了国家的利益将所有的收藏遗赠给乔治国王二世，回报是给他的继承人 20 000 英镑。国会接受了他的礼物，国会建立不列颠博物馆（British Museum）的决议获得国王的批准。斯隆的收藏成为不列颠博物馆创始之初的藏品。英国国会颁布的《议会法案》界定博物馆的目标为"传播及增长知识；学术出版物至少要与收藏品的数量、种类配合，以便其具备研究机构的美誉"。可见当时政府赋予博物馆以科研和教育的功能。然而根据当年旅行者的记载和该馆旧有的文献记录得知，直到19世纪，其使用者仍限于学者、艺术家及特权阶层，比牛津大学附属阿什莫林博物馆的观众范围大不了多少。但该馆毕竟是国家象征，规模也很庞大，他们的工作方法对世界博物馆界的影响很大。为了容纳日益增多的藏品，自然历史类收藏品在19世纪80年代时被分流至南肯辛顿区（South Kensington）的一处新建馆址，也就是后来的自然史博物馆的所在地。自然史博物馆在陈列方面成为贯彻系统分类法则的典型。该馆建筑平面可大致分为主楼、东翼和西翼，东西两翼组成一个展区。当时的馆长理查德·欧文先生认为：这里的陈列是"让人们理解动物、植物、矿物的分类系统的完整形象、基本概念及相互关系"。同时发挥"博物馆这种机构独特的作用"。主楼分为大厅和北厅，大厅设置导引部分，安排"目录性陈列"和"对缺乏博物学（即自然史）素养者的浅易解说"。北厅为"英国动物展室"，"英国各地的资料收集者可在此用记录着展品正确名称和生息地的说明标签核对，以便鉴定各自的收集品，无遗漏地收集并展出标本"。这三大展区遵守一个共同方针，就是把那些容易采集到的、可持久展出的自然物都陈列出来。

关于人工制品（类似当今所谓的"文物"或"文化遗产"概念），欧洲一些博物馆早在18世纪就本着民主与启蒙精神而关注其教育功能，讲究陈列的安排、标签的说明、艺术品与珍异物品的分类学技术。人工制品的属性分类不像生物多样性的自然标本那般层次复杂，最顶端的分类可按制（创）作目的（原初功能）分为"传媒性物品"和"非传媒性物品"，例如绘画和雕塑等艺术品就属于传媒性物品。18世纪60年代末期，在当时的托斯卡纳公爵，后来的神圣罗马皇帝利奥波德二世（Leopold II）的命令下，专门从藏品中挑选出艺术品在乌斐济画廊展出。在两位管理员的监管下，乌斐济画廊的大量艺术藏品逐渐根据教育学和历史学的原则重新整理，这些原则后来在副管理员卢兹·兰齐的《意大利绘画史》中得到清晰的阐述。他认为艺术品必须"有系统地"展示，以促使学生能在欣赏这些作品的艺术风格的同时，理解它们在历史上的联系。

法国大革命较彻底，政府将皇家收藏收归国有，并在此基础上建立向公众开放的博物馆，也成为革命家证明自己履行"民权平等"诺言的标志，1793年开放的巴黎卢浮宫（Musée du Louvre）可谓典型案例。该馆陈列原本是"选件"式的，将法国最丰富的艺术资产呈现出来，然而对主张以教育示范法、将艺术品以编年排列方式来教育大众的人士来说，"选件"式陈列不容易被一般民众所了解，卢浮宫还是以教育示范法及编年排列展览，以达到全民平等的教育原则，这种陈列思想首先影响到1801年在法国同时成立的15座巴黎以外的博物馆，后来也随着拿破仑的军队在欧洲各地推广开来。从一幅描绘卢浮宫大画廊的绘画中，可见馆内从地板到天花板十几米高的墙壁上挂满了大大小小的油画，既没有展品说明牌，也不考虑观看者的视角。严格意义上的陈列形式设计还没有出现，但内容编排方面已经普遍采取了体系分类原则。

"诸如英国博物馆之类的公共博物馆于 18 世纪末在欧洲建立时仍然保持着私有藏品的传统。它们或属于国家，或属于一个董事会，但仍像先前一样，不面向公众，高人一等。它们都由独断专行者经管，对于藏品如何表现或组织，他们从不征求任何人的意见。允许参观的人都是作为恩赐而不是作为权利，因此，要求他们的是感恩和赞扬，而不是批评。"

丹麦考古学家克里斯蒂安·汤姆森（Christian Thomsen）在哥本哈根将国家博物馆馆藏古物向公众开放。多年来，学者们经常提及的三期论是没有金属的石器时代、铜器时代、铁器时代。凭借着对排序的热情，汤姆森把博物馆中杂乱无章的藏品摆放到不同的房间中。在一个展厅中，他陈列了石器时代的工具，"在那时，人们对于金属基本上一无所知"；另一个展厅里，展示的则是石器和铜器，但没有铁器；第三个展厅是铁器时代墓葬中的随葬品。汤姆森始终按此学说整理馆藏并著书立说，只要陈列开放就亲自到场为观众做讲解。汤姆森是一个热心的讲解员，他向来参观的观众生动地谈论远古时代人们的日常经历，讲着讲着会在恰当时机把事先藏好的某件有趣的小东西（一件青铜器或一件铁器）突然拿出来，给观众一个惊喜，加深了观众的参观印象。

由此可见，19 世纪中叶以前一些博物馆，还没有出现严格意义上的陈列形式设计，在空间使用上明显带有"三位一体"特点（亦即收藏库房、研究场所和陈列室处于同一空间，在建筑使用上不区分功能），但内容编排方面已经普遍采用了体系分类原则，比一般私人收藏家基于个人喜好的简单分类式摆放，当然是一个巨大的进步。这种基于分类思想的系统陈列方式比较适合专业研究和专业教育目的使用者，因为当时人们的教育概念与现今有很大不同。正如肯尼斯·赫德森（KennethHudson）所说，"19 世纪下半叶创办并领导博物馆的大部分人的教育使命有一种纪律严格并接近宗教的气味。他们的博物馆都是自我修养的寺庙，对人类的弱点很少让步"

三、通俗型陈列的缘起与推广

采取怎样的陈列方式，与举办者对观众的看法和态度有关。在旧大陆许多曾经历过长期而发达的封建社会历史的地方，博物馆的发展模式总是私人收藏在先，而公共博物馆是从私人收藏发展起来的。因而封建等级的、私人收藏家作风的旧思想残余长期地、或多或少地影响着博物馆从业人员的经营管理意识，相应地在许多早期博物馆的陈列方式中并未显示出关怀普通公众的姿态。英国自然史博物馆陈列室的看守，面对几乎无人参观的展厅，百无聊赖地打哈欠。之所以观众少是因为该馆参观需要专业团体 30 人以上才能集体进入，并且需要预约，这讽刺了当时的博物馆陈列多么不近人情。总之，19世纪博物馆的公共性还比较弱，社会教育职能也不是很发达。意识形态是一种习惯势力，改变需要时间。在资产阶级革命到产业革命完成之间，尽管表面上普通百姓有权同社会上层一道目睹藏品，但公共博物馆尚未真正地大众化。

倒是美国不同凡响，其博物馆的成长模式恰好同旧大陆相反。"在美国，在大的私人收藏开始建立之前很久就已出现了公共博物馆。在 20 世纪，美国许多私人收藏都遗赠给了博物馆，或转为公共机构，因而重新出现了一个多世纪之前在欧洲发生的重要过程。不过这一次，美国的为整个社区利益而建立博物馆的思想已经深深地扎了根"。可见，美国是公共博物馆在先，私人收藏风气在后。相比而言，美国人因其历史原因较少封建思想的束缚，加上实用主义的生活观念，导致其博物馆的经营管理意识在一开头就比较在乎普通公众。

18 世纪 60 年代起，英国率先开始了工业革命，随后向欧洲大陆和北美传播。在 19 世纪，法国、德国、美国等国也相继完成了工业革命。在以手工技术为基础的资本主义工厂手工业过渡到采用机器的资本主义工厂制度的过程中，随着市场扩大，工厂手工业日益不能满足需要，资产阶级为追求更多的利润，广泛采用新技术。这场革命所产生的社会影响大大超出了经济领域。

英国为了显示其工业革命的巨大成就，于 1851 年 5 月在伦敦海德公园举办了首届万国博览会。维多利亚女王与其丈夫阿尔伯特公爵 5 月 1 日都出席了开幕式。博览会建筑由铁架和玻璃构成，通体透明，名曰"水晶宫"。自 5 月 1 日至 10 月 5 日的 160 余天里，总计接待了各国观众 600 多万人，仅门票收入就达 186 000 英镑。在 100 多年前的欧洲，一个展览会吸引了 600 万观众，这足以使政府认识到展览事业的重要性。这次博览会打破了工人对文化活动不感兴趣、不愿付费的传统观念。商业博览会虽不等同于博物馆，但观看以实物资料为主的陈列展览可以丰富人们的知识结构，因而具有教育功能，这一点已被社会普遍认同。伦敦首届世博会的 186 000 英镑收入后来全部用于博物馆筹建，出现了维多利亚和阿尔伯特博物馆、科学博物馆、自然史博物馆、地质博物馆等 4 个新设施。可见，博览会对博物馆事业的发展起到了巨大的推动作用。法国、美国等国举办了一系列国际博览会，这虽然都是商业性的展会，但其重要性远远超过单纯商业的成就。

也正是这个时期，博物馆的陈列展览形式出现了新变化。在自然标本陈列方面，英国伦敦的布鲁克博物馆（Bullock Museum）早在 1813 年就尝试性地采用过一种新的陈列方法，将一群长颈鹿、狮子、犀牛等剥制标本模拟生前徘徊于原生地荒野中的自然姿态加以展出，周围辅以原生地珍奇华美的植物（均为在色彩和形态上与实物一模一样的模型），背景是一张用透视法描绘的原生地景观画，极好地再现了热带雨林地区郁郁葱葱的自然美景。正如 1813 年出版的《布鲁克博物馆手册》（Companion to Bullock's Museum）简介中所述："各种动物，如高大的长颈鹿、狮子、大象、犀牛等，都在符合其生境的荒野和森林中展出；而每种环境中最珍稀、最常见的植物模型，无论从形状还是颜色上，都接近其最真实的状态；遥远且适宜的全景所呈现出的炎热气候，成了美丽的插图，辅助着整个动植物种群的展示。"当时称此法为"habitat group"（生境种群陈列）。德国纽伦堡的盖尔芒博物馆在室内复原了中世纪教堂和住宅局部，并配置一些身着当时服饰的模特儿，还摆设了一些当时的家具，这是最早的复原性结构陈列。

这种新式的陈列必然是少量展品占据了较大空间。为解决这一问题，大英自然史博物馆率先对建筑空间做了职能划分。此前，美国哈佛大学的生物学教授路易斯·阿加西斯（Louis Agassiz）成立了比较动物学博物馆（Museum of Comparative Zoology），又发明了一种将藏品进行分众展示（dual arrangement）的方法，亦即将藏品分为针对专家学者的研究资料和针对普通公众的展览资料两部分，前者置于收藏库，而陈列室则为普通公众服务，用趣味性、通俗形式加以展出，这不失为使多种文化层次的人们都能利用的好办法。

大学博物馆注重高层次的科学研究本无可厚非，而阿加西斯却想到兼顾普通观众，提出了分众展示方式。美国博物馆一开始就比较注重公众利益，并逐渐对旧大陆产生影响。分众展示方式是否在哈佛首先实际出现抑或仅仅是个理念，目前还不清楚，也没有根据证明美国馆长的分众展示思想影响了英国。但我们从日本博物馆学鼻祖棚桥源太郎的记载中知道，大英自然史博物馆在1873年新建筑竣工后，认识到这种方式的重要性，从而变更原来的陈列规划，首先采用了这种分众展示的方法，其结果是一跃闻名于世，很快传播并推广到全世界。这也反映出以往只迎合雅客趣味的博物馆经营方式开始迁就大众百姓的胃口，博物馆开始向大众化设施转变。分众展示方法的影响不限于陈列展览，以往没有收藏库的馆也因此想设置专门的收藏库了。按使用功能划分博物馆建筑空间的思想或即滥觞于此，以往的"三位一体"形式逐渐走向衰亡。如今，没有收藏库的博物馆是不可思议的，收藏库的意义和职能也不再是陈列室的延伸或陈列室的一种形态。

至今普遍存在于博物馆的两种典型陈列方式，其发轫时间都很长久。采取怎样的方式，往往取决于馆方从业人员对陈列利用者的看法和态度。当今博物馆工作者似乎具备了正确的陈列理念，但总觉得没有办法贯彻到实际的陈列工作中去。公众对博物馆反应冷淡的原因很多，但其中之一可能是我们错误地指望同一种陈列方式能够同时满足所有观众的需求，各种方式交错出现在同一展示空间中，并且在同一空间中的陈列又以满足专家学者的需求为重，其次为符合教育机构的性质而兼顾学习型观众的需求，至于普通观众的需求则最多安排几项噱头十足的互动装置来体现，如此看轻普通观众的满意度，又怎能赢得他们真正的青睐呢？

四、标准化运动时期

工业革命的社会氛围和多次举办的万国博览会为博物馆事业留下了两大遗产。从硬件方面说，就是出现了博物馆建设热潮，日本、德国、北欧等许多国家早期博物馆的建立都与万国博览会有关。从软件方面说，博物馆的经营思想从收藏和研究两个职能发展到加上教育的三个职能，正因为有教育职能，才引来社会的重视和资金筹措，陈列室也独立出来了。

20世纪初的博物馆，在陈列内容方面开始强调科学体系，将藏品分类展出，还普遍出现了以往所罕见的辅助展品，包括图片、图解、表格、模型等材料。为适应陈列内容方面的改革，陈列形式也发生了变化，主要表现在陈列设备方面，展具与收藏柜架分离之后，人们开始讲究展柜的规格化、标准化。大约自20世纪20年代起，以英国博物馆为代表掀起了一场"标准化运动"。当时主要有三种类型的展柜，一为靠墙的立柜（三面玻璃）；二为中心立柜（四面玻璃）；三为桌柜（也称坡柜或平柜）。标准化陈列柜的设计，以人体尺度和最佳视距视角为依据，确定陈列柜的总高为6英尺至6英尺4英寸（183～193厘米），台座高为2英尺6英寸（72.5厘米），保证有3英尺（91.5厘米）以上最佳视域的玻璃展示面；进深分别为1英尺6英寸（45厘米）、2英尺（60厘米）和2英尺6英寸（75厘米），陈列柜面宽设定三种规格，3英尺（91.5厘米）、4英尺（122.5厘米）和5英尺（152厘米），以适应布置不同展品之用，也便于用组合方式布置陈列。辅助设备有屏风（或称假墙）、展板、镜框等。这些设备可以移动、自由组合。由于设备的形式、尺度、规格统一，造型简洁，便于大规模工业化加工生产，造价较低，所以很快得以推广。中国博物馆自20世纪30年代初开始将标准化橱柜用于陈列展览。家具设备所占空间较大，其类型和尺度的规范化使空间减少了凌乱的因素，使环境比较整洁，与商业展览会的摊位型陈列形式分道扬镳。

这场标准化运动反映在陈列形式上的变化，显然比三位一体形式有更多优越性。但也并非十全十美，标准化展柜一般尺度规格小，展出空间小，使得辅助展品不能与实物有机组合，柜子只能容下主展品，辅助材料只能在柜外找地方另置，形成一定的隔裂局面，这是标准化展柜的最大问题。

二战以后，一些工业发达的国家，能够制造出大幅的玻璃，博物馆的陈列展览形式也因而发生了变化。从20世纪40年代开始，有的博物馆采用大通柜，也开始把商业橱窗的方法引进博物馆陈列，因为当时不少陈列设计师是来自商业的设计大师。类似商店橱窗的大通柜很好地解决了实物主展品与平面辅助材料相分离的问题，在大通柜内可以把三维立体实物放在前面，图表衬在背后，使两者有机结合起来，形成了新传统。

总体来说，标准化运动的影响一直持续至今，立柜、壁柜、桌柜、大通柜仍是博物馆最常见的陈列设备，只不过随着科技的进步，材质质量、制作工艺等发生了很大变化，当然也出现了很多异形柜。

五、无橱窗化趋向

这里的无橱窗可以从两个角度理解，一是硬件上，博物馆的陈列展览开始减少展柜用量，努力消除玻璃或栅栏给观众带来的心理距离。一些展览甚至采用文物"裸展"的方式，观众甚至可以触摸展品。二是软件上，展示理念打破禁锢，跳出窠臼，从固定的给观众观看这种较为死板的方式演变为观众可参与的方式。参与式博物馆要求作为博物馆利益相关者的观众能够在不同层次上参与博物馆的各项事务，尤其是展览和教育活动。参与理念的出发点是，展览的服务群体是观众，展览建设的目标是更好地将观众的理解与展览的传播目的相连接。博物馆是社会教育机构，长期的实践使博物馆工作者对以实物为主要媒介的教育传播规律有了更深刻的认识，同时，博物馆在现代传播工具发达以后也面临新的挑战。好的陈列不仅给人们知识，而且能打动从而吸引观众，不仅使人们"百闻不如一见"，而且"百见不如一试"。显然，注重柜内展示的传统形式很难达到这种效果，一片玻璃的阻隔虽未增加人与物之间的物理距离，但却拉大了心理距离，打破展柜制约成为一种新趋向。

这样的参与一种是让观众触摸，更多的是感受。英国的牛津大学自然史博物馆（Oxford University Museum of Natural History）展出了一具非洲猎豹模型，底下说明牌写道："这只非洲猎豹是在英国的一个动物园里饲养的，死于自然原因。猎豹生活在非洲和亚洲的野外。因为这只猎豹是在更加寒冷的气候中长大的，所以它的毛比它的野生同类更厚更长"。另一个说明牌用很大的字体注明"Please Touch！（请触摸）"，让观众感受这只猎豹的皮毛，但是动作要绅士，不能粗鲁。英国 V&A 博物馆让观众触摸家具的镶嵌工艺和饰面材料。另一种是互动，动手做手工品，或者角色扮演等。英国考文垂（Coventry）的赫伯特博物馆（Herbert Art Gallery & Museum）中让小朋友用手来感受贝壳的形状，一个小姑娘摸完之后还充满好奇心地用耳朵"听"贝壳。英国利物浦博物馆（Museum of Liverpool）展出史前建造房子的稻草材料让观众触摸。

第三节 博物馆陈列展览相关概念

一、广义的展示设计

展示设计现在已成为约定俗成的行业术语，但是我们应该将其分解开，逐字深入理解。先说展示。展，意思是张开，舒张开；示，则为表明，把事物拿出来或指出来使别人知道。展示合在一起也就是说将某项内容展开，并使别人知道，实现预期的效果。自然界中的现象如植物开花、孔雀开屏等是动植物的展示；人类则通过展示来传达信息。

我们再来看看设计。设，即设想，头脑中有想法；计，即计划，把想法有计划地落地实现。设计是把设想有计划、有规划地通过某种形式传达出来并实现的过程。

那么合并在一起，什么是展示设计呢？展示设计是指运用科学的组织策划和先进的设计手法，采用合理的视觉传达手段、恰当的色彩及设计元素和特殊的采光照明方式对某个空间进行创造，同时借助展具等设备设施，达到有效地向观众传达信息的目的，以期对观众的心理、思想与行为产生影响。可以看出，展示设计并非简单地将展品摆出来给观众看，而是经过有计划、有目的的设计后，将信息传达给观众。展示设计以物与人的关系为中心展开，必须充分考虑人的生理和心理因素。展示设计需要达到三个目的：创造良好的陈列空间和展示环境；创造最佳的陈列方式和展示形象；创造和谐的人机关系和人际关系。

随着社会的发展，展示设计的内涵与外延也在不断变化。通常来说，展示设计可以分为展（博）览会设计、商业空间设计、博物馆美术馆科技馆等主题展馆设计、节庆环境设计和演艺环境设计。博物馆陈列展览设计属于展示设计的范畴，只是限定在博物馆的特殊性上展开讨论。所谓特殊性，主要从博物馆的性质说起，博物馆是一个为社会及其发展服务的、向公众开放的非营利性常设机构，为教育、研究、欣赏的目的征集、保护、研究、传播并展出人类及人类环境的物质及非物质遗产。教育是博物馆的首要功能，因此博物馆的陈列展览在本质上必须具备一定的教育性内容，以传播信息、教育公众为首要目的，并且要保证所展示传播信息的科学性，这区别于其他场所举办的陈列展览。博物馆的陈列展览必须要想清楚两个问题：举办该展览的教育目的是什么？如何达成此教育目的？一般的陈列展览虽然也展出一些观众尚未知道的事物，使观众感兴趣，并了解学习新知识，也有教育性，只不过教育性要素占据派生的位置。例如商业展示的主要目的在于促销，艺术家举办个人作品展可能是想提高自身声望，即使是作为正规教育机构的学校举办展览，也可能是为了宣传自己学校的历史或科研教学成果等。而博物馆作为公益性的公共文化服务机构，观众是博物馆的服务对象与公共文化的受益者。正由于博物馆陈列展览的主要目的不同于其他场所的陈列，因而在展示设计观念原则及具体方式方法上与其他陈列有所不同。这也是我们单独讲解博物馆陈列展览的必要之处。

二、博物馆陈列展览

博物馆陈列展览相关的概念很多，如罗列、陈列、展览、展示等。在行业术语上，有博物馆陈列、博物馆展览、博物馆陈列展览、博物馆展览展示等说法，文博行业内很少细究这些词语的差别，但为了用语规范，仍有必要做以区分。

编纂《中国大百科全书·文物博物馆》时，专家曾对陈列展览的概念问题有过一番争论。有学者从理论角度认为陈列和展览实际上是一回事，因而应选用其中一个词来统一术语。但也有学者从实践角度看问题，认为两者的所指区别明显，因为我国博物馆学主张，陈列也称为基本陈列，系指与本馆性质和任务相适应的、有自己的独有展品和陈列体系的、内容比较固定和常年对外开放的陈列。而展览也称为专题展览，系指内容专一、小型多样、短期展出、可以经常更换的展览。最终《中国大百科全书·文物博物馆》选用了"陈列"一词作为统一术语，并以"基本陈列"和"临时陈列"替代了以往"陈列"和"展览"的概念。这是十分可取的，但遗憾的是这一提法（尤其"临时陈列"一词）并没能在业界普及开来。《中国大百科全书·文物博物馆》对博物馆陈列所作的定性叙述是"以文物、标本和辅助陈列品的科学组合，展示社会，自然历史与科学技术的发展过程和规律或某一学科的知识，供群众观览的科学、艺术和技术的综合体"。陈列是博物馆进行社会教育活动的主要手段，它集中反映了博物馆的性质和类型，体现了博物馆藏品、科学研究和管理工作的水平，是博物馆各项业务工作的综合成果，也是衡量博物馆质量高低的重要标志。《中国博物馆学基础》中对陈列的论述是"博物馆陈列是在一定的空间内，以文物标本为基础，配合适当辅助展品，按一定主题、序列和艺术形式组合成的，进行直观教育和传播信息的展品群体"。

当中国博物馆协会成立之际，北平图书馆在北海团城承光殿举办《欧美博物馆展览》。该次展出虽属临时展览性质，而中华图书馆协会与中国博物馆协会在青岛召开联合年会时，大会宣布通过议案《三十五案》，其中有博物馆陈列，而未使用展览、展示。可见中国博物馆学界早期其实就陈列、展览两词是有区分的。陈列和展览只是同一类事物的不同存在方式，主要是相对稳定（长期）与变化多端（短期）的区别，尽管两者在设备乃至工作规模上有所不同，但这不能算本质区别。完全可以用其中一个术语加上长期或短期的限定词构成不同的专业术语，来分指陈列和展览现象。陈列和展览两词相叠，作为一个专业术语，某种程度上确实显得十分累赘。

讨论陈列和展览的区别，只限于基础理论建设的意义，而更具现实意义的是要明确"陈列"与"罗列"的区别。就博物馆而言，把藏品摆放出来供人们观看，陈列和罗列并无区别。但在摆放时，若没有一定的目的性、思想性、计划性和解释性，则会使展品停留在杂乱无章的水平上，这与其叫陈列，不如称之为"罗列"。相反，摆放时带有目的性、思想性、计划性和解释性，才能称为"陈列"，唯有如此，才能使不会说话的"物"说话。陈列与罗列，虽仅一字之差，但用来评估博物馆陈列工作时却有天壤之别。

英语中，与陈列展览相关的词汇为 display、exhibit 和 exhibition。display 一词多做动词，意思是展示、表露或陈列某事物，作为名词时，其意思为展示、表露、陈列或陈列的货物、艺术品。《中国大百科全书·文物博物馆》中就将"博物馆陈列"翻译为"museum display"。exhibit 既作动词也作名词，前者意为展览品、陈列品，后者指当众显示或展出（某物）。由此变化的 exhibitor 则为展出者、参展者。而 exhibition 基本做名词使用，意为展览品、展览、展览会。如此看来，display 和 exhibition 其实在使用上也很难严格区分。蒂莫西·阿姆布罗斯（TimothyAmbrose）、克里斯平·佩恩（Crispin Paine）著的《博物馆基础》（第三版）（Museum Basics 3rd Edition）第 36 单元的标题即为"Planning newdisplays and exhibitions"，同时使用了这两个词，可以看出两个词意义确实不同，否则不会并列使用。书中进一步解释时使用了"displays andtemporary exhibitions"，可以看出作者认为 display 是长期的固定基本陈列，而 exhibition 是临时的、专题的展览。乔治·埃里斯·博寇（G.EllisBurcaw）在《新博物馆学手册》（Introduction to Museum Work 3rdEdition）中也区别了陈列和展示。陈列即呈现物件，这有赖于观者对物件本身的兴趣。展示在意涵上，较之"陈列"更严肃、更专业、更有分量，是意图教育观者的一组概念的呈现，或者——以艺术展示单元为例——是由专人按照事前策划将艺术物件组成一个单元加以呈现出来。

三、策展人与展览学

这里还有一个词需要明确，就是 curator。中国文博行业也展开对"策展人"制度的讨论。我们现在所见的中文翻译大多将 curator 译为"策展人"，independent curator 则为"独立策展人"。策展人为人熟知的身份往往是为一个展览选择艺术作品并做出说明的人。然而，如今这个角色融合了制作人、专员、展览策划员、教育工作者、管理者以及组织者的身份。此外，现在的策展人很可能需要负责编写展墙展签、展册文章以及其他的展览辅助内容。作为 21 世纪的策展人，人们还期望他们同媒体与公众打交道，接受采访或是发表讲话。策展人可能会被要求参与资金的筹措以及一些发展活动。从澳大利亚来看，独立策展人能够自由地选择他们的工作范围，在媒体、时间和构想上所涵盖的层面往往超过一般博物馆所能容许的范围。可以看出，curator 是一个综合体，中国语境所理解的策展人与此略有不同，如果我们把 curator 与我们的策展人员翻译时等同，则有混淆之嫌。

另外，再来谈谈"展览学"的问题。展览馆学与展览学是两门不同层次的学问，前者是直接指导展览馆工作的学问，而后者则只专门讲展览作为用实物形象地向人民群众进行信息传递的学问。因此展览学的理论性更强，层次更高。由此看：展览学要指导——展览馆学；博物馆学；科技馆学；美术馆学；动物园学；植物园学……从这一观点看，展览学实在是教育学的一部分，属教育人民群众的学问。

文博界在 20 世纪 80 年代也有人从博物馆学角度对陈列学的研究对象、内容和方法问题等做了一些探讨。这说明不少人都感觉到了把陈列作为一种专门学科来讨论的必要性。但由于各种原因，学术界在建立陈列学框架体系方面的工作一直进展缓慢，使得我们很难把陈列工作从经验的水平提高到科学。

第二章 文物保护基础理论

这是一个既包含文物材料学又包含文物信息学的含义的深刻的理论框架,对于理解文物材料学、文物信息学具有重要意义,能够指导我们对文物的材料信息和相关的加工工艺、埋藏环境等信息的提取工作,进而有效地指导对文物的保护、修复。本章将对文物保护基础理论进行研究。

第一节 文物与环境

环境通过与文物实体进行物质和能量的交换,影响文物实体质点运动的类型和强度。无论是文物实体质点的振动、改变,还是位移,受环境因素影响时都有可能使文物实体处于不稳定状态,甚至出现病害。文物保护的目标是尽可能使文物实体处于稳定状态,减少病害的发生。

一、文物环境系统

文物环境主要是指文物保存、展出、运输等与文物直接或间接相关的大气环境。文物环境又有室外环境、室内环境、保管陈列环境或运输柜内的微环境之分。以博物馆为例,博物馆所处地区的大气环境条件即为文物的室外环境,博物馆建筑内部则为室内环境,保管柜、陈列柜内部则为微环境。微环境近似于封闭体系,应具有净化功能。对文物而言,所涉及的环境条件有温度、湿度、光的照度、微生物含量、有害气体含量、飘尘等。不可移动文物的环境条件还应包括大气、水文,地质环境的条件如土壤的成分、酸碱性、可溶盐含量、土壤中微生物种类及含量等。文物环境是一个系统,它由文物所处的温度环境、湿度环境、光照环境、微生物环境和大气环境五个子系统组成。这些子系统之间存在协同效应,对文物实体产生影响或作用。

稳定和平衡是研究文物环境系统的重要概念,文物实体质点的稳定包括两个方面:第一,质点运动的稳定,不发生引起质点改变的化学反应,即不会产生一种质点变成另一种质点的变化;第二,质点受力平衡,每个质点所受合力为零,处于受力平衡状态。通常情况下,造成文物实体质点受力不平衡的因素是能量的传递,以及光、热(温度)的形式对文物实体的作用。文物实体中存在多个与环境因素变化相关的平衡关系,这些平衡关系对于文物实体的稳定至关重要。

例如,对文物实体具有重要影响的干湿平衡。平衡时,进出文物实体的水分子数相等:不平衡时,进出文物实体的水分子数不等。如果进入的水分子数多于溢出的水分子数,文物实体的水分含量升高,文物实体吸湿。反之,溢出的水分子数多于进入的,则文物实体水分含量减少,文物实体脱水干燥。文物实体吸入水分子后,水分子起溶胀作用,文物实体发生湿胀。有机质文物易吸水产生溶胀作用,这是由于有机质文物实体材料质点间束缚力相对较弱，且各向异性，因此，有机质文物吸水后容易造成文物实体质点受力不平衡，质点发生位移，产生溶胀。对于无机质文物来说，如果粉状物较多时，质点间束缚力弱，其比表面积大、易吸水，则也容易吸水后发生体积膨胀即溶胀。但结构完整的无机质文物，质点排列紧密，水分子很难进入文物实体，且质点间束缚力大，质点较难发生位移，不易出现溶胀现象。这时水的作用只是促进氧和微生物对文物实体的腐蚀。由此可见，干湿平衡对有机质文物实体的稳定十分重要。

二、博物馆的观众环境

通常情况下，在工业生产中为获得高质量、高精度的产品，或者在特殊实验室内，需要营造洁净的环境，但这种环境的设置往往不考虑人的舒适度要求。而博物馆应兼顾两种对象对环境的要求，除了要考虑文物保护所需的环境之外，还应考虑观众在博物馆环境中是否舒适的问题，即既要考虑文物展示和保管所需的环境条件，同时又要考虑观众对环境舒适度的要求。

（一）观众环境特点

博物馆是公共场所，往往人群密集。现代博物馆建筑空间密封性好，有利于温度、湿度的控制，但不利于空气流通，污染物容易集聚。实际上每位观众都是一个污染源，会释放出微生物、灰尘（无机物和有机物）、各种污染气体和大量二氧化碳等对文物实体有害的物质。个别观众还可能携带了病原微生物，易造成疾病传播。所以，观众环境是一种对文物污染比较严重的空间场所，也是流行病容易传播的地方。

（二）观众环境中的视觉要求

杂孔的色彩会引起视觉混乱。人的眼睛像是一对自动搜索器，总是处于寻找状态，两到三秒就会移动一次，每移动一次就会抓住一些东西。然而在杂乱无章的色彩环境里面，由于没有什么可以聚焦观察的物体内容，结果就会出现视觉饥渴。单一色彩易造成视觉疲劳，而"视觉污染"则是指环境污染在人视觉上的体现。人观察到那些杂乱无章、极度不协调、无秩序、丑陋、脏乱差的事物，会产生情绪上的烦躁郁闷、感官上的倦怠等。博物馆是集中了大量同样成分的视觉环境，色彩要和谐统一，但是统一并不是单一，应与展览内容、博物馆建筑空间相协调。

三、文物实体表面环境的平衡

文物实体表面是阻止环境有害因素损害文物实体的重要屏障。文物实体的表面环境是由多个因素组成的一个复杂环境系统，它由文物本体材料、水、伴生物、污染物、腐蚀降解物、保护修复材料与多种环境因素组成的。每一个组成因素都不是孤立存在的，而是与外界环境相互联系的综合体。表面环境平衡是指在文物实体材料表面与外界环境之间，通过能量流动、物质循环和物化反应，使它们相互之间达到高度适应、协调和统一的状态。也就是说当文物的表面环境处于平衡状态时，文物实体的能量和物质的输入与输出在较长时间内趋于相等，文物实体材料的结构和功能才能处于相对稳定状态。当外界环境有所改变时，能通过人为干预恢复到初始的稳定状态。文物表面环境平衡是文物得以长久保存的根本条件，是其延续自身价值的重要保障。

（一）稳定状态

文物环境是一种动态系统，始终处于不断变化发展之中。就像化学中"熵"的概念一样，只要给予文物足够长的时间，且外部环境保持相对稳定的情况下，文物环境系统总是按照一定规律向着组成、结构和功能更加复杂化的方向演进。也就是说，在文物实体形成的早期阶段，文物环境系统的组成因素种类少（如组成材料种类较少），结构（组成因素之间的关系）相对简单。当文物环境系统逐渐演替进入成熟时期，组成因素种类增多，结构趋于复杂。

当文物环境系统处于相对稳定状态时，组成因素之间、组成因素与外界环境之间会出现高度的相互适应，即能量和物质的输入与输出之间接近平衡，以及结构与功能之间相互适应并获得最优化的协调关系，这种状态达到了文物环境的平衡。当然，这种平衡是动态平衡。

文物刚制作成型时，表面环境各组成因素是较为单一且纯净的，随着时间的流逝与外界环境的交互作用，表面环境系统由简单缓慢演变到复杂，最后与外界环境之间形成相对稳定状态。发展至此，文物表面环境各组成因素在种类和数量上保持相对稳定：能量和物质的输入、输出接近相等，即系统中的能量流动和物质转换可在较长时间内保持平衡状态。如果环境因素过于剧烈地发生改变，都可能引发一系列的连锁反应，使文物环境平衡遭到破坏。

文物实体材料的稳定是最重要的，环境调控、稳定只是手段，而文物实体材料的稳定则是我们追求的最终目标。不同质地的文物，不同材料的稳定性有很大差异，一般情况下，有机质文物受环境因素的影响比较大，其材料的稳定性比无机质文物材料差。反之，无机质文物材料相对比较稳定。

环境稳定不一定文物实体就稳定。文物实体稳定包括以下几方面内容：

物质交换平衡。文物实体与环境之间始终存在着物质交换，最常见的是水分子交换，即吸湿和放湿。如果水分子交换不平衡，文物实体就会出现与潮湿或干燥相关的病害。因此，文物实体的含水率应保持稳定状态，也就是说，文物实体无论是和哪一种物质产生交换，一定要处于交换平衡状态，文物实体才能稳定。

力学平衡。文物实体的受力情况比较复杂，外界振动、自身重力、热胀冷缩和湿胀干缩等都有可能使文物实体出现受力不平衡的现象。文物实体各部位受力均衡，以及文物实体所受合力为零时，达到力学平衡，文物实体才能处于稳定状态。

能量交换平衡。影响文物实体与环境能量交换平衡的因素有温度、光，以及物质交换过程中带来的能量变化。外界振动、搬运也可能改变文物实体与环境能量交换平衡，使文物实体结构处于不稳定状态。文物实体内部能量发生变化，会改变质点运动，特别是能量增高时，文物实体质点运动加快，易发生质点改变和位移。所以，文物实体与环境的能量交换达到平衡，对文物实体的稳定至关重要。

（二）平衡特点

1.相对平衡

文物环境平衡是一种相对平衡，而非绝对平衡，因为任何环境系统都不是孤立的，都会与外部发生直接或间接的联系，易受外界的干扰。文物环境系统对外界干扰和压力的自我调节能力很弱，而且外界环境干扰对文物的影响会造成累积效应，如果不对外界环境干扰或压力进行及时的人工干预和调控，一旦相对平衡被打破，就会使文物实体材料加速劣化，甚至毁灭。

2.动态平衡

文物环境平衡是一种动态平衡，而非静态平衡。变化是宇宙间一切事物的最根本属性，文物环境系统是个复杂的实体，也处在不断变化之中。例如，文物的组成物质与外界环境之间，不停地在进行着能量的流动与物质交换；组成因素（如腐蚀产物和污染的增加）由少变多，环境系统由简单变复杂，组成因素种类由一种类型演替为另一种类型等；外界环境的不断变化等。因此，文物环境平衡不是静止的，系统中总会有某一部分先发生改变，环境平衡被打破，然后依靠人为干预使其再次进入新的平衡状态。正是这种从平衡到不平衡到再次平衡的过程，推动了文物保护对环境研究的深化与发展。

文物环境平衡与生态平衡是有所区别的，生态环境中各组成因素是有活性的、动态的，生物进化和群落演替的过程就是不断打破旧的平衡，建立新的平衡的过程。但对于文物环境来说，大多数文物环境的组成因素是没有活性的，有时平衡被打破对文物来说是毁灭性的。因此在文物保护工作中，人类应发挥主观能动性，去保持和维护适合文物保存的环境平衡。研究文物环境平衡变化，即为寻求相应的人为干预方法，用可长久保存的材料来代替缺失的组成部分，从而使文物环境恢复先前的平衡，使文物环境系统的结构更合理、更稳定。

例如，木质文物在埋藏环境中，因湿度达到平衡，木材分子间隙被游离水所填满，同时水隔绝了空气，这样就避免了空气中氧气的氧化作用及有害气体的劣化作用对文物造成损害。但木质文物被发掘出土后，随着水分蒸发，木材分子间缺少了相应的支撑物，文物的环境平衡被打破，很快便会强度降低、糟朽变形。因此，需要在饱水状态下对刚出土的木质文物进行脱水处理，其原理为利用填充材料将木材分子间的游离水置换出来，使木质文物的分子结构得以继续支撑，文物实体可继续保持稳定。

第二节 文物的材料

一、文物材料学的定义

（一）文物材料学的内涵

文物材料学是研究文物实体的制备工艺在复杂因素超长期作用下的文物实体材料组成、结构和性能，以及与文物价值、文物实体材料脆弱之间关系的学科。文物材料学研究对象是文物实体即古代材料，研究目的是通过对文物实体材料的组成、结构和性能、制备工艺的研究，挖掘文物的科学价值，为文物实体的保护提供科学依据，最大限度延长文物的寿命。

现代材料学研究材料的组织结构、性质、生产流程和使用效能，以及它们之间的相互关系，是集物理学、化学、冶金学等于一体的科学。材料是用来制造机器、构件、器物等的物质，是人类赖以生存和发展的物质基础。不是所有的物质都可以被称为材料，如燃料、食物和药品、化工原料等。材料的分类方法有很多种，根据物理化学属性可以分为金属材料、无机非金属材料、有机高分子材料和复合材料等；根据用途分又可分为电子材料、建筑材料等；实际应用中又分为结构材料和功能材料等。文物材料学的主要研究内容之一，就是区分文物实体材料与现代材料，即寻找古代材料与现代材料的差异，并在此基础上研发适宜的保护材料和实施工艺。

文物材料学与现代材料学存在明显区别，现代材料学研究材料的生产工艺是为了生产更好、更新的材料，文物材料学研究文物实体的制备工艺是为了尽可能采用原材料、原工艺保护修复文物。现代材料学研究材料的结构和性能，是为了得到性能更加优异的材料，文物材料学研究材料的结构和性能是为了找出文物实体材料的缺陷，防止缺陷进一步发展危及文物安全。

虽然文物材料学与现代材料学有许多不同点，但从文物实体的物质属性可知，文物实体是由各种材料构成的，因此研究文物实体材料的材质、性能、加工工艺、结构和性能时，需要运用现代材料科学理论和多种技术手段，因而对文物实体材料的研究离不开现代材料学的支撑。

（二）文物材料的特点和分类

文物保护学所研究的古代材料是由人类生产加工的材料在复杂因素超长期作用下，已发生腐蚀降解，文物实体质点产生了改变或位移，性质发生了极大变化，造型和成分均具有重要历史信息的残存混合物（复合物）。其特点为：一是大部分文物材料已十分脆弱，以至于在现代材料学范畴已属于无研究价值或没有必要研究的废弃物；二是经历的过程时间超长、变化复杂，很多变化过程人类已无法知晓（如埋藏过程的变化）；三是其造型和主要成分含有与人类社会活动相关的重要历史人文信息。文物是人类在社会活动中遗留下来的具有历史、艺术，科学价值的遗物和遗迹。文物是指具体的物质遗存，包括与古代人类社会生产、生活、祭祀、宗教等活动相关的多个方面的物质实体，可以说包罗万象。它的基本特征是：第一必须是由人类创造的，或者是与人类活动有关的；第二，必须是已经成为历史的，不可能再被重新创造的。从这些特征可知，文物是具体的物质遗存，具有物质属性，从其物质属性来看，文物是由物质组成的，是经过选材、加工制作、使用、废弃，埋藏、发掘出土、保护和修复等过程之后发生变化的材料。综上所述，文物实体材料是构成与古代人类社会的生产、生活等各种活动相关的遗迹和遗物的各种材料。文物实体材料不仅有物质上的定义，还蕴含了文物实体的制作加工、使用、废弃、埋藏、发掘出土、后续保存和保护修复等各种信息的材料。

从材质上看，文物的种类特别复杂，包括石器、玉器，陶器、骨器（含角器、牙器）、木器、竹器、铜器（含红铜器、青铜器、黄铜器、白铜器）、铁器（含钢制品）、金银器、铅器、锌器、锡器、瓷器、漆器、玻璃器、珐琅器、纺织品（包括罗类织物、绫类织物、绮类织物、帛类织物等）、纸质类文物等。

由于文物是与古代人类各种活动相关的遗迹或遗物，因此，几乎能用来制作器物的所有材料都属于文物材料的范畴，这包含了金属（主要是青铜、铁、金、银等）、竹、木、陶、瓷、石、玉、玻璃、纺织品（包括丝、棉、麻、毛等）、骨角牙、纸、珐琅等，几乎涵盖了古代技术能制作、提取和应用的所有物质。文物实体材料的多样性，使得文物材料学的研究内容十分复杂、广泛。从另一角度来讲，很多文物并不是由单一材质组成的，是多种材料通过镶嵌、黏结等作用结合而成的物体，例如，鎏金青铜器、铁刃铜钺、镶嵌绿松石的青铜器，由纸张、丝织品、木杆构成的书画类文物等。一件文物实体在其选材、加工、使用、废弃、埋藏，到发掘出土、保护和修复的整个过程中，涉及的材料不仅有各种文物实体在制作生产时所用的原材料，如青铜器的矿石、纺织原料等文物本体材料，还包括文物实体制作和存续过程中参与进来的多种其他材料，如制作文物实体加工时的添加剂、辅助材料等。

文物存续过程中参与进来的其他材料主要包括腐蚀产物、保护修复材料、污染材料等，如青铜器的锈蚀物；对出土或者传世的文物实体进行加固或者修复中所使用的材料；纺织品文物染色材料，主要是天然植物染料。天然植物染料主要包括两大类：一是直接染色的染料，二是媒染染料。所谓媒染染料，即在实行染色之前，先将织物放入媒染剂中进行媒染，然后再进行染色的染料。无媒染剂时媒染染料所染织物的颜色并不明显或为单色，经过媒染剂的媒染后可使颜色呈现多种颜色或增加色彩鲜艳度。

二、文物实体材料的组成与结构

（一）文物实体材料的组成

大多数情况下，文物实体材料是由多种材料构成的复合体。文物实体材料=文物本体材料+污染物+腐蚀降解材料+水+伴生材料。

材料组成的复杂性是文物实体材料与现代材料的根本区别，因此在对文物实体材料进行研究时，不能仅仅依靠材料学的研究方法，还要从文物实体材料本身所蕴藏的各种信息方面进行研究，注意挖掘文物实体材料中的历史人文信息和科学价值。

实际上，文物实体材料的结构划分的主要依据是文物信息学，这五种不同结构材料主要反映了文物实体在整个产生、变化、保存过程，即整个寿命存续中的各种信息，包括历史信息，也就是时间长度，使用时间、埋藏时间与保存时间等；文物实体制造加工信息，包括文物的本体材料、原材料等；污染物和腐蚀降解信息主要是文物实体的使用、废弃、埋藏和保存过程中的环境信息，包括环境中的主要污染物、埋藏和保存环境中的酸碱性等因素作用下的腐蚀和降解机制等；水的信息反映了环境的信息，包括埋藏环境，保存环境等；伴生物质则反映了与文物实体的原材料和加工工艺相关的物质信息，以及文物实体在埋藏和保存环境过程中发生腐蚀降解时由特定伴生关系伴随产生的物质等。因此在对文物实体进行材料学方面研究时，必须将这几部分明确区分开来，只有将这几部分组成材料研究透彻，才能准确地获得文物所蕴含的信息。对这些信息进行综合分析，是制定文物保护修复技术方案、确立保护目标的重要依据，才能在此基础上对文物实体进行全面而准确的保护和修复，同时可以避免保护修复给文物带来二次损伤。

当然，上述分类既不是化学的也不是材料学的分类方法，而是依据这些材料所含的文物信息进行的分类，是建立在文物信息学基础上的、对文物实体材料进行的分类。对于其中每一种材料结构、性能的分析检测和认知，依旧要依靠材料学的手段和理论，从宏观结构到亚微观结构、微观结构，依次进行分析和研究。

（二）文物实体材料的结构

从本质上说，文物实体材料是由分子或原子组成的物质实体材料，材料的性质、性能与其结构、构造有着密切的关系。因此，研究文物实体材料的基本点就是研究文物实体材料的组成和结构，以及其与性能之间的关系。材料的结构大体上可以划分为宏观结构、亚微观结构和微观结构三个维度。从材料学角度来看，对文物实体材料进行研究，最重要的就是从这三个维度进行分类研究，不同维度结构的原理、研究方法也不相同。

宏观结构是指用肉眼或放大镜能够分辨的粗大组织，一般尺寸约为毫米级大小，以及更大尺寸的构造情况。因此，这个层次的结构也被称为宏观构造。亚微观（或介观）结构也称细观结构，一般是指用光学显微镜所能观察到的材料结构。光学显微镜的放大倍数可达一千倍，分辨率可达几千分之一毫米，可分析材料的结构组织，如天然岩石的矿物组织；分析金属材料晶粒的粗细及其金相组织，如钢材中的铁素体、珠光体、渗碳体等组织；观察木材的木纤维、导管、髓线、树脂道等显微组织；分析陶瓷器和土遗址中矿物；文物实体材料中的孔隙等。材料内部各种组织的性质各不相同，这些组织的特征、数量、分布、界面之间的结合情况都会对文物实体材料的整体性质产生重要影响。因此，研究分析材料的亚微观结构有着非常重要的意义。

三、文物实体材料组成与结构的变化形式

文物实体材料结构在时间和环境因素的共同作用下，从微观结构到宏观结构都会发生一定程度的变化。一方面，材料本身的性质发生改变，从热力学角度来说，熵增原理的微观解释就是分子的热运动使得物质中分子从有序逐渐趋于无序的状态，一切自然过程总是沿着分子热运动无序性增大的方向进行，分子热运动的结果是材料性能变化。另一方面，受文物实体材料所处环境的影响，包括埋藏环境、保存环境等，材料受到相应的水、光、热、微生物等因素的作用，发生了一系列不同程度和不同方向的老化、降解反应，使得材料本体结构产生了不可逆的变化，从宏观结构、亚微观结构到微观结构都发生了改变，进而使得材料的外观、理化性能等方面发生了变化，如颜色变化、脆弱、糟朽等。

文物实体材料组成与结构变化的表现形式：文物实体材料在经历了漫长时间的埋藏，与环境、水等因素作用之后，其从微观结构的化学组成、聚集态结构等到宏观的形状、结构等方面都发生了变化。从变化的尺度划分分为宏观、亚微观和微观结构的变化。但是从文物实体材料的物质属性等方面来说，文物实体材料变化主要表现在以下几方面：文物实体的结构和形状、文物实体的孔隙结构、文物实体的化学组成等，以及由于文物实体材料的上述变化引起的强度等力学性能的改变。

（一）文物实体的结构和形状的改变

文物作为一种具有一定形状的物质实体，其存在的前提条件就是形状和结构的稳定性。除了化学组成成分的稳定性之外，形状和结构稳定的前提条件还包括了文物实体结构力学上的稳定、文物实体材料本身的力学稳定等。从本质上来说，这一部分对应的就是文物实体材料的力学稳定性，例如，在埋藏或者存续过程中，由于重力作用、相互挤压、地震等作用引起的文物实体的力学失稳以及摩擦挤压变形等，以及温度、湿度变化引起的热胀冷缩、湿胀干缩等造成的应力集中，并由应力集中引起的文物实体材料变形、破裂、断裂等病害。文物实体材料力学性能稳定性是文物保护研究重点方向之一。

（二）文物实体材料的孔隙结构变化

文物实体材料是经历了数百上千年的古代材料，存在着各种尺寸、形状的孔隙，这

些孔隙既包括材料的原生孔隙，也包括在加工、制作等工艺过程产生的次生孔隙。文物实体材料在从其选材、制作加工成形，到使用、废弃、进入埋藏等过程中，其孔隙结构也会发生相应的变化。在这些变化过程中，孔隙的数量、分布、结构、形状、尺寸等参数也会发生变化，孔隙结构的变化会引起文物实体材料的吸附性能、力学性能、化学组成稳定性的变化，因此，文物实体孔隙结构的变化也是文物实体材料发生变化的主要形式之一。

（三）文物实体材料的化学组成改变

在环境因素的作用下，组成文物实体材料的各种材质，其化学成分会发生变化，通常称之为老化。一般情况下，无论环境条件怎样变化，各种材料都会出现老化反应，文物实体材料也不例外。而文物实体材料在漫长的历史过程中，其埋藏、保存等环境中的温度、湿度、光照、臭氧、污染气体等因素，都会影响文物实体材料的老化，使文物实体材料发生不同程度和不同类型的腐蚀作用或者降解反应，文物实体材料会逐步转变为腐蚀、降解的产物。某些情况下，污染物也能与文物实体材料发生化学反应，使文物实体材料组成发生改变，如铁锈污染物常会促进有机质文物的炭化，铁锈污染部分出现黑斑，质地脆弱。伴生物也会随着不同的环境条件而发生一定的转化，如金属矿物中的伴生元素被氧化等，这种变化也造成了文物实体材料化学组成成分的改变。从材料学角度来说：文物实体材料的化学组成成分变化会引起文物实体的表面形貌、力学性能、结构等方面的改变。因此，文物实体材料的化学组成成分的改变也是文物实体材料结构变化的主要形式。

第三节 文物保护的研究方法与保护原理

一、研究方法

（一）比较研究

比较研究法就是对物与物之间和人与人之间的相似性或相异程度进行研究与判断的方法。比较研究法可以被理解为是根据一定的标准，对两个或两个以上有联系的事物进行考察，寻找其异同点，探求普遍规律与特殊规律的方法。根据不同的标准，可以把比较研究法分成如下几类。

1.按属性的数量，可分为单向比较和综合比较

单项比较是针对事物的一种属性所进行的比较。综合比较是针对事物的所有（或多种）属性进行的比较，单项比较是综合比较的基础，但只有综合比较才能达到真正把握事物本质的目的。在科学研究中，需要对事物的多种属性加以考察，只有通过这样的比较，尤其是将外部属性与内部属性放在一起综合比较，才能把握事物的本质和规律。

2.按时空的区别，可分为横向比较与纵向比较

横向比较就是对空间上同时并存的事物的既定形态进行比较，如文物保护实验中的模拟样品与空白样品的比较、不同地区出土汉代丝织品的比较等都属于横向比较。纵向比较即时间上的比较，就是比较同一事物在不同时期的形态，从而认识事物的发展变化过程，揭示事物的演变、发展规律。在文物保护研究中，对一些比较复杂的问题，往往既要进行纵向比较，也要进行横向比较，这样才能比较全面地把握事物的本质及发展规律。

3.按目标的指向，可分成求同比较和求异比较

求同比较是寻求不同事物的共同点以研究事物发展的共同规律。求异比较是比较两个事物的不同属性，从而说明两个事物的不同，以发现事物发生、发展的特殊性。通过对事物进行"求同""求异"分析比较，可以使我们更好地认识事物发展的多样性与统一性。

4.按比较的性质，可分成定性比较与定量比较

任何事物都是质与量的统一，所以在科学研究过程中既要把握事物的"质"，也要把握事物的"量"。这里所指的定性比较就是通过事物间的本质属性的比较来确定事物的性质。定量比较是对事物属性进行量的分析，以准确地测量事物的变化。定性分析与定量分析各有长处，在文物保护研究中应追求两者的统一，文物保护研究中某些指标可以量化，某些指标则无法被准确测量，例如非常脆弱的纸质文物，已经处于手不能碰的状态，为了表征其脆弱程度，需要检测纸张强度，但此时由于样品太脆弱，根本无法测量强度。对于无法测量的指标，研究人员可以转换思路，寻求能够替代的其他参数，如用纸质文物纤维素的聚合度来说明纸质文物脆弱程度。

5.按比较的范围，可分为宏观比较和微观比较

认识一个事物，可以从宏观和微观两个层面认知。从宏观上把握事物的本质，对事物的异同点或基本规律进行比较，则是宏观比较。从微观上把握事物的本质，对事物的异同点或基本规律进行比较，则是微观比较。对文物保护研究而言，需时时注意观察文物实体的三维尺寸和外观形貌变化，同时应了解文物实体外观变化与文物实体材料微观结构之间的关系，这样才能把握文物保护的本质，提高研究水平。

6.对照实验

对照实验包括阳性对照实验、阴性对照实验和空白对照实验。阳性对照实验是一种干预方法。例如，一种方法、材料或工艺，这种干预方法的有效性以前已经是明确的，进行阳性对照实验只是为了证明新方法的有效性（与阴性对照实验相比，阳性对照实验是与要进行的实验内容很相似但不相同，而且由经验可以预见其结果，即应该得出正面的结果）。阳性对照实验的主要目的是说明新方法的有效性，传统上需要证实该新方法优于旧方法（阳性对照）。例如青铜器除氯离子研究，用去氯离子的试剂处理已知含有

氯离子的青铜器样品，预期结果是青铜器氯离子含量减少，这就是阳性对照实验。阴性对照实验的目的是排除假阳性。一个确定是阴性的样本，如果实验结果显示阳性，说明实验有问题。相反，阳性对照的目的是排除假阴性。同样以青铜器除氯离子研究为例，用不含氯离子的盐溶液处理青铜器样品，然后进行除氯离子处理，这就是阴性对照实验。空白对照实验是针对"处理因素"而说的。凡是不加处理因素的样品组，为空白对照组。阴性对照和空白对照不一定能画等号。两者的区别在于，空白对照没加处理因素，阴性对照加的是别种处理因素。

（二）模拟实验

相似性是模拟实验的基础。在文物保护模拟实验中，既要考虑模拟样品与真实样品的相似性，也要考虑模拟环境条件的相似性。真实的文物样品的特点包括成分复杂、脆弱、结构缺陷多，环境影响因素有温湿度、微生物、盐分等。

在文物保护科学研究过程中，有些问题单凭观察是难以得出结论的，这时就需要通过实验来探究。实验当然也离不开观察，与单纯的观察不同的是，实验是在人为控制研究对象的条件下和进程中进行的观察。在难以直接拿研究对象做实验时，需要利用模型来做实验，即模仿实验对象制作模型，或者模仿实验的某些条件进行实验，这样的实验叫作模拟实验。模拟实验是科学实验的一种基本类型，常见的科学实验类型有比较实验、析因实验、模拟实验、判决实验等。对事物的内部结构、运动变化过程进行模拟的实验，叫作模拟实验。

文物保护模拟实验主要是在实验室内模拟各种文物实体病害的产生条件，以研究文物实体病害产生的机理，以及病害产生后对文物实体各方面性能的影响与危害。例如，研究人员常利用烘箱、紫外灯的光热老化法，对纸张、绫绢等材料进行一段时间的老化，然后检测纸张、绫绢的各种性能，以研究保存环境中的光热影响因素对文物的影响，或用以筛选补配材料需老化到什么程度才最适合当修补材料。一般情况下，文物是不能拿来做实验的，这就需要制作性质与文物相近的模拟样品。例如，若想要测试文物的强度性能，则需要进行老化实验，模拟出与文物实体强度相近的样品，然后开展保护研究。

（三）应用实验

文物保护研究通常都是在文物保护实验室内进行的，所取得的研究成果最终要用于具体的文物保护实际工作中。一旦实验室研究完成后，下一步就是对研究成果，如技术和材料，进行应用实验，检验实验室模拟的效果，为大面积推广应用提供可靠依据。应用实验是实验模拟通向实际应用的桥梁，是文物保护研究重要的中间环节。文物保护工作需要考虑多种现场情况，如考古发掘现场、文物保存现场、文物展出现场、文物运输现场，不同现场的环境条件差别较大，应用实验也应尽可能考虑到现场环境中的不利因素，谨慎选择实验场所和实验对象。开展应用实验时不能对整件文物进行实验，以防实验失败对文物实体整体造成损坏，导致损失难以挽回。所以，应先在文物实体上选取合适部位（不能选含有重要信息的部分）进行斑点实验，保护材料用量从少量开始，逐步增加用量，直至达到满意的保护效果为止。

（四）挂片实验

挂片实验是在实验室给定条件下，用试片的老化或腐蚀参数检测计算实验样品损坏速率，以此评定文物实体腐蚀损失速度或老化状态。例如，俄罗斯纸张研究所将纸张样品放置在自然环境中，现已持续了近百年时间，每年检测样品的变化情况，以测定纸张自然老化情况，研究自然环境中纸张老化机理。

（五）组合分析

组合分析法就是指按照一定的科学原理或功能、目的，将现有的科学技术原理或方法、现象、物品做适当的组合或重新排列，从而解决文物保护实验学的共性问题。例如，将同一埋藏环境出土的各种金属器物，放置在一起，进行有关腐蚀与环境因素的组合研究，寻找环境因素对金属文物的腐蚀规律，这就是一种简单的组合分析方法。

二、有害物的稳定化理论

（一）有害物的性质

文物实体有害物是指文物实体表面及内部因自身病害或外部环境污染而形成的物质，这些物质对文物实体的寿命及价值具有破坏作用。有害物可分为惰性与活性两种，惰性有害物的破坏性是有限而稳定的；而活性有害物对文物实体有着主动破坏性，这种破坏是自发的且有蔓延扩张趋势。例如，青铜文物的硫化物与氯化物，硫化物破坏器物的艺术欣赏价值，是惰性有害物；而氯化物会像癌症一样使有害锈蚀扩张蔓延，属于活性有害物。此外，石质文物中的微生物菌群在石刻表面和内部繁衍生长，导致石刻出现风化；纸质文物微生物病害中的红霉霉斑，除会污染画面外，还会破坏书画纸、绢的质地，加速其老化酸化过程，这些都是活性有害物。

有害物的不稳定性通常是与某种环境条件相联系的，如分子结构不稳定、环境温度、湿度波动、热力学不稳定性等。青铜器有害锈（又称粉状锈）与环境中的温度、湿度均有很大关系，有害锈质地疏松，呈粉状浅白绿色。青铜器有害锈的化学成分主要是氯化亚铜和碱式氯化铜，氯化亚铜和碱式氯化铜在热力学上性能是不稳定的。

发生循环反应后，氯化亚铜在氧气和水作用下生成碱式氯化铜，碱式氯化铜通过对铜的腐蚀，又生成氯化亚铜。如此循环，不断对青铜器进行腐蚀，直至青铜器文物实体全部毁坏。因此，青铜器有害锈常含有两种成分：碱式氯化铜和氯化亚铜。

（二）有害物的处理

在传统的文物保护工作中，对于有害物进行处理时往往选择直接去除。但基于对文物最小干预的保护原则，现代文物保护理论旨在追求将活性有害物转化为惰性有害物，即有害物的稳定化。有害物稳定化有两种方式：一是利用化学反应将活性有害物转变为另一种化学反应活性较低的物质，使其不能对文物实体造成损害，或损害速度非常缓慢，这种有害物稳定化方式是通过文物实体质点改变实现的。二是通过改变环境条件，降低有害物的化学反应活性，减缓对文物实体损坏的速度，这种有害物稳定化方式是通过降低文物实体质点运动的能量实现的。对于影响文物艺术价值的惰性有害物可适当去除，对文物艺术价值无太大影响的有害物可选择保留。

三、文物实体材料的稳定化理论

（一）文物寿命

文物寿命包含两层含义：一是大多数文物作为物质实体，其组成材料的材料性能已十分脆弱，以现代材料学的观点来看，这时的文物材料早已失去了材料功能，寿命已经终结。但从文物材料学角度看，其组成材料蕴含了文物实体在复杂因素超长期作用下演变的信息，结构上仍能支撑文物实体的基本造型，仍具有文物价值，因而寿命依然在延续，这是文物保护工作的基本依据。二是文物具有多种寿命，即"文物多命论"，如材料寿命、价值寿命等，而价值寿命亦有多种，如历史价值、科学价值、艺术价值寿命等，这些寿命均通过文物信息表征。文物信息的采集过程随着科技进步而不断获得发展，文物信息不断增加、积累，只要文物实体存在，这个过程就不会中断。即使出土时文物蕴含的全部信息都已被采集了，该文物是否还有保存的必要？答案是，作为直接的实物证据，作为不断增长的信息源，文物仍有保存的必要。从物质运动的角度来看，只要文物实体存在，文物的信息始终处于不断积累和转化的动态变化之中，所以当旧的信息被采集之后，新的信息又产生了。

文物寿命是由两部分组成的：一是文物实体的材料寿命，二是文物的价值寿命。通常情况下，文物实体材料寿命远短于文物的价值寿命。将一件文物实体置于一个三维空间坐标系内来看，文物实体是由一个个质点按一定规律排列组合而成的，这些质点的有序排列代表了文物实体的实时状态。文物实体的质点排列既体现了文物实体材料的性能，又蕴含了文物的价值信息。材料学意义上的寿命往往是指材料的性能不能满足某一使用功能时的状态，而此时文物实体发生改变和位移的质点数量，并不足以使文物实体的形态完全被破坏。因而仍保留着许多文物信息，如形状、花纹、铭文以及文物实体材料等，所以文物寿命并未终结总之，文物实体材料寿命属于现代材料学范畴，文物价值寿命属于文物材料学范畴。尽管两者的研究对象都是文物实体材料，但对文物实体材料的使用功能的定义不同，所以对文物的寿命看法亦不相同。

（二）文物实体材质失稳

文物实体状态始终处于稳定与不稳定变化之中，这里的稳定是一种动态平衡。前已述及，文物实体属于开放体系，始终在与环境不断地进行物质和能量的交换，这是开放体系的特征。当环境因素发生变化，温度、湿度、微生物、光、氧含量等方面产生变动，不足以引起文物实体材料发生明显变化时，文物实体可以在较长时间内保持这种状态。因此，可以认为文物实体处于稳定状态。但是，文物实体处于稳定状态并不意味文物实体没有发生变化，只是这种变化比较轻微，不明显而已。但文物实体的轻微变化经过长时间的积累，有可能发生从量变到质变的转化，这就是损伤累积效应。例如，博物馆展厅内的纺织品文物，刚展出时的颜色与展出一段时间后的颜色相比，往往会出现较大变化，这是展出时受光照影响，产生了光致褪色。尽管纺织品文物每天的颜色变化很小，但经过一段时间积累后，褪变色情况则十分明显。

由文物实体的质点模型可知，质点始终处于运动之中，当质点运动程度较大时，如质点改变数量较多、质点出现较大位移，文物实体就会从稳定状态变为不稳定状态。打破稳定平衡的因素是外界环境条件的改变，当环境因素变化时，文物实体状态就会发生改变。说明文物实体总是从不稳定状态转变为稳定状态，再从稳定状态转变为新的不稳定状态，然后新的不稳定状态再次转变为另一种新的稳定状态，这种转变过程持续进行，直至文物实体消亡。文物实体的不稳定是绝对的，而稳定则是相对的。引发转变的外部原因是环境因素的变化，文物实体稳定状态转变为不稳定状态有两种方式：一种是通过缓慢变化，从量的积累到质的转变，如展出过程中纺织品文物的颜色变化；另一种是爆发式变化，迅速转变，这通常是由环境条件剧烈变化造成的，如密封性较好的埋藏环境中出土的纺织品文物的颜色变化，刚出土时文物的颜色非常鲜艳，但很快就会变褐色、黑色。这两种变化都与外部因素影响密切相关，所以要尽量降低文物保存环境因素波动幅度，避免因文物环境的大幅波动破坏了文物实体稳定平衡的状态。文物保护专业人员经常通过对环境的人工干预，使文物实体的状态稳定。

对不同种类材料的文物来说，影响文物实体稳定性的内在因素有很大差别。一般情况下，材料不稳定的类型可分为以下几种，晶体结构不稳定、分子构象不稳定、分子结构不稳定、金相结构不稳定、自重较大文物实体力学行为不稳定、构成材料的热力学不稳定，多种材料复合制作的文物实体，由于材料性能匹配不佳（装裱书画、铁质与铜质复合的文物），也会产生不稳定等。综上所述，文物实体稳定平衡被破坏是两方面因素造成的，即内因和外因。文物实体材料的不稳定性是内因，外界环境条件的变化是外因。

四、文物清洗理论

（一）污染病害对文物实体的影响

　　文物实体污染物是指文物实体在使用、传世过程中，附着于文物实体表面的非文物本体组成材料或非文物本体组成材料转化产物的物质，即文物实体表面附着物（包括孔隙表面的附着物）。文物的污染类病害就是那些由于引入了外界的污染物，使得文物实体材质发生了形貌、结构和性能上改变的病害现象。文物实体表面污染物及其结合的状态是错综复杂的，首先是一部分来自大气环境及地下埋藏环境的污染物，使文物实体产生了有机质材料糟朽及其析出物、砖石质文物风化产物、金属材料的腐蚀产物等，这部分污染物通过上述文物实体的腐蚀降解产物与文物实体表面结合，即多层物质叠加在文物实体上。其次是另一部分污染物附着在文物实体表面，并未引起文物实体材料的腐蚀降解。污染物通过物理吸附的方式附着在文物实体的表面，此类污染物有时还能隔绝空气和水分，使有害气体和水分无法与文物实体接触，对文物实体起到保护作用。上述分析表明，文物实体上的污染物对文物造成危害的方式和程度是不一样的，有时还具有有益的一面。总之，文物实体材料种类复杂多样，保存环境也不尽相同，文物实体的表面污染物具有多样性的特点。因此，从现代科学保护的角度，对这些污染物的利与弊进行判断，不能一概而论。

　　对文物实体表面的污染类病害都应进行分析检测与价值评估，以测定它们可能蕴含的价值信息，以及在文物保护、保存中的作用和产生的影响，以所含价值、危害严重度作为污染类病害的评价标准，用于指导文物保护实践。一般情况下，文物实体的污染类病害具有有益和有害两种属性，即"利"与"害"两个方面。

　　有益是指污染类病害对文物实体造成的"益"远远大于"害"。某些污染类病害可以反映文物的使用功能、埋葬规格、埋藏条件、埋藏物之间的相互关系、埋藏的地质地理环境等信息；有些能反映地球环境变化、气候变化、地震造成器物材质变化的信息，这些都是自然条件变迁研究的重要依据。有些也可能是社会变革的因素导致的，是各种材料及金属材料使用的证据，反映出古代生产、生活、科学技术、工艺技术发展的水平和历程；有些针对由污染导致的金属文物腐蚀产物及其结构的研究是冶金、金属腐蚀与防护科学以及冶金史研究的重要内容。特别是某些金属文物实体表面形成的氧化层本身既蕴含着历史信息、科学信息，也对器物本身起到一定的保护作用，有利于隔绝外界的空气和水分，避免文物实体与环境中有害物质接触，具有防腐蚀功能。尽管这种腐蚀产物也是一种病害，但不能随意地去除。

　　有害是指污染类病害对文物实体造成的"害"远远大于"益"。某些污染类病害会对文物实体和价值信息的安全造成威胁，有些使文物实体表面发生霉变，如室外文物实体表面地衣、苔藓以及微生物生长等。这些生物体均以文物实体材料作为生长的营养成分来源，对文物实体进行吞噬，有些生物体在生长过程中会释放出酸性物质、碱性物质、氧化、还原性物质和其他腐蚀性物质，对文物实体造成侵蚀。某些文物实体材料的污染类病害产生的腐蚀分解产物，会加快自身的老化、损毁速度，如青铜器腐蚀产物有害锈，一旦有了有害锈，青铜器腐蚀速率会显著加快。对于金属文物而言，其腐蚀过程中产生的腐蚀产物依附在金属表面形成锈迹、锈斑、锈块，使金属表面呈现出不均匀性。在具有不均匀性的金属表面暴露于潮湿环境中时，表面易形成一层带电的电解质液膜。根据电化学原理，带电的电解质液膜产生电化学反应会显著加速金属的腐蚀。在金属表面存在电化学反应的条件下，金属表面会分为阴极区和阳极区。阴极区表面状态比较良好，金属能得到有效保护，但这是通过牺牲阳极区来实现的，阳极区则成为牺牲品，阳极表面被不断氧化腐蚀。有些金属表面的局部会有性质特别稳定的锈块存在，实际上它也是促进腐蚀活泼区加速腐蚀的因素之一。在文物保护实际操作中，对这些文物保存产生严重破坏作用的污染类病害，有必要清除。

当污染类病害对文物实体造成的"益"与"害"均等时，需要对"利"与"害"做综合考量，解决病害的"留"与"去"问题。很多情况下，这样的综合评估涉及考古学和材料学等专业领域，需要多学科的参与，但其基本目标还是应从延长文物寿命的角度出发，考虑如何保护文物实体的问题。任何情况下，有效地保护文物实体都是第一位的，如果文物实体不复存在，那么文物价值也会随之消失。

文物保护的核心是有效、全面保留它的价值内涵，修复的目的是完整展现文物价值。保护文物实体从根本上来讲是保护文物所蕴含的价值信息，所以判断文物实体污染类病害是否需要清除时，首先应衡量它对文物的实体是否有害以及危害程度如何。对于威胁文物实体安全和严重影响文物价值整体展现的病害可适当予以清除。只要文物的价值并没有遭受损害，价值信息没有丢失，保护处理就是正确的。

文物实体上的污染类病害被去除之后，文物的原状可能会发生改变，这时需要采用一些修复的方法，恢复或部分恢复文物实体的原状。文物原状是指器物最原始状态、出土时状态，还是收藏时的状态，应根据具体情况讨论。因此，将文物实体恢复到哪一种状态，应视具体情况而定。综上所述，对于文物实体上的污染物进行处理，所应遵循的基本原则就是实现文物价值信息的全面保护和文物价值的完整展现。污染类病害常蕴含文物实体在地下埋藏、长期流传过程中的各种历史信息，以及文物实体所附着的周围环境物质带来的相关地域、地层的信息，这些也是全面揭示文物价值所需要的信息。例如，散落在社会上的"出土"文物，它们往往带有污泥、锈蚀之类的污染物，就可能蕴含了出土地点、出土的原始条件等信息，甚至有助于文物真伪的判定。前些年，曾有一些简牍面世，业界对其真伪有很大的争议。有的研究人员往往随意地把文物实体表面的污染物如污泥、杂质之类的东西，不经检测分析就完全清除干净。这就有可能丢失了探索其原始出土地点、出土环境的一些重要原始信息，给鉴定工作带来困难。

（二）文物实体表面污染类病害的清除原理

文物实体存在大量表面，包括孔表面等。由文物实体质点模型可知，表面质点周围原子对它的作用力是不对称的，所受力不饱和，存在剩余力场，具有吸附其他物质质点的能力，易吸附气体、液体分子，也能够与某些金属离子结合，产生结晶类物质。

文物实体的污染类病害主要来自两个方面：一是文物实体表面吸附外来物质质点，产生污染；二是文物实体由于吸附外来物质质点使自身质点发生了改变，由一种质点转变为另一种质点，这两种情况都可被视作为污染类病害。

文物实体污染类病害的去除，通常指的是对文物实体表面污染物质的清除。对于文物实体表面污染物质的选择性清除或者处理工作十分重要，污染物是否被清除需考虑下面几种情况。

第一，文物实体无害降解产物，有的降解产物是稳定的，包含着历史沧桑感以及美学价值，降解产物对文物实体的埋藏环境、使用功能等具有研究价值，此类污染物不应去除。

第二，具有保护作用的污染物，此类污染物可能对文物实体起到一定保护作用，如铁质文物表面生成的致密氧化膜，能够阻挡氧、水、污染气体等对文物实体的腐蚀，对文物实体寿命无影响，一旦清除，文物实体会出现新的腐蚀，加快文物实体损毁速度，因此应当予以保留。

第三，已成为文物实体结构部分的污染物，有的文物实体在腐蚀过程中原始质点逐步转变为腐蚀降解产物，或被外来其他质点取代，污染物已成为支撑文物实体结构的一部分，如果清除，文物实体会出现残破，或致文物实体形状消失。此类实例很多，如高度矿化的青铜文物，原始的铜质点几乎全部转变为铜的矿物质点，如果将铜的矿物质点清除，则青铜文物也将随之消失。再如出土的丝绸印痕文物，文物实体中的蚕丝质点已完全腐蚀、降解殆尽，留下的质点空位被土壤或其他矿物质质点取代。从材料角度而言，这时的文物已完全"异质化"，属于"异质文物"，即与原始状态的文物本体材料完全不同，但仍保持文物实体的全部或部分原始形态。

第四，有害污染物。有害包含了多重含义：对文物实体材料有害，此类污染物会加快文物实体材料的腐蚀降解，直至使文物实体完全损毁，如青铜器的有害锈。破坏文物实体的外观形貌，有的污染物虽不会腐蚀文物实体，但由于具有覆盖作用，会影响对文物文字或纹饰的识读和辨识。保护处理过程中需要清除的污染物。文物保护工作中往往需要将加固材料渗透到文物实体内部，但由于文物实体表面，特别是孔表面吸附了污染物，阻碍了加固材料的渗透。因此，上述此类有害污染物在文物保护处理过程中必须清除。

从文物实体质点模型分析可知，污染物的清除就是将污染物的质点从文物实体移除。一般而言，文物实体污染物的清除方法有三种：一是化学方法，即利用化学反应，将污染物质点溶解、分解，使之清除，过程中常有新物质生成。用氧化剂、还原剂、络合剂等化学试剂清洗的方法，属于化学方法。溶剂清洗也是化学清除过程，其生成的新物质往往是被溶解物质的溶剂化，在化学概念上是新物质。溶剂清洗文物过程中溶剂的选择可依据"溶剂参数理论"和"弗洛里-赫金斯参数"等相关理论进行筛选。二是物理方法，清除过程中污染物质点没有发生改变，不发生化学反应，没有新物质生成。常用的机械剔除、高温气化的技术措施就属于物理方法。三是生物方法，利用生物的代谢作用，将污染物质点"吃掉"，转化为易清除成分然后清除，此类过程一般会有生物活性物质参与，这是生物方法典型特征。例如，生物酶清洗污染物，通过生物活性物质"酶"的代谢作用，将污染物分解清除，属于生物方法。

文物实体污染物的清除是一个庞杂的技术体系，对各种文物实体表面的污染物来说，清洗、清除时必须采用科学的方法并适当控制清除的范围，绝对不能伤及文物实体，更不能造成文物价值的丢失。

五、回补修复理论

文物作为一种复合材料构成的实体，材质中的每一种成分都具有一定的材料学功能，随着时间的流逝和材料的劣化，某些成分会逐渐消失一旦缺失必然引起材料性能的改变，甚至失去原材料的基本特性。回补修复基本原理是，从材料成分缺失的角度入手，研究文物实体材料中各组成材料的劣化机理，分析缺失的成分及功能作用，然后将所缺失的成分以适当形式回补，达到加固脆弱文物实体的目的。回补分为两种情况：一是对文物实体残缺部位的回补；二是采用物理、化学或生物方法对文物实体组成材料中缺失成分的回补。

文物实体中各种材料的质点所起的作用是不相同的，如同一棵树一样，树叶、树枝、树干、树根共同构成了一棵完整的树，树叶掉落、树枝折损，树木仍能存活，而当树干受到破坏时，树木可能倒塌并死亡。由此可见，树干的作用远远超过树枝、树叶。文物实体中起重要作用的功能性质点，犹如树的树干，这类质点的变化能够引起文物实体基本性能的变化，对文物实体造成根本性损伤。其他的质点起辅助作用，这一类质点的变化也可能造成文物实体表面形貌、材料物理性能的改变，但不至于造成文物实体损毁。

回补修复理论实际上是对文物实体质点空位的补缺，所强调的是回补的材料应是在文物实体材料中起重要作用的功能性成分。对文物实体而言，首先需要回补的是文物实体中功能性成分，其次是辅助功能的成分。回补方式的选择亦十分重要，如有机质文物的材料绝大多数都是自然界生物过程的产物，属于生命过程。如果回补方式能复制产生这些材料原生物过程，那么回补到文物实体中的成分就能够保持回补材料的生物学功能，这是最高层次的文物保护技术。遗憾的是，实现这一过程非常困难。通常情况下只能采用物理渗透的方式，将回补材料渗入文物实体，实现回补的目的。这样的回补方式，回补材料只能发掘部分作用。

尽管如此，也能在很大程度上提升文物实体材料的性能，实现保护的目的。

修补甲骨文物时回补缺失羟基磷灰石、修补土质文物时回补缺失的钙镁胶结物、修补丝绸文物时回补丝胶等保护技术措施，都是应用了回补修复原理。

例如，糟朽皮革保护加固材料的研究，有学者研究发现，糟朽皮革中胶原蛋白流失非常严重，其胶原蛋白含量远低于新皮革，所以糟朽皮革质点十分脆弱。保护思路为选用与皮革具有同源性的动物皮浆作为糟朽皮革的加固材料，补充和改善糟朽皮革中流失和变性的胶原蛋白，回补皮革文物流失的胶原蛋白成分。由于选用的胶原蛋白材料与皮革文物本体孔隙具有良好的相容性，加固材料容易进入新生孔隙，且与文物本体结合良好。

以下为石质文物、竹简类文物缺失成分研究案例。

（一）石质文物的劣化

对石质文物而言，溶蚀现象是典型的材料缺失病害，即石刻表面造型被严重改造趋于平缓的现象。溶蚀对岩石表面力学性能的影响较大，岩石表层发生溶蚀后，其表面孔隙必然增大、增多，结构变得疏松，进而使表面强度降低。表面强度测试结果表明，与新鲜岩石相比，砂岩表层发生溶蚀后，其表面强度降低了6%～20%，大理岩表面强度降低了4%～9%。

研究结果显示，对于砂岩来说，表面发生溶蚀的岩样与新鲜岩样的矿物成分相比，方解石的含量由14.7%减少至0.9%～12.5%，说明砂岩表面的溶蚀主要是因为其含有的方解石在水作用下发生溶解。对于大理岩来说，岩样中白云石的含量从外向内逐渐增加，而其他矿物成分的含量基本不变，这说明大理岩的溶蚀主要是其内白云石在水的作用下发生溶解，从而表现出距表面越近，白云石含量越少的现象。

（二）竹简类文物的劣化

对竹简类文物而言，其组成成分有纤维素、半纤维素和木质素。降解过程主要包括化学降解和解剖结构降解。化学结构上，竹简中的结晶纤维素、半纤维素降解程度随竹简年代的推移而增加，结晶纤维素、半纤维素降解的结果导致了竹简力学强度和韧性的降低及脆性的增加，半纤维素的降解速率高于结晶纤维素的降解速率。木质素相对稳定，但也发生了一定程度的去甲基化，且香豆酸、阿魏酸含量降低，表明木质素与纤维素，半纤维素的共价连接被打断。解剖结构上观察到竹简细胞壁中的纤维素微纤维基本消失、层状结构被破坏，纤维组织和薄壁组织的细胞腔结构完全消失，使得竹简形成实心结构，不利于保护材料的渗透。由此可见，结晶纤维素，半纤维素的缺失是导致竹简类文物实体脆弱的主要原因。

第三章　影响文物保存的环境因素

对于文物寿命而言，其重要性甚至超过自然环境因素，因为任何保护最终都要靠人去落实。在这里，管理学界流行的"三分技术，七分管理"同样是适用的。影响文物保存的环境因素很多，但归纳起来，最主要的有温度、湿度、光线、空气污染物、地质环境和有害微生物及有害昆虫等。本章将对其进行研究分析。

第一节 温度、湿度和光线

一、温度、湿度

温、湿度是影响文物保存的首要因素，在文物保存环境的诸因素中，最基本、经常起作用的因素就是温度和湿度，不适宜的温、湿度不仅会对文物材质的耐久性造成直接的影响，而且会加速其他不利因素对文物材质的破坏作用。

（一）温度、湿度概念

1.温度。温度是衡量物体冷热程度的物理量，严格的、科学的温度定义，是建立在热力学第零定律基础上的。

根据热力学第零定律，处于同一平衡状态的所有热力学系统都具有共同的宏观性质，这个决定系统热平衡的宏观性质就定义为温度，温度的特征就在于一切互为热平衡的系统都具有相同的温度。从微观上看，温度实质上是物体内部大量分子无规则运动剧烈程度的反映，温度越高说明物体内部分子热运动越剧烈，反之亦然。因此，温度是统计意义上的一个物理状态参数，是大量分子热运动的集体表现，是大量分子的平均平动动能的量度，对于单个的分子，说它有温度是没有意义的。

上述关于温度的定义仍是定性的、不完全的。完全的定义还应包括温度的数值表示法，即温标。建立一种温标需要包含三个要素：选择测温物质和测温属性。对测温属性随温度变化的函数关系做出规定，这种规定具有人为性，在尚未确定温度的单位时，什么叫一度可以人为规定。选取固定点，规定其温度数值。目前常用的温标有三种，即绝对温标（又称热力学温标，开氏温标）、摄氏温标和华氏温标。第一种是一种理想温标，用于科学研究，第二种和第三种属经验温标，用于日常生活。

影响文物寿命的温度主要决定于周围空气的温度，因为文物通常处于周围空气之中。

2.湿度。湿度是表示空气的干湿程度的物理量，它有多种表示方式，如绝对湿度、相对湿度、露点等。

（1）绝对湿度：指单位体积空气中所含水蒸气的质量，通常用 1 立方米空气中所含水蒸气的克数来表示，即单位为 g/m^3。绝对湿度不能直接测量得到，而是间接测量其他量通过计算求得。

（2）相对湿度：是指空气的绝对湿度与同温度下的绝对饱和湿度之比，符号为 RH，通常用百分数表示。

相对湿度表示空气中实际绝对湿度接近饱和绝对湿度的程度，即相对湿度的大小直接反映了空气距离饱和的程度，因此，相对湿度概念的引入克服了从绝对湿度不能直接看出空气干湿程度的缺点，是衡量空气潮湿程度的一个重要指标。

温度、绝对湿度和相对湿度三者存在密切关系：一定温度下，绝对湿度越高，相对湿度就越高，空气就越潮湿；反之亦然。在密闭空间内，若绝对湿度不变，温度升高时相对湿度减小，温度降低时相对湿度增大。

（3）露点：当空气中水汽含量和气压不变时，降低温度使空气刚好达到饱和状态，此时的温度称为露点。

露点是空气中水蒸气开始凝结时的温度，在露点时空气的相对湿度等于 100%，但尚无水珠凝结。当温度低于露点时，空气中的水蒸气就会因超过饱和绝对湿度而凝结成水珠，这种现象叫结露。

由于空气一般是未饱和的，故露点常低于气温，只有当空气达到饱和时，二者才相等，故根据露点可判断空气饱和程度。二者差值越大，表明空气相对湿度越低，反之相对湿度越高。

（二）温度、湿度对文物的影响

任何材料的文物都有自己的适宜温、湿度范围，一旦超过这个范围，文物材料就要发生病变，如：大多数古籍、字画、档案等纸类文物，当纸张的含水量维持在 7% 左右时，纸张的强度最好，而要使纸张含水量维持在 7% 左右，就必须要求周围环境的湿度在 50%～65%；若湿度经常处于 50% 以下，纤维素就容易损坏，产生干裂、翘曲等现象。

1.不适宜温度对文物的影响

（1）温度作用于文物的机理

温度主要通过以下两条途径影响文物制成材料，使其耐久性降低、寿命缩短。

1）促使文物制成材料分子相转变

构成物质的分子（原子）无时无刻不处在振动之中，其振动频率与环境温度密切相关，温度升高，分子振动频率加快，振幅加大；当温度升高到一定程度时，分子可能会发生裂解，导致物质结构变化，其性能也相应发生变化。

2）改变化学反应活化能

活化能是指活化状态分子与反应物状态分子各自平均能量的差值，是一个依赖于温度的量。随着温度的升高，活化分子数增加，导致有效碰撞次数增多，反应速度加快。

（2）温度作用于文物的表现

温度对文物的影响主要表现在两个方面：一是温度因素直接产生的破坏作用，主要是对于由不同材质构成的复合文物，由于不同材料热胀冷缩时的体积变化不同，变化速度也各异，导致文物的开裂。二是由于温度变化引起其他因素的改变而对文物产生的间接破坏作用，如据研究温度每升高 10℃，化学反应速度增加 1～3 倍；温度的急剧升高，引起文物的过分干燥或高温造成文物的损坏等。又如常见的锡为白锡，其化学性质比较稳定，常温下与空气不发生化学反应，但若环境温度低于 13.2℃，白锡将转化成粉末状的灰锡，而且随着温度的降低，转变速度显著加快。对纤维质文物，高温将加速纤维素水解反应，加速蒸发，使纤维变脆而易于折断。

2.不适宜湿度对文物的影响

（1）湿度作用于文物的机理

1）直接途径：在一定的温度下，环境湿度增高，文物制成材料含水量增大，表现为吸湿；环境湿度降低，文物制成材料含水量减少，表现为解吸。这样，湿度的变化直接引起文物制成材料结构的变化并导致其性质发生变化。

2）间接途径：水是各种有害化学反应的媒介，随环境湿度的增高，文物制成材料含水量增加，有害化学反应随之增加；同时，空气中的有害气体对文物制成材料破坏作用增强；有害微生物得到适宜的繁殖、生长条件，破坏力也增强

（2）湿度产生物理形变对文物的损害

湿度变化会引发物理变化，造成文物材料扭曲变形、开裂错位、断裂分离等。其原因主要在于吸湿材料高湿时膨胀、低湿时收缩的反复机械作用。如：竹木器属吸水性材料，一般含有 12%～15% 的水分，由于干燥使其低于这一数值时，就会翘曲、开裂。对于石窟壁画，只要未达饱和状态，不论相对湿度高低，就会产生酥碱病害，且湿度越低，病变程度越严重，原因在于壁画中的可溶性盐分随外界湿度变化总是处在溶解-结晶-再溶解-再结晶的不断反复的过程中，造成侵蚀壁画，导致壁画最终酥松脱落。岩石表面的水对岩石会形成外多内少的渗透分布，引起岩石体积膨胀所产生的内应力由外向内明显下降，使得石质文物价值最高的表层成为受水分侵入影响最大的部位。

与温度相比，湿度对材质体积胀缩的影响远远大于温度变化影响。如：象牙，温度相差 30℃，其体积变化小于 0.2%；而 RH 波动 10%，其体积就变化 0.3%～0.4%；纸张也是如此，典型的绘图纸在 RH 变化 10% 时，其横向变化为 0.30%，纵向为 0.05%；而木材对 RH 的波动受影响最为显著，RH 上升 10%（50%～60%）其切线方向的变化为 0.45%～0.9%（因树种不同而存在差异）。

（3）湿度造成文物的生物腐蚀

湿度是微生物、昆虫生长繁殖的必要条件，较高的湿度条件（70% 以上）最适宜它们的繁衍。虫蛀、霉变对文物材质造成的腐蚀作用是文物保存中经常遇到的十分严重的问题，特别是我国南方地区。如：中国古代石窟寺壁画的制作，一般是在无机矿物颜料

中加入一定量的胶结材料，它们均会有丰富的蛋白质，在高湿环境下，这些蛋白质是微生物的良好营养基体，而微生物在其代谢过程中产生的草酸等有机酸又能与颜料中的石青、石绿等含铜或石膏等含钙物质发生反应而生成草酸铜或草酸钙，加速胶结材料的老化，导致颜料层强度降低，最终脱落。

从总体上看，湿度对文物材料的影响比温度的影响要大。

（三）温度、湿度的控制

鉴于温、湿度对文物材料危害的严重性，对其实施有效控制不仅十分必要，同时十分重要。要控制好温、湿度，应主要做好以下几个方面的工作。

1.研究温度、湿度变化的规律

这里主要是指文物库房内外温、湿度变化的规律，只有将这种规律研究清楚了，才能为制定调控库房温、湿度的方案提供科学依据。目前，在这方面已经取得了一些初步研究成果。如库外温度日变化一般规律是：凌晨日出前温度最低，日出后温度逐渐升高，至 13～15 时（夏季 14～15 时，冬季 13～14 时）达到最高值，再缓慢降低，直到次日日出前温度又降至最低值；9 时前后气温上升较快，19 时前后气温下降较快。年变化一般规律是我国内陆大部分地区 1 月最冷，7 月最热；沿海地区则一般分别在 2 月和 8 月。而库外相对湿度日变化规律与气温变化相反；年变化规律则有两种不同类型：一种是内陆干燥而全年绝对湿度变化不大的地区，冬季高而夏季低。另一种是冬季低、夏季高，我国大部分地区属后者。库内温、湿度变化规律与库外变化基本一致，但时间通常较库外为迟，幅度为小。总体看来，这方面的研究与实际需要还有较大差距，急需加强。

2.制定文物库房温度、湿度标准

标准的制定非常重要，它对实际工作具有直接的指导意义，并具有约束力。但要制定标准，必须要首先研究清楚不同质地的文物随温、湿度变化损坏的规律性，确定其最适宜温、湿度范围，目前这方面的科学研究还是相当初步的；同时，问题的复杂性、艰巨性还在于标准的制定必须要考虑现实中的各方面条件限制，如财力、物力、地区差异等，使其具有实际可行性。因此，文物库房温、湿度标准的制定是科学性与可行性相统一的结果。

3.文物库房建筑的建设

文物库房建筑对温、湿度的调控至关重要，它是中长期起作用的基本因素，应通过科学选址、合理设计达到控制温、湿度的目标，做到防热、防潮，保持库内温、湿度的稳定。

4.具体措施的采取

日常工作中，主要还是通过采取各种不同的具体措施来达到调控温、湿度的目的，常用主要措施有密闭、通风、增温、降温、加湿、减湿等，这些措施需根据不同的具体情况需要，运用适当的手段分别有选择地进行。

二、光线

光与温、湿度一样，是文物保存和利用中最基本的、最常遇到的外界环境因素。光主要来自太阳的光辐射，其次是来自人工光源。光对文物材料的危害主要有三个方面：光对文物材料具有热效应、使有关化学反应加速和产生光化学反应。研究表明，光对所有有机材料文物具有破坏作用，引起它们表面变质并加速这种变质反应；而对无机材料文物，如金属、玻璃、陶瓷、石质文物等没有明显的直接破坏作用。

（一）光的基础知识

光是由发光体发射出的辐射线、电磁波。光在本质上是一种频率很高的电磁波，具有波粒二象性。自然界中所有电磁波按波长或频率大小进行排列，可以组成一条很宽的谱带。这条谱带被称为光谱，可见光是光谱中很小的一部分，其对应波长范围为：红色760～620nm，橙色620～590nm，黄色590～560nm，黄绿色560～530nm，绿色530～500nm，青色500～470nm，蓝色470～430nm，紫色430～400nm。这种划分只是给出一个大致的范围，实际上单色光的颜色是连续渐变的，不存在严格的界限。

太阳作为最主要的光的来源，其发出的光波波长范围为200～10000nm，但当穿过大气时，波长短于290nm的短波长紫外光和长于3000nm的长波长红外光被大气层吸收了，只有波长介于290～3000nm之间的光能够到达地球表面，我们防光也主要是针对这部分光而言的。

（二）光化学反应致害文物的机理

光对文物材料的破坏作用主要是引发化学变质反应，导致文物材料老化，由光辐射引发的文物材料光老化反应一般主要有光裂解反应和光氧化反应两种类型。

1.光裂解反应

光裂解反应是指高分子材料吸收光能而直接产生裂解的光化学反应，反应过程无需氧的参与。其反应速度可用链断裂量子产率表示，即单位时间内，断裂的聚合物分子数与吸收的光子数之比

一般直接光裂解的量子产率很低，如在波长为253.7nm紫外光辐射下链断裂的量子产率：纤维素为$1.0×10^{-3}$、醋酸纤维素为$2.0×10^{-4}$。其原因有二：一是高分子材料对光辐射的吸收速度较低，二是其间荧光、磷光等物理过程又消散了大部分光能。

2.光氧化反应

光氧化反应是指高分子材料受光辐射时，在氧的参与下发生的光化学反应。它是导致材料变质、老化的主导反应。

在光氧化反应过程中，文物材料中存在的重金属离子杂质会起到催化光氧化反应的

作用。

（三）光化学反应致害文物的一般特点

1.光化学反应是激发态分子的反应

物质的分子或原子在其各种运动状态中，能量处于最低的状态称为基态，基态是最稳定状态。分子吸收光能后，分子或原子中的核电子将获得能量而跃迁到能量较高的轨道上运动，此时能量高于基态，称为激发态。激发态很不稳定，会通过各种理化过程返回基态。

在光化学反应中，往往是一个被激发分子和同一个品种或不同品种的没被激发分子之间的反应，这是光化学反应有别于其他类型化学反应的一个显著特点。

2.材料对光的吸收具有选择性

文物材料受光辐射发生光化学反应的前提是必须有一个对光的吸收过程。而材料对光的吸收，是以光子为单位进行的，其选择性决定于材料分子终态与初态之间的能量差，只有当某种波长或频率的光子的能量正好等于两能级之差时，光才能被材料吸收。

由于各种有机材料的分子结构不同，其能量差也不同，因而对光的吸收便产生了选择性。如：聚酯材料对 $300\sim330nm$ 的紫外线最敏感，而聚氯乙烯对 $320nm$ 的光最敏感。

4.光化学反应具有后效性

光裂解反应使材料裂解成自由基、分解成小分子等，一旦生成自由基，即使不再受光辐射作用，光化学反应仍能够继续下去：如材料基态分子与自由基的反应、自由基与空气中的氧或液态氧的反应，这就是光化学反应的后效性。

5.部分光化学反应具有光敏性

吸收光的物质叫光敏剂。敏化剂分子将激发态时的超额能量在碰撞中全部转移给周围的另一分子而发生的化学反应称为敏化作用。高分子材料在制作过程中不可避免地要残留某些重金属离子或混入一定的杂质，它们均是光敏剂。如在纸质文物的制造过程或保管过程中，存留的铁、锰等重金属元素和施胶剂、木素、游离氯、染料等物质都是重要的光敏剂。由于光敏剂的作用，能使文物材料对光的敏感范围向长波方向扩展，并进而引发光化学反应。

（四）光的防控

1.合理确定库房照度标准

照度是指物体表面得到的光通量与被照射表面的面积之比，单位为勒克斯（1x）。

照度标准是指一定环境所要求的最低照度，其标准制定既要能满足实际工作需要，有益于库房工作人员的视力健康，又要能最大限度地减少光对文物材料的危害。

2.限制光的照度值

可以通过合理设计窗户的位置和结构达到目的，如东西方向不宜开窗，南北向窗户要小而窄；也可以通过设置遮阳措施达到目的，如加设窗帘或百叶窗、使用毛玻璃、花纹玻璃或双层玻璃等。

3.滤紫外线

紫外线由于其波长短，能量大，对文物材料危害大，一定要设法过滤。方法可以使用窗帘、百叶窗，在窗帘上涂刷紫外线吸收剂，库内光源使用白炽灯等。

4.避光保存

文物在保管期间除提供利用、展览等用外，应尽量做到避光保存，特别是贵重、受光影响大的文物应放置于柜、箱、盒、袋等中保存。

此外，文物在利用过程中也应减少光的辐射强度与作用时间；文物被淋湿或受潮时，不能放在烈日下暴晒，应置于阴凉通风处晾干，珍贵文物避免或减少拍照次数，容易褪色的文物不宜长期在柜中陈放等。

第二节 空气污染物

空气污染物是影响文物寿命的因素之一，特别是近年来随着环境污染的日趋严重，空气污染物对文物的危害也日趋突出，因此，空气污染物对文物的影响引起了人们的普遍高度关注。

一、空气污染

（一）空气的组成

自然状态的空气是由多种气体及固液微粒组成的混合气体，其组成包括恒定组成成分、可变组成成分和不定组成成分三部分。

恒定组成成分指空气中氧、氮、氩及微量的氦、氖、氙等稀有气体，这些组成成分在近地层空气中的含量是恒定不定的。

可变组成成分指空气中的二氧化碳、水蒸气等，其含量随地区、季节、气候的变化及人类活动等而变化。正常状态下，CO_2 含量约为 0.02%～0.04%，水蒸气含量约在 4% 以下。

不定组成成分指空气中的有害气体及大气中的颗粒物质。空气污染就是由于空气中不定组成成分增多而造成的。

由恒定组成成分及正常状态下的可变组成成分组成的空气叫洁净空气。当洁净空气中含有的不定组成成分的数量达到一定程度时，洁净空气受到了污染，就会成为污染空气。

（二）空气污染和空气污染物

1.空气污染

大气一般具有自净能力，当空气中不定组成成分的量低于大气容许的本底值时，空气仍为洁净空气，只有当有害物质积累的数量超过了大气自净能力容许的本底值时，才会形成污染空气。

国际标准化组织（ISO）对空气污染的定义是：空气污染通常系指由于人类活动和自然过程引起某种物质进入大气中，呈现出足够的浓度，达到足够的时间，并因此而危害了人体健康、舒适感或环境。

2.空气污染物及其来源

空气污染物按其是否直接由污染源排出，存在一次污染物（如 SO_2、H_2S 等）和二次污染物（如 SO_3、H_2SO_4 等）之分。按其成分和形成，空气污染物一般可分为有害气体、气溶胶物质、灰尘和光化学烟雾等。

二、有害气体的危害

有害气体主要有 SO_2、H_2S、NO_x、Cl_2、O_3 及碳氢化合物等，其中 SO_2、H_2S 为酸性气体；NO_x、Cl_2 既是酸性气体，又是氧化性气体。

（一）二氧化硫及硫化氢的危害

1.二氧化硫

二氧化硫（SO_2），又名亚硫酸酐，是一种无色、具有剧烈窒息性臭味的气体，比重 2.26；易溶于水，性质活泼，吸水成为亚硫酸后腐蚀文物材料。是大气中分布很广、危害性大的一种酸性气体。二氧化硫在大气中随着反应条件的不同，其产物也不相同，但最终产物是硫酸盐。

$$SO_2+O_2 \rightarrow SO_3（干燥空气中）$$

$$2SO_2+2H_2O+O_2 \rightarrow 2H_2SO_4（高湿度、金属离子）$$

（1）对石质文物的危害。石质文物的主要成分是石灰质（$CaCO_3$），SO_2 接触任何一种含有 $CaCO_3$ 物质的文物材料，对其腐蚀都是相当严重的。腐蚀过程是：

$$CaCO_3+SO_2+O_2+H_2O \rightarrow CaSO_4 \cdot 2H_2O+CO_2 \uparrow$$

$$或$$

$$CaCO_3+H_2SO_4 \rightarrow CaSO_4 \cdot 2H_2O+CO_2 \uparrow$$

一方面所生成的硫酸钙破坏了文物材料的结构，另一方面硫酸钙由于随湿度变化不断放水、吸水，在此反复作用下而剥落，石质文物在此一层层剥落中直到破坏殆尽。

（2）对金属文物的危害。SO_2 对金属危害相当严重，硫酸及硫酸盐是电解质，具有吸湿性，使铁器锈蚀。SO_2 对室外青铜器的腐蚀往往是通过与钢器中的铅反应来进行，当酸性降水落在室外青铜器表面上时，雨水中的硫酸与青铜器中的铅反应生成硫酸铅：

$$Pb+H_2SO_4 \rightarrow PbSO_4+H_2\uparrow$$

生成的硫酸铅盐很容易被雨水冲洗而消失，导致青铜器表面形成凹凸不平的斑点。

金器和银器一般不受 SO_2 的侵蚀作用。

（3）对有机质文物的损害。按其材料构成，有机质文物分为植物纤维文物（纸、棉、麻布等）和动物纤维文物（丝织品、毛织品、皮革等），SO_2 对这两种纤维质文物都有破坏作用。

SO_2 对植物纤维的侵蚀机理主要是植物纤维对酸类物质的抵抗能力较弱，遇酸后产生酸性水解反应，使纤维素的机械强度下降；同时，木质素与 SO_2 强烈亲合时，能够裂解成各种化合物。SO_2 对动物纤维质文物的侵蚀机理仍有待揭示，但侵蚀作用是存在的，侵蚀严重的丝绸、皮革等文物材料只要用手轻轻一搓，立即会变成红色粉末。

（4）对古代玻璃制品的危害。SO_2 产生的 H_2SO_4 本身并不腐蚀玻璃，但若处于高湿环境中，少量水分会使玻璃中的碱性氢氧化物析出，它与空气中的二氧化碳化合，生成碳酸盐。这些碳酸盐就能与 SO_2 反应生成硫酸盐（$CaSO_4 \cdot H_2O$），再进一步氧化成 $CaSO_4 \cdot 2H_2O$，导致玻璃表面形成碎裂纹，严重的使整个器物粉化。

（5）对壁画的危害。这是由于壁画中含有 $CaCO_3$。如著名石窟敦煌莫高窟的某些洞窟中的壁画表面形成许多灰白色小圆点产物，经分析是硫酸钙。

2.硫化氢

硫化氢（H_2S）是一种无色气体，有恶臭和毒性，比重 1.19，密度 1.539。能溶于水而生成氢硫酸，易被氧化生成 SO_2，因此，上述 SO_2 对文物造成的危害都适用于 H_2S 气体。此外，它对文物还有其他一些 SO_2 所不具备的危害性。

硫化氢是一种酸性还原性气体，极易与重金属盐类反应生成重金属硫化物。由于我国古代所使用的颜料大部分都是重金属矿物盐类，因此，极微量的硫化氢气体的存在都会使绘画艺术品产生变色反应。尤其是纸质绘画艺术品，不仅颜料会变色，而且底基材料的强度也会极大地降低。

其危害机理可表述为：

$$2PbCO_3 \cdot Pb（OH）_2+H_2S \rightarrow PbS+H_2O+CO_2$$

$$Pb_2O+H_2S \rightarrow PbS+H_2O$$

$$2CuCO_3 \cdot Cu（OH）_2+H_2S \rightarrow CuS+H_2O+CO_2$$

由于硫化氢的还原腐蚀性，它能够对除金器以外的任何金属文物产生腐蚀作用。尤其是银器文物制品受腐蚀后，其表面会形成一层黑色硫化银薄层：

$$Ag+H_2S+O_2 \rightarrow Ag_2S+H_2O$$

硫化氢气体也是危害照相底片资料最严重的气体，与银反应生成黄色的硫化银，使胶片泛黄。

（二）氮氧化物对文物的危害

大气中共有 7 种氮的氧化物，即 NO、NO_2、N_2O、N_2O_3、N_2O_4、N_2O_5、NO_3，但由于后四种在空气中不能长久存在，N_2O 的性质很稳定，NO 的化学活性不够，因此，只有 NO_2 能够对文物造成危害。

NO_2 是棕红色的、具有特殊臭味的有毒气体，易溶于水而形成硝酸：

$$2NO_2+H_2O \rightarrow HNO_2+HNO_3$$

$$2HNO_2+O_2 \rightarrow 2HNO_3$$

由于二氧化氮溶于水后最终形成的硝酸与硫酸一样同为强酸，并且是一种氧化剂。因此，二氧化氮对文物材料的危害与上述二氧化硫对文物危害作用的全部过程相同。同时，作为强氧化剂，它还对文物有着几种直接的危害作用，如直接腐蚀金属，植物纤维素的水解以及对石刻雕像和石窟壁画的侵蚀等。除此之外，受光辐射后，NO_2 可分解成 NO 和原子氧，原子氧与空气中的氧化合生成臭氧。

（三）氯及氯化物对文物的危害

1.氯

氯（Cl_2）为黄绿色气体，是具有剧烈窒息性臭味的有毒气体。氯易溶于水，生成盐酸和次氯酸，次氯酸又易分解成盐酸及氧化性的原子氧。

因此，氯气既是酸性有害气体，又是氧化性有害气体，对织物、纸张和皮革等都具有破坏作用。同时，氯化氢（盐酸）也对文物材料有较强的腐蚀作用。

2.氯化物

氯化物是金属文物材料最危险的污染物，因为氯离子是腐蚀金属特别活跃的因素。氯离子极易溶解在吸附水中，并具有很强的穿透力和盐吸湿性。"青铜病"就是氯化物腐蚀产生的；钢和铁即使涂了防锈漆，也会在氯化物的作用下生锈。此外，氯化物对石窟壁画也有严重的腐蚀作用。研究证明，壁画酥碱风化是因为壁画中的可溶性盐类（主要是 NaCl、Na_2SO_4）在水分的作用下迁移、富集的结果。

（四）臭氧对文物的危害

臭氧（O_3）是一种强烈的氧化剂，能够打断有机物碳链上的双键或叁键，几乎能毁坏所有的有机化合物，如纺织品、档案材料、油画、家具、生物标本、皮革、毛皮等等；它还能增加银、铁的氧化速度和银、铜的硫化速度臭氧破坏纤维素的机理可能是与水反应生成过氧化氢（H_2O_2）。

此外，还有一些其他气体对文物具有危害作用，如二氧化碳由于其酸性对石质文物造成损害；甲醛对无机材料中的玻璃、陶瓷釉彩、金属等具有潜在的危险作用；有机酸

（甲酸、乙酸、丹宁酸）能使铅转化为碳酸铅等。

三、灰尘的危害

（一）灰尘的种类

灰尘是悬浮在空气中的矿物质和有机物质的微粒，是大气尘的一部分。大气尘包括固态的粉尘、烟尘和雾尘以及液态的云和雾，是灰尘与气溶胶的总和；其粒径大到 $200\mu m$，小至 $0.1\mu m$，有的更小，与空气形成不同分散度的气溶胶，以及气溶胶态的总悬浮微粒（T.S.P）。

灰尘按粒径大小可以分成两类：一类是大于 $10\mu m$ 的颗粒，多为燃烧不完全的小碳粒，由于自身重力作用能很快降落到地面，称为降尘。另一类是小于 $10\mu m$ 的颗粒，可以几小时甚至几年飘浮在空中，称为飘尘。

灰尘按形态可分为三类：

粉尘，由粉碎物体产生并分散到空气中粒径大小不一的微小颗粒（$1\mu m \sim 10\mu m$）；

烟尘，有机物燃烧过程中未完全燃烧的碳与水共存的悬浮在空气中的微粒（$0.5\mu m$ 左右）；

雾尘，在燃烧、升华、蒸发、凝聚等过程中形成的粒径很小（$0.1\mu m \sim 1.0\mu m$）的固体微粒。

（二）灰尘的性状

1.物理性状：灰尘是一种固体杂质，形态不规则，大多数是有棱角的颗粒。

2.化学性状：灰尘成分较为复杂，具有一定酸碱性，一般由60%的无机物和40%的有机物组成。无机物包括沙土、煤屑、石灰、纯碱、漂白粉和其他固体物质的粉末等，有机物多为多环芳烃等碳氢化合物和花粉等。

3.生物性状：灰尘中含有有害生物，包括细菌、霉菌、原生动物（孢子、花粉）等。

（三）灰尘对文物的危害

1.造成与文物材料间的机械磨损。由于灰尘颗粒不规则，表面带有棱角，沉降在文物上，会造成尘粒与文物材料间的摩擦，而导致文物损坏，如使纸质文物纸张起毛并影响字迹的清晰度，造成石窟壁画颜料的褪色。

2.增加酸、碱对文物的影响。一方面有一些灰尘本身具有酸碱性；另一方面由于灰尘粒径小，比表面积大、吸附能力强，可将空气中的酸、碱有害物质吸附在其表面。当这些灰尘降落在文物材料表面时，就会发生腐蚀和降解作用。

3.向文物传播霉菌孢子。由于霉菌孢子与灰尘体小量轻，孢子往往附在灰尘上随空气流动而四处飘落，因此，灰尘常常成为真菌传播的媒介。此外，由于灰尘对水蒸气的凝聚能力，也为真菌生长创造了条件，使其成为真菌繁殖的滋生地。总之，微生物对文物的侵蚀往往通过灰尘来完成。

4.灰尘黏附在文物表面造成污染损害。由于灰尘的黏附性，它与文物表面往往黏结比较牢固，形成污垢，损伤文物，如造成纸质文物字迹模糊不清。特别是有些灰尘黏附于文物表面后，至今仍无较完善的清除方法，如烟熏壁画，以致大量精美的壁画无法完全清晰展现。

四、气溶胶的危害

气溶胶是指以液体或固体为分散相，以气体为分散介质的空气污染物。它包括硝酸雾和硝酸盐形成的气溶胶、硫酸雾和二氧化硫形成的气溶胶以及烟尘、灰尘、金属过氧化物和卤化物形成的气溶胶。其形成机理如下：

（一）硝酸雾和硝酸盐气溶胶

NO_2 与空气中水蒸气反应生成的 HNO_3，既是一种氧化性酸，又是一种溶胶组成成分，它与 NH_3 反应，生成 NH_4NO_3 以硝酸雾与硝酸铵的气相胶体形式分散在空气中，就形成硝酸雾、硝酸盐的气溶胶。

$$2NO_2+H_2O \rightarrow HNO_2+HNO$$

$$HNO_3+NH_3 \rightarrow NH_4NO_3$$

（二）硫酸雾及二氧化硫形成的气溶胶

若空气相对湿度高、气温低及在有煤烟颗粒物存在的条件下，空气中的 SO_2 能生成硫酸雾；若空气中还有氨气分子，则硫酸雾还能形成硫酸铵气溶胶。

$$2SO_3+O_2+H_2O \rightarrow 2H_2SO_4$$

$$H_2SO_4+2NH3 \rightarrow （NH_4）_2SO_4$$

SO_2 在阳光照射下与有机烃、氮氧化物及空气混合物作用也能直接生成气溶胶物质。

（三）灰尘等气溶胶

机械过程中产生的烟、灰尘、金属过氧化物和卤化物等微粒物质进入大气后也能形成气体分散胶体，并能吸附空气中的有害气体和烟雾。

由于气溶胶的主体成分是酸类、盐类及重金属粉尘等微粒，因此它们对文物的危害主要是提供酸性水解的催化剂和光氧化反应的氧化剂与引发剂；同时，其黏连作用还会使某些文物材料出现一定程度的黏结。

五、光化学烟雾的危害

光化学烟雾有两种，一种是硫酸烟雾，它是由烟尘中的 SO_2 在光辐射的作用下氧化

成 SO_3，然后被大气中的水分吸收，形成硫酸雾；另一种是在特定条件下，由汽车尾气中的一次污染物在强烈日光辐射下经过光化学反应而形成的混合物，包括臭氧、醛类、过氧乙酰硝酸酯（PAN）等。

由于光化学烟雾中 90%以上是臭氧成分，因此光化学烟雾对文物材料的破坏作用是显而易见的；同时，如前所述，硫酸雾是酸性水解的催化剂和光氧化反应的氧化剂与引发剂。

六、空气污染物的防治

（一）对空气进行监测

了解空气污染的状况及变化规律、空气污染物种类构成及变动是制定科学防治对策和采取有效防治措施的前提和基础，十分重要。对空气的监测涉及到空气样品的采集及空气污染物的测定，必须在科学理论指导下，运用科学的方法、程序进行。

（二）优化文物保护区周围环境

1.提高文物保护区周围绿化覆盖率

原因是：绿色植物具有吸收有害气体的功能。有研究表明，SO_2 被植物叶片吸收后，有 92.5%的 SO_2 转化成硫酸盐积存在叶内，剩下的 7.5%被利用形成氨基酸和蛋白质作为植物的养分。据测量，100m² 杉树每年可吸收 720kg 的 SO_2；生长在距污染源 400～500m 的杨槐、银桦树木每年可吸收 80kg 氯气。植物体对大气尘有滞尘、过滤、吸附作用。有研究结果表明，绿化区的飘尘浓度一般比非绿化区的飘尘浓度减少 10%～50%。同时，花卉和草坪也有一定的吸附有害气体和减尘作用，据测量，草地空气含尘量比街道少 1/3～1/2；铺草足球场上空含尘量比未铺草坪的少 2/3～5/6。

2.合理选择文物建筑地址

应建造在远离污染源的地方，工矿区、居民集中区及交通主要干道等，都是空气污染较为严重的地方，库房建筑应远离这些环境。同时，应避免建在下风地带。

（三）进行空气净化和过滤

对空气的净化主要是除去空气中的有害气体，为此可以采取让有害气体通过具有碱性的材料，使用喷水器、活性碳过滤器等。

对空气的过滤主要是除去空气中的颗粒污染物，为此主要是使用各种不同的过滤器，如滤纸过滤器、纤维层过滤器、发泡材料过滤器及静电自净器等。

（四）减少文物库房与室外空气的自由流通

减少文物库房与室外空气的自由流通也就是提高库房和文物存放的密闭程度。提高库房的封闭性主要是注意门、窗的结构与设计，如采用旋转门、门窗缝隙用硅橡胶条、聚氨酯、海绵橡胶等填料填塞密闭，将单层窗改为双层窗等。提高文物有效的封密性可以采用相对密闭或多层密闭的方法，如用柜、箱、盒等。

此外，还有其他一些措施，如做好库房内的清洁卫生工作、地面及墙面的防尘处理、建立健全的管理规章制度等。

第三节 环境因素

众所周知，地球表面的构造可以分为大气圈、水圈、岩石圈和生物圈，影响文物保存的地质环境因素主要是指其中的水圈和岩石圈部分。它们对文物的破坏作用依文物处于地表上或埋藏于地下而大致可分为两类：风化作用和土壤腐蚀作用。风化作用的对象主要是石质文物，包括物理风化、化学风化和生物风化等，这部分内容将在第六章中进行论述。本节主要探讨土壤对文物的腐蚀作用。

一、土壤的特征

土壤是地壳的表层部分，经长期风化作用，较为松软，它构成地下文物的外界环境。由于土壤的组成和性质均十分复杂多变，土壤的腐蚀性也相差很大，但作为腐蚀介质，土壤一般具有以下主要特点：

1.多相性

土壤由土粒、水和空气组成，具有复杂的多相结构。土粒中包含有多种无机矿物及有机物质；不同土壤的粒径大小各不相同，不同土壤的粘连性也存在较大差异。

2.多孔性

由于土壤通常是由几种不同土粒按一定比例组合而成，在不同的土粒之间就形成了大量毛细管微孔或孔隙，孔隙中又充满了空气和水。其中，水的存在形态多种多样，既可直接渗浸孔隙或在孔壁上形成水膜，也可以形成水化物或以胶体水状态存在。

水分的存在使土壤成为离子导体，因而实质上土壤是一种腐蚀性电解质。又由于水的胶体形成作用，土壤不是分散孤立的颗粒，而是各种无机物、有机物的胶凝物质颗粒的聚集体，但其间又存在多种孔隙。

3.不均匀性

土壤的结构和性质具有极大的不均匀性。在小的范围上，构成土壤的土粒、空气、水分的含量以及它们之间结构的紧密程度存在差异；在大的范围上，由于各种地质运动以及土壤成分本身的流动，不同性质的土壤会存在交替更换。其不均匀性表现在多个方面，如土壤的密度大小、粘性大小、酸碱性大小等等。

4.相对固定性

从以上所述可以看出，土壤至少存在固相、液相、气相三相结构，一般情况下，其固体部分可以认为是固定不动的，但液相或气相部分会有限地运动，如土壤孔穴中空气的对流或定向流动以及地下水的移动等。当然。在特殊情况下，如地震、火山爆发等，固体部分也会发生较大变化。因此，土壤具有相对固定性。

二、土壤的腐蚀机理

水溶液腐蚀、大气腐蚀和土壤腐蚀都对文物具有腐蚀作用。它们之间的一个很重要的区别在于氧的传递机制不同：在水溶液中是通过溶液本体输送，在大气腐蚀时是通过电解液薄膜，而在土壤腐蚀时则是通过土壤的微孔输送，其输送速度主要取决于土壤的结构和湿度，在不同的土壤中，氧的渗透速率变化幅度可达 3～5 个数量级。

需要指出的是，在土壤腐蚀情况下，除了形成上述与金属组织不均性有关的腐蚀微电池以外，还有可能形成由于土壤结构不均匀性引起的腐蚀宏电池。如埋藏于地下的大型金属文物，由于体积庞大，其构件的不同部分就有可能埋藏深度不同、所处黏土与砂土结构不同、氧的渗透率不同等，由此会形成氧浓差电池和盐分浓差电池等宏观电池，这时主要发生的是局部腐蚀，使某些阳极产生较深的孔蚀。归纳起来，土壤对金属文物的腐蚀所构成的电化学电池主要有以下几类：

1.长距距离电池腐蚀

对于埋藏于地下的大件金属文物来说，其表面就可能发生此类腐蚀，它是由于金属文物的不同部分所处土壤的组成、结构不同而形成的电池腐蚀。如果由上述原因造成的是浓差电池，则埋在密实、潮湿土壤中的金属部分就倾向于作为阳极而受到腐蚀；如果造成的是盐分浓差电池，则处于高含盐量土壤中的金属部分倾向于作为阳极而受到腐蚀。

2.埋设深度不同及边缘效应所引起的腐蚀电池

即使金属体埋在均匀的土壤中，由于埋设深度不同，也能形成氧浓差电池。此时，离地面较深的金属体由于处于氧浓度较小一端而成为阳极区受到腐蚀。实际情况也的确如此，在地下埋藏的金属物体上，可以看到离地面较深的部位其局部腐蚀更严重。

3.因土壤的局部不均匀形成的腐蚀电池

在土壤中石块等杂物下面的金属，如果夹杂物的透气性比土壤本体差，该区域就成为腐蚀电池的阳极，而土壤本体区域接触的金属就成为阴极。

三、影响土壤腐蚀的主要因素

1.含水量的影响

当含水量很低时，土壤对金属的腐蚀性不大，随着含水量的增加，土壤中盐分溶解量也增加，对金属的腐蚀性也增加，直到可溶性盐全部溶解时，腐蚀速度达到最大。但当水分达到饱和时，会使土壤胶粒膨胀，堵塞孔隙，使氧的渗入受阻，从而降低了腐蚀速度。因此，含水量的多少对土壤腐蚀有很大影响。

2.盐分的影响

通常土壤中含有约（8～1500）×10^{-6} 的硫酸盐、硝酸盐等无机盐，大多是可溶性的，

其中 $SO_4{}^{2-}$、$NO_3{}^-$、Cl^-等阴离子对腐蚀有较大影响，尤其是 Cl^-和 $SO_4{}^{2-}$。随含盐量的增大，溶液的导电性增高，腐蚀也增大。

3.含氧量的影响

由于借助土壤颗粒的渗透作用，或者由于雨水中的溶解氧随雨水一起渗入地下，故土壤中总是存在着氧，它对土壤腐蚀影响很大，这是因为除少数强酸性土壤外，金属的腐蚀都是阴极的氢去极化过程，而氧则为阴极去极化剂。

4.土壤酸碱度的影响

由于 H^+与 OH^-含量的不同，造成了土壤的酸碱度的不同，使土壤 50 存在酸性土（pH=3～6）、中性土（pH=6～7.5）、碱性土（pH=7.5～9.5）之分。土壤酸性越大，腐蚀性越强，这是由于酸性越大，H^+就越多，越容易发生 H^+的阴极去极化作用，从而加速阴极反应，也就加剧了腐蚀。

5.孔隙度的影响

较大的孔隙度有利于氧渗透和水分的保存，因此会促进腐蚀的发生。但与此同时，它也有利于生成具有保护能力的腐蚀产物层，阻碍金属的阳极溶解，使腐蚀速度减慢。

6.土壤导电性的影响

土壤的导电性与土壤的孔隙度，含水量及含盐量等许多因素有关。一般认为导电性越好，土壤的腐蚀能力越强，但也并不是所有情况都符合这一点。

7.温度

随着温度的升高，氧的渗透扩散速度加快、电解液的导电性也会提高，从而加速腐蚀。同时，当温度为 25～30℃时，最适宜细菌的生长，也会加速腐蚀。

影响土壤腐蚀的因素是多方面的，上述仅仅只是其中的几个主要因素；同时，土壤腐蚀又是各种因素综合作用的结果，具有错综复杂性。

第四节 有害微生物和有害昆虫

一、有害微生物

（一）微生物的基础知识

微生物是指一大群个体体积微小（一般直径小于 1mm），结构简单，大多是单细胞，少数是多细胞，还有些没有细胞结构的低等生物。人们必须借助光学显微镜甚至电子显微镜才能看清其形态结构。

世界上所有生物大致可分为五大界：病毒界、原核生物界、真菌界、植物界和动物界，前三界属于微生物范畴，微生物的特点是体积小、分布广、种类多、繁殖快、代谢能力强，易发生变异、适应性强。此外，微生物也具有生命的一切基本特征，如新陈代谢、遗传变异、生长繁殖、应激性等。

1.微生物的种类及形态结构

（1）细菌：细菌是低等的单细胞原核生物，只能吸取环境中的各类有机物为营养。根据形态的不同，细菌可分为三种：

杆菌。即杆状的细菌，宽度多为 $0.5\sim1\mu m$，长度约为 $1\sim8\mu m$。根据长度与宽度的比例关系，杆菌有长杆菌和短杆菌之分；依杆菌分裂后子细胞的排列状态，杆菌可以分为链状杆菌和分枝杆菌。

球菌。即球状的细菌，直径的大小约为 $0.5\sim2.0\mu m$。根据分裂方向和分裂后各子细胞排列状态的不同，球菌可分为草球菌、双球菌、链球菌、四联球菌、八叠球菌和葡萄球菌等。

螺旋菌。即螺旋状的细菌，长度和宽度与杆菌相似。根据菌体的弯曲程度又分为弧菌、螺旋菌和螺旋体。

（2）霉菌：霉菌是一类丝状真菌的通称，凡生长在营养基质上形成绒毛状、蜘蛛网状或絮状菌落的真菌称为霉菌。

1）霉菌的形态结构。霉菌菌丝是一种管状的细丝，直径约为 $3\sim10\mu m$。菌丝分枝，互相交织成菌丝体。根据霉菌种类的不同，菌丝分无隔菌丝和有隔菌丝两种。

2）霉菌细胞的结构。霉菌细胞是真核细胞，由细胞壁、细胞膜、细胞质和细胞核四个部分组成。

3）霉菌的繁殖。霉菌的繁殖分为无性繁殖和有性繁殖。绝大多数霉菌是无性繁殖，主要通过无性孢子来实现，如分生孢子、孢囊孢子、芽生孢子、节孢子和厚壁孢子。有性繁殖一般可分为质配、核配和减数分裂三个阶段。霉菌的繁殖能力很强，在很少面积的霉层上就有上千个孢子头，每个孢子头内又有成千上万个孢子。

（3）放线菌：放线菌是一类介于细菌和丝状真菌之间的单细胞原核微生物。在自然界中分布极广。

1）放线菌的形态结构。菌体由分枝的菌丝组成，菌丝连续生长和分枝，形成网络状菌丝体结构。菌丝直径通常为 $0.5\sim1.0\mu m$，长度不定。菌丝体分为基内菌丝和气生菌丝两部分。

2）放线菌的细胞结构。与细菌相似，细胞壁的主要成分是肽聚糖；细胞无核膜，只有核质；细胞质内有核糖体，无其他细胞器。

3）放线菌的繁殖。主要通过形成无性孢子方式进行繁殖，孢子形成的方式有凝聚分裂和横隔分裂两种。

2.微生物的生长条件

（1）营养物质

1）碳源。碳素化合物是构成微生物机体内有机化合物的骨架，各类微生物细胞中含碳量比较稳定，约占细胞干重的50%；同时，碳素化合物也是大多数微生物的能源。

2）氮源。氮素化合物是构成微生物细胞物质蛋白质和核酸的主要元素，蛋白质又是代谢反应催化剂酶的成分，因此，氮素化合物在微生物的生长、繁殖、遗传、变异和代谢等生理活动中起着极重要的作用。

3）矿质元素。除了碳、氮、氢、氧、硫，微生物还需要其他元素，包括主要元素和微量元素两类。主要元素有磷、镁、钾、钠等，它们参与细胞结构物质的组成、能量的转移、控制原生质胶态和细胞的渗透性等，微生物对它们的需要量较大。微量元素有铁、铜、锌、锰、硼、钴、钼、钒等，需求量极少；这些元素是酶的辅基成分或激活剂，缺少了它们，微生物就无法生长或生长不好。

4）水。微生物细胞含水量较高，约占细胞干重的 70%～90%，水不仅是细胞原生质的主要组成成分，而且是体内物质良好的溶剂和细胞进行生化反应的良好介质，还能维持微生物细胞的膨压。

5）生长素。指微生物生长不可缺少的微量有机物，一般包括维生素、氨基酸、嘌呤、嘧啶等等。大多数维生素是酶的成分，与微生物生长和代谢关系极为密切，氨基酸是蛋白质的组成单位，嘌呤和嘧啶是核酸和辅酶的成分。

（2）环境条件

1）温度。温度对微生物影响很大，因为微生物生长发育是一系列复杂的生化反应，需要在一定的温度范围内进行。文物库房内腐生型微生物大多属中温性嗜菌，最低生长温度为 5～10℃，最适宜生长温度 18～28℃，最高生长温度 40～45℃，以上温度范围并非绝对。同时，微生物生长的温度与相对湿度存在很大关系，一般相对湿度越大，微生物最适宜生长温度越高，如对于真菌，相对湿度分别为 70%、95%、100%时，最适宜温度分别为 24～25℃、30℃、37.5℃。

2）湿度。微生物在生命活动中，水是不可缺少的物质，湿润的环境有利于其生长发育。文物库房内的霉菌大多为中湿性，少数为干生性；细菌为喜湿性微生物，对水分要求较高。不同微生物抗干燥的能力不同，一般来说长形细胞对于干燥敏感而易死亡；小型细胞、厚壁细胞、圆形细胞和孢子较耐干燥，特别是细菌芽孢和霉菌孢子在干燥环境下可存活几年乃至几十年。

3）酸碱度（pH 值）。酸碱度能影响微生物菌体细胞膜的带电荷性质、膜的渗透性及膜对物质的吸收能力，还能影响菌体内酶的合成和活性，以及原生质胶体的结构和性质，此外还影响氧化还原电位。大多数细菌的 PH 适应范围在 4.0～10.0，最适宜 pH 值为 6.5～7.5；放线菌一般适应微碱性的环境，最适宜值为 7.5～8.0；霉菌最适宜 pH 值为 5.0～6.0 的酸性环境，适应范围为 1.5～10.0。

4）氧气。不同微生物对氧需要的耐受能力不同。按照它们和氧的关系，可将之分为好氧微生物、兼性好氧微生物和厌氧微生物三类。绝大多数有害微生物为好氧性微生物，必须在有氧条件下生长。

（二）微生物对文物的危害

1.微生物对纤维质文物（棉、麻、纸、木）的危害

微生物之所以能危害文物材料，主要是它们能以文物材料为培养基，分解或液化其他物质材料。纤维质文物材料多含有纤维素、淀粉、明胶等，微生物能够分泌出分解这些文物材料的酶，使其霉烂。其损害可归纳为以下几个方面：

造成材料结构破坏。微生物代谢过程中产生的各种酶，将纤维素、淀粉、木质素等有机大分子化合物降解为葡萄糖、二糖、芳香族小分子，导致纤维素柔软无力，机械强度大大下降，淀粉胶性失效等。这种物质分子结构的破坏是不可逆的。

形成霉斑。微生物的菌落和孢子大多有色，一般来说颜色较深；有些细菌和霉菌还分泌多种色素。

增加文物材料酸度。微生物细胞呼吸的代谢产物甲酸、乙酸、乳酸、琥珀酸等有机酸长期积累在纤维质文物上，作为催化剂加速纤维素的水解反应。纸张被霉菌作用后，酸度数月内即可增加 $1\sim2$ 倍。

增加湿度。有些霉菌和细菌在代谢过程中会从空气中吸收一定的水分，使文物材料的含水量提高，有时还会出现水滴。这些水滴往往与材料中的胶类物质作用使文物粘连成浆状。

2.微生物对蛋白质文物（丝、毛、皮革类）材料的破坏

（1）蛋白质纤维发生降解

在微生物分泌的蛋白酶作用下，蛋白质纤维发生水解生成氨基酸等物质。氨基酸等经微生物进一步分解，脱氨、脱酸之后，生成饱和或不饱和的脂肪酸、酮酸、羧酸、醇、硫醇类物质以及胺、CO_2、NH_3、H_2S、吲哚及甲基吲哚等。H_2S、NH_3等会使有机物腐败发臭并带毒。最终，蛋白质文物材料强度和光泽都减弱，表面发黏。

对皮革来说，除上述作用过程外，皮革中的脂肪酶作用于油脂而发生水解，生成脂肪酸和甘油，甘油很不稳定，可直接被微生物水解。高级脂肪酸在有氧情况下，能被好氧性微生物进一步分解成低分子酸（如乙酸）、酮（如甲基酮）等类物质。皮革中油脂遭破坏后，其强度、耐水性能、延展性都会显著下降，同时表面发黏。

（2）霉斑

与纤维质文物材料相似，蛋白质文物材料被微生物侵蚀后会引起霉变，霉变后的文物表面就会产生各种颜色的霉斑。

（三）有害微生物的防治

1.对有害微生物的预防

（1）减少污染菌接触文物

主要是要保持文物库房内外空气的清洁程度，具体手段和措施有：绿化文物保护区周围环境。有些植物能分泌大量的抗生素，如橙、柠檬、圆柏、黑核桃、法国梧桐等树木都有较强的杀菌作用。使用空气净化过滤器。由于空气中微生物的大小一般为 4μm～28μm，平均 12μm，因此过滤器孔径越小越好；过滤器材料可用棉花、石棉、玻璃纤维等。保持库内清洁卫生。一般来说，库内空气中的微生物比库外多，低层空气中的微生物比高层多，因而库内地面、四墙、天花板都滋生了许多菌类，必须经常扫除库内灰尘，特别要求保持墙和地面的光洁度，有条件的还应在墙面涂上防霉涂料。保持工作人员的清洁卫生。人的皮肤、毛发、衣服都与外界相接触，能将大量污染菌带入库内，如人体的表皮上一般每平方厘米就有 10^2～10^5 个微生物，鞋子上的微生物更多。

（2）严格控制库内温度、湿度

库内温、湿度是微生物生长的重要的环境因子，因而严格控制温、湿度是预防的关键。

细菌有中温型和高温型两种。霉菌多为中温型的，所以，一般在 20℃以下，大部分有害微生物生长速度降低；10℃以下，发育更加迟缓，甚至处于休眠状态。因此采用低温保存文物的方法，有利于防止微生物侵蚀作用。但也必须指出，一般程度的低温只能抑菌而不能灭菌，有些低温型微生物，如灰曲霉的最低生长温度-8℃，青霉、镰刀菌、芽枝菌、荧光假单孢菌可在-4～-5℃下生存。同时，如前所述，适宜温度与相对湿度之间也存在密切关系。

在对纸、丝织物有危害作用的微生物中，几乎所有的细菌、放线菌、酵母菌以及霉菌中的毛霉、根霉都是湿生微生物，在相对湿度 65%～70%时就能繁殖生长，因此，将相对湿度控制在 65%以下，就能抑制此类微生物的正常生长发育。

（3）采用安全有效的防霉剂

防霉剂的主要作用是影响微生物的形态构造、代谢过程和生理活动，从而达到抑制微生物大量繁殖的目的。高浓度的防霉剂也能杀菌。对防霉剂的要求是：抗菌效力高，即低浓度就有抑菌和杀菌作用；毒性小、安全性好，在使用浓度范围内不伤害人体；稳定性好，即有效期长，在较长时间内不易分解；无副作用，无色无臭无腐蚀性，不影响文物制成材料的强度、色泽和耐久性。能用于防霉的药剂很多，在文物保护中应用较多的主要有香叶醇长效抗霉灵、五氯苯酚钠、麝香草酚等。

1）香叶醇长效抗霉灵。化学名为 3，7-二甲基辛二烯-[2，6]-醇，是一种具有玫瑰香并略带甜气息的含氧单萜类化合物，具有较强的广谱杀菌作用，无副作用，且易挥发，对人体无害。它对杂色曲霉、产黄青霉、黑曲霉、高大毛霉、黄曲霉等常见霉菌的气熏有效剂量为 60ppm，直接杀菌有效剂量为 78～312ppm，

2）五氯苯酚钠。是由五氯苯酚和氢氧化钠化合而成的白色粉末，易溶于水。使用时可将牛皮纸浸入 1%五氯苯酚钠溶液中 15 秒钟，晾干后用于包装文物，具有毒性小、

药效长、效果好的特点，且使用安全，对铜、铁等材质无腐蚀性作用。

3）麝香草酚[（CH$_3$）$_2$CHC$_6$H$_3$（CH$_3$）OH]。为白色结晶粉末，熔点 48～51℃，沸点 233℃，微溶于水，溶于乙醇、氯仿、乙醚等。用吸墨纸放在 10%麝香草酚乙醇溶液中浸透后，晾干即成防霉纸，可用于纸质、纺织品等文物的防霉。也常用于纺织品、纸张的熏蒸消毒，灭菌效果良好，对霉菌孢子也能杀死。

可供选择的具有防霉作用的化学药品很多，选用任何一种药剂，均应先试验，然后才能作为文物材料的防霉剂。

2.对有害微生物的杀灭

如果文物材料已被微生物浸染，则必须将其隔离，并采取果断的灭菌措施。所谓灭菌，就是应用理化方法，将物体上所有的微生物细菌体、细菌芽孢、放线菌和霉菌的孢子全部杀灭。

（1）物理灭菌法

物理灭菌法是利用物理因子对有害微生物的作用，使有害微生物死亡的方法。常用方法如下：

1）冷冻真空干燥灭菌。虽然微生物忍受低温的能力很强，但如将温度逐渐降至冰点，菌体原生质内的水分就会形成许多小晶体，使原生质的胶体状态遭到破坏，机械地挤压或刺伤菌体细胞，造成菌体破裂死亡。干燥还能引起菌体脱水和盐类浓度增高，阻碍细菌生长或使其死亡。

2）微波灭菌。微波是频率范围为 300～30 万 MHz 的无线电波。微波灭菌主要是利用微波的加热作用，由于有害微生物自身的含水量比文物材料的含水量高，当它们同时受到微波辐射照时，有害微生物自身的温度比文物材料的温度高得多，菌体就会脱水，从而造成蛋白质凝固而致其死亡。此外，微波还能直接作用于有害微生物的酶系统、染色体和细胞膜，使其结构分子发生改变而导致死亡。

3）γ射线灭菌。γ射线是一种波长短、能量大的电磁波，具有强烈的穿透力，并能使受照射的物质产生电离作用。高剂量的γ射线照射可使菌体表面的水分子电离，生成具有强氧化性的 H$^+$和强还原性的 OH$^-$，直接作用于菌体细胞本身；电离时产生的电子还可与环境中氧结合，氧化菌体内酶的一些化学基因，使酶失去活性；γ射线辐射出的高能量可导致微生物体内的 DNA 降解及其他物质分解。所以，γ射线具有杀菌作用。

（2）化学灭菌法

化学灭菌法是利用化学药剂来杀灭有害微生物的方法，一般最适用的是熏蒸灭菌法。常用的灭菌剂有甲醛和环氧乙烷。

1）甲醛（HCHO）。甲醛是具有刺激性气味的气体，沸点-19.5℃，极易气化。甲醛灭菌的效能主要在于它的还原作用，它与蛋白质的氨基结合使其变性，从而破坏了菌体细胞的膜和壁，也破坏了某些酶系统。

2）环氧乙烷。是一种简单的环醚，分子式为（CH₂）₂O，分子量为44。低温时为无色透明液体，沸点10.8℃。环氧乙烷杀菌广谱性好，对细菌及其芽孢、病毒、真菌及其孢子等都有较强的杀伤力。其杀菌机理是由于它的烷基的取代性质。菌体蛋白质中的氨基、羟基、酚基、巯基与环氧乙烷相结合后，会对菌体细胞代谢产生不可逆的破坏作用，还有抑制氧化酶和脱氢酶的作用。如巯基（-SH）与环氧乙烷可发生如下反应：

使用环氧乙烷要求温度为38～50℃的条件下进行，相对湿度维持在30%～50%，用药量一般为15～30g/m³，熏蒸时间根据浓度、温度而确定，一般要密闭12～24小时。且最好与二氧化碳按1∶7～10（以重量计）比例混合使用。

文物种类不同，其载体材料也不同，性能自然存在多种差异，因此在进行有害微生物的预防和杀灭时，必须针对不同文物的特点和要求，采取相应的方法、措施，以取得最好的效果。

二、有害昆虫

（一）昆虫的基础知识

昆虫是生物界种类最多的一个类群，现已记载的有78万种以上，占已知动物种类的3/4～4/5。昆虫有极强的适应能力，即使在冰冷的北极、酷热的赤道都有昆虫的存在。对自然和人类有益的昆虫称益虫，对自然和人类有害的昆虫叫害虫，其中害虫又分为农业害虫、林业害虫、卫生害虫和仓库害虫。文物害虫属于仓库害虫，是仓库害虫的一部分。文物有害昆虫是指能够在文物存放环境中完成其生活史或生活史的一个阶段，并对文物制成材料造成一定危害的一类昆虫，简称文物害虫。

通俗地讲，昆虫是一种微小、多足、爬行的节肢动物；科学地说，凡是身体分为头、胸、腹三个体段，胸部生三对足、两对翅，生活史中完成完全变态或不完全变态的动物皆为昆虫。昆虫的外部形态千奇百怪，各具特色，小的如尘埃，大的有几十厘米。

1.昆虫的外部形态

昆虫的体躯可以明显化分为三个体段：头、胸、腹。

（1）头部。是昆虫的第一体段，在身体的最前端，生有一对复眼、1～3个单眼、一对触角和口器。头部是感觉和取食中心，其中触角是感觉器官、口器是取食器觉、复眼是主要的视觉器官。

（2）胸部。是昆虫的第二体段，位于头部和腹部之间，是运动中心。它由前胸、中胸和后胸组成，每个胸节都各有一对足，分别称为前足、中足和后足，足由基节、转节、腿（股）节、胫节、跗节及一对爪组成，是行动的主要器官。大多数昆虫在前胸和后胸上还有一对翅，称为前翅和后翅，是昆虫飞翔的器官，翅的质地、形状因虫而异。

（3）腹部。是昆虫的第三体段，紧连于胸部之后，为生殖和新陈代谢中心。腹部包藏着整个生殖、消化、排泄、呼吸、循环器官和系统。成虫的腹部一般由9节～11

节组成，腹节数常作为昆虫分类的依据。

（4）体壁。它是昆虫内部器官与外界环境之间的保护性屏障，是体躯和附肢最外面的一层组织，由表皮层、真皮细胞层和底膜（基膜）所组成。表皮层起着骨骼的支撑作用，能抵御外物的入侵；真皮细胞层是体壁最重要的部分，具有较强的分泌机能；基膜的主要成分是中性粘多糖。

体壁的主要化学成分包括几丁质、蛋白质、多元酚及其氧化酶、脂类、无机盐、色素等。正确认识害虫体壁的结构有助于杀虫药剂和杀虫方法的选择及应用，如：某些与几丁质有亲和力的杀虫剂能够透过外表皮进入体内；在杀虫剂中加入脂溶性成分，有助于破坏害虫体壁蜡层以增强药效。

2.昆虫的内部结构

（1）消化系统

昆虫的消化道是一条从口腔到肛门纵贯于体躯中央的管状器官，依次可以分为前肠、中肠、后肠。前肠有口、咽喉、食道和前胃，主要功能是摄食、输送、暂时储存食物和局部进行消化。中肠又称胃，主要功能是消化食物、吸收营养。后肠一般分为回肠（小肠）、结肠（大肠）和直肠，主要功能是吸收水分、排除食物残渣。这种结构决定了杀虫剂能否进入中肠被吸收，是发挥胃毒剂药效的关键。

食物在消化道中的分解作用是在消化酶的作用下进行的，不同食性的昆虫消化道内存在不同的酶。同时，消化道保持一定的酸碱性。

（2）呼吸系统

昆虫的呼吸系统一般由气门和气管组成。气门在昆虫的呼吸中作用至关重要，其呼吸主要依靠气门的开闭，由气体的扩散作用和虫体运动的通风作用来完成；由于虫体内外氧气和二氧化碳的分压不同，体内因氧气的不断消耗而使分压降低时，空气中的氧就由气门进入气管向体内扩散。根据这一特点，可以采用气体熏蒸杀虫。

（3）神经系统

昆虫的一切生命活动，都受神经系统的支配，神经系统由神经元构成，每个神经元包括一个神经细胞和由它发出的神经纤维。昆虫的神经系统分为中枢神经系统、交感神经系统和周缘神经系统。中枢神经系统最为重要，它包括脑、咽喉、下腹和腹神经索。交感神经系统由口道神经系、中神经和复合神经节等器官组成。周缘神经系统实质是分布在周身的所有神经及神经纤维，相当于一个复杂的网络传导系统。

杀虫剂中不少是神经毒剂，其药理作用就是使害虫神经过度兴奋，因疲劳力竭而死

3.昆虫的生长发育

昆虫为卵生，整个发育过程可以分为两个阶段：第一阶段是胚胎发育，即在卵内孵化出幼虫为止的阶段；第二阶段是胚后发育，即自幼虫从卵内孵化出来开始至成虫的性成熟为止的阶段。从幼虫到成虫要经过外部形态、内部构造上的一系列变化，这种现象

称之为变态。昆虫的变态过程有完全变态、不完全变态、过渡变态、无变态四类。有害昆虫没有过渡型变态虫种。

完全变态是指昆虫的幼虫与成虫在生活习性和结构上完全不同,发育过程需经历卵、幼虫、蛹和成虫四个完整阶段。对文物有害的昆虫多数是完全变态虫种。

不完全变态是指幼虫与成虫在生活习性和结构上大体相同,只是经过几次蜕皮逐渐长大,其间没有蛹期,也称渐进变态。

无变态类型昆虫的幼虫在形态上与成虫十分相似,从幼虫期到成虫期没有膀牙长成大翅膀的变化,只是由小到大。

（1）卵

卵是昆虫个体发育的开始,是一个大型细胞,一般呈圆球形、椭圆形、扇形等形状;结构上从外到里分别由卵壳、卵黄膜、卵黄、细胞核组成。卵有单个散产和聚集成块产两种,地点多选在隐蔽和营养充足的地方,不易为人或害虫天敌发现。

（2）幼虫

幼体从卵中破壳而出,叫孵化,从卵内孵化出来的幼体叫幼虫。幼虫生长到一定程度时,受体壁的限制,必须脱皮,一般为4～5次,有的多达20次。每脱一次皮,幼虫身体增大,食量随之增加,所以它既是危害文物材料的重要虫态,同时也是灭虫效果最显著的时期。

（3）蛹

蛹是完全变态虫种由幼虫到成虫的一个中间过渡虫态。幼虫成熟后,停止取食,身体缩短,最后就变为不食不动的蛹。但蛹外表看来不食不动,其内部组织和器官却发生着剧烈的变化:幼虫期的组织和器官逐渐分解,成虫器官特别是性器官、生殖系统逐渐形成。

（4）成虫

蛹体内组织分解结束和新组织形成后,就成为成虫。成虫是昆虫个体发育过程中的最后一个虫态。它的主要任务是交配产卵以繁殖后代。

4.昆虫生长发育的环境条件

（1）温度

根据温度对昆虫的影响,可将温度分为五个温区:

致死高温区:此为昆虫经短期兴奋后即行死亡且不可逆的温度范围,一般在45～60℃。

亚致死高温区:为昆虫是否死亡决定于高温的强度及持续时间的温度范围,一般在40～45℃。

适温区:亦称"有效温度范围",在该温区内,昆虫的生命活动可正常进行,一般为8～40℃,其中,22～30℃为最适宜温区,30～40℃为高适温区,8～22℃为低适温区。

亚低温致死区：该温区内，昆虫体内代谢率急剧下降，处于昏迷状态或体液开始结冰。若短时期内温度升至适宜温区，昆虫仍可恢复活动；若持续时间过长，则有致死作用。温度范围一般为-10～8℃。

致死低温区：昆虫死亡且不可逆的温度范围，为-40～-10℃。温度对昆虫的影响范围因虫种、虫态、生理状况、时间、地点不同而有差异，一般来说，昆虫忍受高温的能力小于忍受低温的能力。

（2）湿度

水是昆虫生命活动的基础，也是昆虫进行生理活动不可缺少的介质，一般昆虫体的含水量占其体重的46%～92%。昆虫获取水的途径主要有三条：一是食物的水，这是最主要的一条途径，二是体壁从空气中吸收水，三是新陈代谢水。

昆虫对湿度有一定的范围要求，有适宜湿度范围、不适宜湿度范围、致死干燥度及致死过湿度等。一般昆虫生长发育过程中，要求相对湿度在70%～90%，食物含水量在12%以上。

（3）食物

食物是昆虫生长发育必须的能量来源。按对食物的选择性，昆虫可分为单食性、多食性和杂食性昆虫；按取食对象可将昆虫分为植物性、动物性、腐食性昆虫。文物害虫大多属杂食性昆虫。

（4）空气

空气中的氧是昆虫新陈代谢不可缺少的物质。呼吸代谢是昆虫利用食物并在氧的参与下，产生供应生长发育以及进行生殖和变态所必须能量的生理过程，它是昆虫进行生命活动的基础。因此，改变空气中的氧的含量会直接影响昆虫的呼吸作用。空气含氧量降低到一定程度时，对昆虫能起到抑制或致死作用，这就是缺氧治虫的原理。

（5）光

光可以直接影响到昆虫的生长发育、生殖、存活以及活动、取食等多个方面，大多数昆幼虫表现为负趋光性，即畏光、避光，只有少数虫种的成虫表现为正趋光性，它们无论是栖居还是取食，一般都在较阴暗的地方。利用这一点，改变光照条件，可以达到改变害虫自身活动规律，甚至引起害虫死亡的目的。

5.文物害虫的一般特征

（1）耐干性

主要体现在虫体体壁的蒸腾作用和通透性等方面。由于其表皮具有不透水性，文物害虫具有惊人的抗干旱的能力，它能够只吸收空气和寄生物中的正常含水量，就能满足生存的需要。如粉蠹科的个别虫种能在完全干燥的木器中生存；皮蠹科的个别虫种能在含水量2%的纸中生存。

因此，采取控制相对湿度的方法来预防和杀灭害虫，往往收效甚微，甚至适得其反，即昆虫仍然存活（如花斑皮蠹在 35～40℃，RH 为 35%～50%时，死亡率仅 10.5%），而文物由于环境的干燥又出现新的损坏。

（2）耐热性与耐寒性

文物害虫是变温动物，其体温随外界环境变化而变化；同时，它的生长发育和新陈代谢速率也会随外界变化而改变。因此，耐高温与耐低温能力都很强，如：对木器文物危害极大的谷蠹在 35～40℃、RH 为 50%～60%的条件下能正常发育繁殖；黑皮蠹、裸蛛甲等能在-6～-10℃的低温下继续生活；烟草甲在-14℃下经过 14 天才死亡；花斑皮蠹幼虫，在-5℃左右可存活数月，-18℃可存活 3 天。

（3）耐饥力

文物害虫的耐饥能力是其他任何昆虫所不能比的，即使在完全无食的情况下，大多数虫种也能存活相当长时间；并且一旦有了食物，它们能迅速恢复正常活动。如：对纸质和皮革文物危害极大的花斑皮蠹的幼虫断食四年之久不致死亡；在断食三年半以后，体长由 7～8mm 缩到仅 1mm。个别虫种能缩到原来的 1/600，当供给食物后又能很快恢复原态。

（4）杂食性

文物害虫绝大多数属杂食昆虫，几乎所有的有机质文物材料都能被其咬食。如：花斑皮蠹能咬食皮革、丝绸、塑料、尼龙等 160 种仓储物；烟草甲能危害 40 多种储藏物品，甚至将整架的图书咬穿。更有甚者，有些害虫能咬食金属，如：药材甲能咬食锡箔，还能把很厚的铅板咬得千疮百孔；黄蛛甲能把涂在镜子背面的水银吃光。

（5）繁殖力

文物害虫的繁殖力很强，有些虫种的成虫期可达数年，繁殖期能维持三年之久；有些虫种的成虫期虽只有 1～2 个月，但一生能产卵百粒以上，且多数都能孵成幼虫。如烟草甲 25℃时，每只雌虫能产卵 103～126 粒，孵化率为 68%～82%，一般一年可产卵 3～6 代；寒冷地区 1～2 代，炎热地区可达 7～8 代。裸蛛甲虽然一年只产卵一次，但一只雌虫可产卵 524 粒，孵化率 72%，幼虫成活率 76%。白蚁是繁殖能力最强的一种害虫，大白蚁的蚁后，一天就能产卵 6000～7000 粒。

（二）文物害虫的危害

1.危害文物的害虫种类

能给文物造成危害的害虫种类很多，仅就我国档案保护研究工作者通过对全国档案馆库房所作的调查统计而言，档案害虫就有 54 种，分属于 6 目 19 科。其中，鞘翅目 13 科 41 种，蜚蠊目 2 科 5 种，等翅目 1 科 1 种，缨尾目 1 科 1 种，啮虫目 1 科 1 种，鳞翅目 1 科 2 种。当然，随着研究的不断深入，可能还会不断有新的种类发现。

2.危害文物材料的机理

文物害虫危害文物材料的机理是害虫由于生长发育等生活活动的需要（补充营养和能量）而咬食文物材料。它至少会引起文物材料以下三种有害变化：一是改变了文物材料的结构，使文物材料的机械性能和理化性能下降，严重影响了文物的保存使用寿命。二是文物材料经咬食后，洞孔丛生，严重影响了文物的原貌。三是昆虫的排泄物不但严重影响文物的外观，而且成为微生物侵蚀文物的新的源泉。

（三）文物害虫的防治

1.文物害虫的预防

（1）库房建筑防虫

具体措施是：库房建在地势较高而又干燥的地方，同时远离粮库、饭店和医院；库房的封闭性能要好；地基采用钢筋水泥或石质结构；地板、墙面、屋顶等处不留孔洞、缝隙。

（2）清洁卫生防虫

具体措施有：清除库房周围杂草、垃圾、下水沟杂物等；做好库内清洁卫生；建立健全库内外清洁卫生制度，并认真贯彻执行；进入库内的装具用品清洗杀虫；库房门窗应严密；库房周围最好铺设水泥或沥青地面，搞好环境绿化；库内严禁吸烟、饮食等。

（3）控制温度、湿度防虫

文物害虫喜温畏寒、喜湿畏干，一般温度应控制在 15～18℃，相对湿 66 度 65%以下。

（4）做好文物藏品入库前的检疫与处理

由于文物来源于社会各个方面，文物遭受虫害的可能性和大小程度均有差别，加之害虫及其卵、蛹均很小，不易发现，因此入库前的检疫和杀虫是十分必要的。

（5）对文物进行定期检查

通过定期检查可以达到两个目的：一是及时发现虫害，及时处理；二是破坏害虫的生态环境。

（6）药物（驱虫剂）防虫

常用的主要有：萘（C_6H_8），俗称"卫生球"。易挥发，具有强烈的气味，可防棉、麻、丝绸、毛、皮革、竹木器、纸张等上的害虫。樟脑（C_mH_8O），为双环帖酮类物质，白色结晶体，极易升华，其作用与卫生球相同。防蠹纸，是具有驱虫功效的一类纸，常用的有黄柏纸、铅丹防蠹纸（万年红）。此外，还有像芸香、麝香、莽草等天然药材也可用来防虫驱虫。

2.文物害虫的杀灭

（1）化学杀虫法

化学杀虫法是使用化学药剂引起害虫生理机能严重障碍以致死亡的方法。它具有杀虫速度快、作用时间短、杀虫彻底、方法灵活、受客观环境因素影响小等优点，缺点是可能会造成环境污染、对人畜具有一定的危害性。

化学杀虫剂种类很多，按药剂的形态可分为固体、液体、气体三种，按化学性质可分为无机杀虫剂、有机杀虫剂和植物杀虫剂，按药剂侵入虫体的途径可分为胃毒剂、触杀剂和熏蒸剂，按毒杀的作用方式可分为原生质毒剂、呼吸毒剂和神经毒剂。

化学杀虫剂应用于文物材料必须具备以下三个条件：一是对文物无副作用，保证文物材料安全及不受不良影响。二是杀虫效率高，能杀死从卵到成虫的各个阶段虫态；同时，对环境污染小，对人畜毒性小。三是具有良好的渗透性，能够把隐藏在文物材料深处的害虫（包括卵、蛹）全部消灭。

目前应用于杀虫的熏蒸剂较多。呼吸毒剂有溴甲烷、氰化氢、二硫化碳等，神经毒剂有磷化氢、敌敌畏、硫酰氟等，原生质毒剂有甲醛和环氧乙烷等。

1）溴甲烷：常温下无色、无味，属无警戒性气体。难溶于水，易溶于乙醇、乙醚、苯等有机溶剂。能溶解脂肪、树脂、橡胶、颜料及漆，对金属、棉布、丝毛织品、木材等没有影响。溴甲烷对文物害虫的各个发育阶段都有较强的毒性，侵入虫体后，因水解而产生麻酸性毒物，使害虫发生累积性中毒；亦可刺激害虫神经，使之兴奋致死。同时，溴甲烷会抑制害虫的呼吸酶，使其呼吸率受抑制减弱。需注意的是，由于溴甲烷无警戒性，中毒可潜伏和累积至 2～3 天或数星期、数月才有反应，所以对人特别危险，

2）硫酰氟（SO_2F_2）：常温下是无色、无嗅、不燃、无爆炸危险的气体。400℃以下时化学性质稳定，150℃以下几乎不水解，但在碱性溶液中则迅速水解。硫酰氟蒸气对金属、纸张、皮革、纺织品等无腐蚀性。

硫酰氟是一种惊厥剂，最小致死浓度为 650ppm，毒性较溴甲烷低。

3）环氧乙烷：是杀虫力较强的一种熏蒸剂。它进入虫体后转变为甲醛，并与组织中蛋白质上的胺基结合，抑制体内去氧化酶、去氢酶的作用，使害虫中毒死亡。

化学杀虫法的杀虫效果会受到以下几方面因素影响：①熏蒸剂的理化性质，如挥发性、扩散性、渗透性、燃烧性及比重等。②熏蒸环境条件，如密闭程度、温度、湿度、物体的吸附性等。③害虫的不同虫种、虫态和生理状态等。如不同虫种对药剂的敏感程度存在很大差异，卵、蛹抵抗力较强，而幼虫、成虫抵抗力较弱；处于越冬期、休眠期的害虫抵抗力较强，而处于春、夏季节的害虫抵抗力较弱。④害虫对化学药剂的抗性。

（2）物理杀虫法

物理杀虫法是利用物理方法破坏害虫的生理机能，使之死亡或不育的方法。它具有方便简洁、无残毒、不污染环境等优点。物理杀虫法主要有高低温杀虫法、射线辐照杀虫法、缺氧杀虫法等。

1）高低温杀虫法：

高温杀虫的原理是：高温时，害虫体内水分蒸发，新陈代谢急剧加快，呼吸率不断提高，体内氧过度消耗；高温使虫体内酶的活性消失，蛋白质凝固。高温杀虫一般可采用红外线辐照或微波辐照。

低温杀虫的原理是：长时间的低温会中止害虫的新陈代谢活动，在低温致死区内，害虫细胞内的游离水会溢到细胞间隙而结冰，造成细胞膜受到机械破坏，原生质脱水浓缩以致凝固。

2）γ射线辐照杀虫法：γ射线能杀灭害虫的主要原因是促使害虫的行为反常，破坏机体组织，导致畸形变异，破坏胃肠功能引起新陈代谢失调而致死亡；另一方面原因是可以造成雄性不育。

3）缺氧杀虫法：就是将空气中的各种气体的正常比例加以调整，使氧气减少，氮气或二氧化碳增加，从而使害虫的正常活动受到抑制，直至害虫窒息死亡。

最后，有两点必须强调指出：一是只论述了影响文物的几种最主要环境因素。实际上，影响文物的环境因素是十分广泛而众多的。二是所有环境因素是相互交织在一起共同作用于文物材料的，其作用结果具有协同效应。

第四章　文物保护工作者与机构的要求

文物保护单位要进一步加强有关专业技术人才的培养，并有计划地组织对外技术交流，不断提高文物保护技术水平，提高文物鉴定、修复、古建筑维修等专业技术人才的专业技术水平，促进文物保护工作更加科学化、规范化、法制化。本章将对文物保护工作者与机构的要求进行论述。

第一节 文物保护工作者的职业操守

所谓职业，就是人们为了满足社会生产和生活的需要所从事的作为谋生手段的工作。从社会学角度来看，职业就是劳动者为社会承担一定的责任和义务，并从中获得相应的报酬。道德是社会意识形态之一，是人们共同生活及其行为的准则和规范。从古至今，纵览国内外，无论哪一行都有其特定的行规，从业人员都应遵守其所从事行业的规定和道德规范，文物保护工作也不例外。然而职业道德又区别于法律法规，它并非依靠国家强制力去执行，而是更多地依赖于人们的意识。因此，在从事文物保护工作的时候，专业人员应熟知文博行业的职业伦理和道德，并且自觉地遵守和践行。

一、文物保护工作的基本要素

文物保护工作的基本要素主要包括文物保护技术人员、被保护的对象（文物）、法律法规、职业道德、基础理论、技术路径、基本工具和保护方法。文物保护技术人员在开展工作的时候，必须具备一定的基础理论，并且在相关法律法规和职业道德的约束下选择文物保护的技术路径，进而选择适合的基本工具（分析软件、数据库等）和保护方法（物理方法、化学方法、生物方法等），对所保护的对象进行保养和修复。技术人员自身的能力在长期从事保护和修复工作，以及对保护效果的总结中不断提高。相关的基础理论和法律法规也在实践中不断丰富和完善，从而更好地指导和规范实践工作。

二、文物保护工作者的素质

文物保护是一个涉及众多学科的专业，对文物保护工作者的知识背景要求很高，既需要拥有理工科知识，又需要具有一定的考古、历史基础，同时，要具备较强的法律意识，对国内外相关的法律法规要有所了解。在个人素质方面，既要有独立思考的能力，又要有动手解决实际问题的能力。总结起来，文物保护工作者的培养应从如下几方面开展。

（一）思想

1.学术思想

"学术"是一种探索真理的社会实践活动及其成果。作为探索的成果，"学术"指的是"有系统的、较专门的学问"。学术能力，即从事学术研究的相关素质。一个人的学术能力具体表现在六个方面：问题的发现与提出的能力，文献的收集与整理的能力，概念的生成与厘定的能力，完成学术命题的能力，设计研究过程的能力以及对学术前沿的敏感。除了能承担一般性的文物保护工作外，文物保护工作者应能够在文物保护领域发现科学问题。学术思想往往是指相对完整的理论体系；学术观点一般是指对学术问题的具体看法。学术思想包括学术观点，这些观点相互联系，构成思想体系。学术思想具有新颖性、系统性、高度抽象性、科学性（有科学理论支撑）。

2.学术敏感性

学术能力最重要的体现就是发现问题与提出问题的能力。在文物保护实践过程中，往往会产生许多疑惑或困惑，疑惑或困惑与问题不完全相同，它表示对某一事物或现象的不理解，研究人员需要从这些疑惑或困惑中凝练出科学问题，并用专业的、科学的语言表达，即做出理论命题。在逻辑学中，命题指"表达判断的语言形式，由系词把主词和宾词联系而成"，研究工作若想要走在前列而不落伍，或者说不失创新性，就需要对学术前沿动态保持高度的关注，即对学术前沿信息的敏感。学术敏感性之所以是学术能力的一个极为重要的构成要素，是因为只有发现学术新的生长点，才能引领研究的潮流和开风气之先河。因此，要保持学术研究的创新性，这就需要我们始终保持对学术前沿信息、动态、走向、趋势的敏感，把握学术的趋向，从而保障在进行学术研究的选题与文献参考资料的选择时能够做到不落伍，同时也能够避免重复研究。对学术前沿信息的敏感性，是一种不可或缺、极其重要的，但往往也易被忽视的学术能力。

3.哲学思想

在文物保护领域，尤其是文物保护研究过程中，视野和方法的正确与否，决定了结果的成败及成果的大小。文物保护工作者通常应具有一定的哲学思想，尤其对唯物辩证法的三大规律，五大范畴、三个基本观点要有一定的了解。这是观察研究对象与其他物质（或因素）之间关系，了解事物发展、变化过程必须具备的。

三大规律即对立统一规律、质量互变规律、否定之否定规律。

五大范畴则是指以下五个方面：

（1）现象和本质。

1）现象和本质是揭示客观事物的外在联系和内在联系之间关系的一对范畴。现象是事物的外部联系和表现特征。现象中分真相和假相，真相是从正面表现本质的现象，假象是从反面歪曲表现本质的现象。本质是事物的根本性质，是组成事物基本要素的内在联系。

2）现象和本质的辩证关系。现象和本质的对立和区别在于，现象是事物的外部表现，人们的感官可以直接感知到；本质在事物的内部，只能通过抽象思维去把握。现象是个别片面的东西：本质是一类现象中一般的、共同的东西。现象多变、易逝，比本质丰富、生动：本质则相对稳定，比现象单纯、深刻。现象与本质又是统一的，本质离不开现象的基本概念。

3）现象和本质辩证关系原理的意义，现象和本质的对立说明了科学研究的必要性：现象和本质的统一决定了科学研究的可能性科学的任务就是通过现象去认识本质，形成科学的认识。在实际工作中，要注意把现象作为人们的向导，透过现象认识本质，不要为假象所迷惑。

（2）原因和结果。原因是指引起一定现象的现象。结果是指由原因的作用面而引起的现象。在现实世界中原因总是伴随着结果，结果一定是由一定原因引起的：因果双方失去一方，另一方也就不存在了，同时，在无限发展的链条中，每一现象发展的原因和结果往往是相互作用、互为因果的，即甲现象引起乙现象，反过来乙现象又作用于甲现象，甲乙互为因果，即因果循环。承认因果联系的客观普遍性是进行科学研究、获得科学认识的前提。科学研究在一定意义上，就是揭示事物的因果联系，从而提出解决问题的方法。正确地把握因果联系，有利于总结实际工作经验，总结工作经验时，不仅要肯定成绩，发现错误，还要找出取得成绩和产生错误的原因，这样才能不断推动工作。准确地把握因果联系，能增强工作中的预见性。合理预见今后工作中可能产生的成果，及时采取措施，防止和排除不利成果，是做好一切工作的重要条件。

（3）内容和形式。内容和形式是揭示事物内在要素和结构及其表现形式之间关系的一对范畴。

1）内容和形式之间的辩证关系。内容是指事物的内在要素及其相互之间的关系，主要包括事物的构成成分、内在特征、运动过程以及发展趋势。形式是指事物各要素之间的结构及其表现方式。内容活跃易变，形式则相对稳定，内容不同于形式。内容决定形式，形式对内容有反作用，由此形成内容和形式之间的矛盾运动，不断地使形式与内容之间由相对适合到相对不适合再相对适合的发展。

2）掌握内容和形式辩证关系的原理具有重要意义注重内容，善于选择合适的形式。根据内容与形式矛盾运动的原理，推动事物的发展。

（4）必然性和偶然性。必然性是指客观事物联系和发展过程中合乎规律的、一定要发生的、确定不移的趋势。偶然性是指客观事物联系和发展过程中并非确定发生的，可以这样出现，也可以那样出现的不确定的趋势。

1）必然性和偶然性是对立的。必然性和偶然性在事物发展中所处的地位和所起的作用不同。必然性在事物发展中居支配地位，决定事物的发展方向：偶然性居于次要地位，不决定事物的发展方向。必然性和偶然性体现事物发展的两种不同趋势。必然性是事物发展中持久稳定的趋势；偶然性则是暂时的、不稳定的趋势。

2）必然性和偶然性又是统一的。必然性存在于偶然性之中，没有脱离偶然性的纯粹的必然性。必然性通过大量的偶然性表现出来，并为自己开辟道路，能完全地、绝对地摆脱偶然性的支配和制约。必然性和偶然性在一定条件下可以相互转化。由于事物范围极其广大和发展的无限性，必然性和偶然性的区分是相对的。在一定条件下，偶然性可以转化为必然性，必然性也可以转化为偶然性。

3）必然性和偶然性辩证关系原理的意义。掌握客观必然性是科学认识和实践的基础。只有立足于必然性，努力研究揭示必然性，才能使科学研究沿着正确的方向发展。只有认识必然性利用必然性才能获得自由。在科学研究中偶然性的作用也不容忽视。只有认识偶然性在事物发展中的作用，才能注意利用一切的偶然因素去推动科学发展，防止和消除不利偶然因素的影响，做到"有备无患"。

（5）可能性和现实性。可能性是指包含在事物中的，并预示事物发展前途的种种趋势，是潜在的，尚未实现的东西。现实性是指包含内在的根据，合乎必然性的存在，是客观事物和现象种种联系的综合。

1）可能性和现实性的辩证关系。可能性和现实性是相互区别的，可能性是尚未实现的东西，不是现实性；而现实性则是已经实现了的可能性，已不再是可能性。可能性和现实性又是统一的，它们相互依赖、相互转化。可能性存在于现实性中，离开现实性，就谈不上可能性；现实性也离不开可能性，没有可能的东西，不会成为现实，任何现实都是由可能转化来的。可能性在一定条件下转化为现实性；现实性又产生新的可能性，即现实性化为可能性。事物的发展过程是一个不断由可能向现实转化的过程。这种转化需要一定的条件，在人类社会实践中，可能由现实的转化需要客观条件，还需要主观条件。

2）可能性和现实性辩证关系原理的意义。我们的一切工作必须立足于现实，从现实出发制订我们的方针、方案、计划。只有从现实出发，才能正确分析种种可能性，正确预见未来，使主观能动性的发挥建立在可靠的基础上。在制订计划、方案前要注意分析可能性的各种情况：可能和不可能；现实可能和非（抽象）可能；好的可能和坏的可能；可能性在量上的大小即为或然率。我们要发挥主观能动性，争取好的可能性转化为现实，避免坏的可能性转化为现实，从最好处努力，从最坏处准备，使自己处于主动地位。可能向现实转化除了客观条件，还需要主观条件，即主观努力。我们要发挥主观能动性，创造各种条件，使好的可能性向现实性转化。

三个基本观点是指联系、发展、一分为二的观点。

联系的观点：物质世界是一个普遍联系的统一整体。联系是指事物内部要素之间和事物之间的相互影响、相互依赖、相互作用。联系是客观的、普遍的，联系的形式是多种多样的。

发展的观点：物质世界是不断发展的世界，运动是宇宙间一切的存在方式。发展是指事物由简单到复杂、由低级到高级的运动过程，它的实质是新事物的产生和旧事物的灭亡，发展是客观的，有规律的。

一分为二的观点：唯物辩证法主张全面地看待事物。既要看到普遍联系，又要承认它们之间的区别；既要看到事物运动的绝对性，又要承认事物的相对静止；既要看到事物的正面，又要看到事物的反面；既要看到个别，又要看到一般。

此外，也需要掌握一些基本的哲学概念，如联系、发展、运动、静止、规律、现象、本质、原因、结果、必然性、偶然性、可能性、现实性，平衡、循环、累积等，

4.法律意识

文化遗产方面的法律意识与对文化遗产相关法律的认识和职业操守等有密切联系，文物与一般财产有着本质区别，一般财产可以用货币量度，损坏可以通过折换成等量货币进行赔偿或补偿。文物保护工作者直接接触文物，经常对文物本体实施技术处理，因此，对文物要有敬畏之心，尽可能对每一个技术过程做到深思熟虑，要具有强烈的风险意识，在文物保护过程中有可能造成文物本体损伤的工艺和材料，一定要避免使用。文物保护工作者应熟悉文化遗产行业的标准、规范，及相关操作流程及要求，应掌握文化遗产经营管理的法律制度、合同的签订、文化遗产所有者的权利义务、文化遗产安全事故防范及处理等法规政策。

（二）思路

文物保护工作者在文物保护实践过程中应具有好的解决问题的思路。

思路与思想的区别在于，思路更具体化，面对的是一类具体的对象，是针对个别文物或一类文物保护问题解决方法的思考，如木漆器保护思路、纺织品文物保护思路、寿县古城墙保护思路等。而思想是针对学科的、文化遗产领域战略层面的，带有系统性、前瞻性，是对发展趋势的把握，也是对文物保护的共性问题和规律性具有一定高度的见解。通常情况下，有思路的研究人员可以做学术带头人，有思想的可以做学科带头人，技术好的可以做技术骨干，经验丰富的可以做老师傅。

文物保护工作者的思路主要体现在以下几个方面：

1.发现问题的能力。能够透过现象发现问题的本质，利用自身的知识、经验，设计解决问题的技术路线，制订具有可行性的文物保护修复方案。

2.解决关键问题的能力。在文物保护的过程中，面对保护遇到的一系列问题，要有对关键问题的把握能力，以关键问题为突破点，透过宏观表象，在微观层面寻找问题根源。

3.对预期目标的把握能力。文物保护项目应预设基本目标和最高目标，基本目标是必须实现的，而且是能够实现的。文物的保护效果，没有最好只有更好，对保护效果的追求没有止境，因此需根据工作条件、难度和自身能力，设定文物保护的基本目标和努力达到的最高目标，最高目标是一种追求，有一定难度：基本目标是文物保护工作者对项目实施的预期目标，一定要明晰。

（三）经验和教训

经验。对每一次的保护工作都必须进行总结，积累经验。一个优秀的文物保护工作者一定是实践经验丰富，善于总结的实干家，如果能够将经验与知识相结合，并灵活运用，可以更大程度地发挥个人的工作能力，工作成果亦更加出色。

教训。在文物保护实践过程中总会遇到挫折和失败，其原因可能是工作中的某些错误或失误，这些并不可怕，只要善于总结汲取教训，就一定能够避免再次出现类似错误。

经验和教训除了可以从自身获取外，另一个重要来源就是观察、交流，观察别人的工作以及听取他人的建议。

（四）技术

文物保护工作者对技术要有了解，这是保护文物价值所必须的，也是保护工作中常用的。

1.古代文物制作技术。文物是古代技术的产品，凝结了古人的智慧和自然界的认识与改造能力。文物保护修复过程中常需要运用这些技术，对文物的价值认知也要求了解这些技术，这样才能避免在保护文物的时候不会损害文物的工艺价值信息。例如，铸造的范线、雕刻的刀痕等。

2.现代文物保护技术。随着现代科技的发展，文物保护可采用的技术方法和材料越来越多，需要掌握现代文物保护技术，并使之与古代技术相结合，解决文物保护中的问题。因此，对现代文物保护技术的掌握，往往决定了文物保护工作的成败。技术更多是实践层面的，与具体的材料、工艺、技巧联系紧密。技术应该是思想、思路及经验的成果表达，也是对思想、思路、经验正确与否的检验。

三、文物保护工作者应具备的基本道德意识

（一）安贫乐道的意识

文物是人类文明的见证与智慧的结晶，是无价之宝。许多著名的文物收藏家都将自己精心收藏的珍稀文物捐赠给了国家和社会，这种无私的精神是一种道德的升华。而作为文物保护工作者，更应该具备这种不贪图名利、无私奉献的道德精神。文博行业是一个极为特殊的行业，从业人员虽然自身清贫，但每天都在和国家最为珍贵的物品打交道，因此不见异思迁，不以自身的专业知识和经验谋取私利，在物欲横流的社会中安贫乐道，是文物保护工作者应当具备的一项职业道德。

（二）文物保护意识

保护和爱护文物是每个公民应尽的义务，而作为肩负着保护好文化遗产的重大历史

使命的文物保护工作者，更应该具有强烈的文物保护意识。这种意识应当体现为，严格按照保护规程办事的意识；加强学习，利用现代化技术为制订保护措施提供可靠的科学依据的意识；积极配合其他文物部门的工作，培养共同管理好文物的意识等。文物保护意识进一步表现为以下几点：

1.树立正确的文物保护观念

传统的文物保护观念基本上是一种点对点的思维模式，通常仅针对需要保护的文物本身加以保护，而缺乏对文物所承载的历史时期的文化要素、信息以及文物之间相互关系的整体认识。同时，文物所体现出的不同民族文化习俗和禁忌等特征，时常也未在文物的保护过程中受到充分的重视。因此，文物保护工作者应当树立正确的文物保护观念。一方面，我国的文物保护必须遵循"不改变文物原状"的原则，特别是在修复工作中，必须结合器物本身的形状、纹饰等特点来操作，不能拼凑和臆造，确保能够尽可能多地保留文物原状和文物信息；另一方面，在文物保护材料和技术的选择过程中，应选取与需要保养和修复的器物尽可能一致的材料，同时还要遵循"可逆性"原则，为今后的进一步研究留有空间。这些都是文物保护工作者职业道德、文物保护观念的重要表现。

2.文物保护工作遵守实事求是的原则

文物保护不能凭空想象，必须本着科学的精神和实事求是的态度，客观地分析和解决问题，确保文物保护工作中的每一步都有据可依。从程序上来说，无论是文物的保养，还是修复，首先都必须掌握文物的第一手资料，然后获取科学的检测资料等。在实施文物保护操作前，专业人员必须制订详细的保护或者修复方案，并且通过专家的评审，按规定程序依法获批后才能开展实际工作。

3.具备多学科综合性能力

文物保护是一门综合性极强的学科，也是社会学科、自然学科各技术学科间相互交叉的边缘学科。它以保养和修复文物为主要工作内容，在实践和总结传统文物保护技术的基础上，学习和引进其他学科的理论和技术，逐渐形成自己的理论和研究体系。文物保护所涉及的学科领域包括：博物馆学、历史学、人类学、考古学等社会科学；物理学、化学、生物学等基础科学；以及分析化学、生物化学、核化学、微生物学、古生物学、动物学、植物学、材料学、药物学，信息技术学等各门技术学科。因此，文物保护工作人员应该具有开阔的视野，同时具备多学科综合的理论基础和实践能力，从而将其融合到文物保护工作中去，更好地改进和完善文物保护理论和研究体系。

4.文物保护必须要有创新意识

文物保护是一项科学的事业，而科学是依靠不断地创新来推动的。在文物保护工作中，我们强调要掌握真实的资料、理论基础和切实可行的方法，但我们更提倡在现有方法的基础上，坚持独立思考，善于综合运用多学科的研究成果，同时，结合实际需要或新的情况，敢于探索新的规律，不断发现更合适的材料和工具，创新出更有效的方法。

文物保护工作的创新必须首先建立在对各种不同文物保护理论、方法和技术的充分理解和融会贯通的基础之上。此外，创新强调独立思考，但并非要我们闭门造车，而是鼓励团结协作、不断交流，让思想在碰撞中产生火花。文物保护事业只有具备创新精神，才能在发展中不断开辟新的领域，做出好的成绩

（三）为人民服务的意识

一直以来，道德的中心问题都被归结为个人与他人，个人与集体的利益关系问题。"将为人民服务作为社会主义的道德核心，要求我们热爱人民群众，对人民群众负责，把人民群众的利益放在首位，以人民群众的利益作为衡量自己一切言论行动的最高标准"。因此，文物保护工作者也需要切合文物保护工作的实际情况，贯彻好"保护为主，抢救第一"和"有效保护、合理利用、加强管理"的方针和政策，认真负责地开展文物保护和研究工作，使得文化遗产可以被很好地继承和发扬，从而在自己的本职岗位上为人民服务。其次，文博单位还是一个以精神文明建设和社会教育为职责的社会机构，文物保护工作者要充分发挥文物、博物馆的教育职能，以服务社会为宗旨，以提高人的素质为目的，为社会主义精神文明建设作贡献。

四、强调文物保护技术人员职业道德的重要性

随着全国各地不断开展的基础设施建设，越来越多的文物被发现和发掘出土，而由于文物保护技术和条件的限制，文物濒临毁坏的问题日益严峻。随着人们生活和文化水平的不断提高，社会公众对文化产业的要求和精神文明生活的需求也不断提高，这就对文物保护工作提出了更高的要求。然而，近年来文博行业各种违法乱纪行为层出不穷，不少道德问题也相继出现。这主要是因为责任意识不强，贪图个人利益，没有对文物资源进行科学和合理的保护。

众所周知，文物保护工作和科学研究工作的顺利开展，必须要有过硬的文物保护技术作为保障，这就对每一位文物保护工作者的业务水平和道德修养提出了要求。因此，要激发文物保护工作者的工作热情和积极性，反对和抵制行业的不正之风，就要首先强调职业道德建设的重要性，同时从外部进行必要的行为约束和道德教育，从内部要求工作者加强自身的职业道德修养，从而使我国的文博事业得到更好的发展。

文物是古代文明的遗留产物，是全人类的共同财富，它属于我们，也属于我们的子孙后代。合理且有效地保护和利用好文物资源是继承和发扬人类文化和文明的保证，文物作为一种不可再生的资源，对其保护的基本要求就是使文物本体和信息能够尽可能长时间地保存下来，这也是作为一个文物保护工作者的职责和应尽的义务。我们处在一个丰富多彩，并且充斥着各种形形色色诱惑的时代，法律和法规还未能概括和约束到我们工作和生活的方方面面，因此，职业道德作为一种社会伦理道德标准正好填补了这一空白。文物保护工作中的职业道德应当落实到每一个文物保护技术人员的身上，和每一项

具体的文物保护与修复工作当中，文物保护工作者应当不为私利，树立正确的文物保护观念，综合运用多学科的知识，切合实际情况，实事求是地开展工作，敢于探索，敢于创新，在本职工作岗位恪尽职守，为人民服务，为社会作贡献。

第二节 文物保护组织机构与条约宪章

一、文物保护研究机构

科学技术是文物保护的核心力量。早在 19 世纪末期，国际著名博物馆就开始建立实验室开展研究工作。1888 年，德国在皇家博物馆建立了第一个实验室；1898 年，在东京成立的日本美术院，开始了文物保护科学和修复的研究；1921 年，大英博物馆组建了文物保护实验室；1930 年，法国卢浮宫设立了文物保护实验室；1930 年，日本帝国美术院附属美术研究所（东京文化财研究所前身）成立；1939 年，意大利成立了罗马文物修复中心；1952 年，日本又组建了奈良国立文化财研究所。

20 世纪后半叶，人类文化遗产得到了政府和民间的高度重视，国际博物馆协会（ICOM）将每年的 5 月 18 日定为国际博物馆日。国际博物馆日每年都会确定一个活动主题，以此吸引全社会公众对博物馆事业的了解、参与和关注。此外，一系列专门的文物保护研究机构和大学在政府的资助下相继建立，一批知名大学组建了文物保护科学研究所，开展文物保护科学的教学和研究。同时，民间科研机构和院校也不断建立。联合国教科文组织日益关注文物保护，在罗马建立了国际文化遗产保护研究中心，并吁请博物馆尽可能设立文物保护科学实验室，开展文物保护科学研究和保护工作。

意大利罗马文物修复中心拥有 400 人的科研队伍，设有 9 大科学研究实验室和 11 类材质修复实验室，与 30 多个国家有科技合作课题及项目。苏格兰保护修复社拥有 400 多人组成的队伍，澳大利亚文物材料保护中心有工作人员 115 人，韩国国立文化财研究所正式编制的人员有 80 余人。美国史密森学会不但在十多家博物馆设有研究和保护实验室，还有 2 个直属的保护材料和保护技术研究所，拥有一支近百人的研究团队。

美国保罗盖蒂保护研究所是国际上私立保护研究机构的杰出代表，虽然只有十多位研究人员，但是强大的财政支持和高效率的管理与运作模式，使他们能延揽全世界最杰出的专家开展世界各地的文物保护研究和实践，享有国际声誉。近些年，国立文物保护机构也在进行改革，优化资源配置，其中具有代表性的是，日本将东京和奈良的两所国立文化财研究所合并为一个机构。

二、文物保护支撑系统

强大持续的政府资金投入和社会的广泛支持，是发达国家文物保护事业取得优良业绩的保证。自 20 世纪 60 年代开始，日本政府每年都制订文物保护计划，90 年代又推出了国家重点研究基地计划，并在日本政府预算逐年减少的情况下，文物保护经费在逐年增长。

法国政府用于保护文化遗产的开支巨大，为了解决资金短缺的压力，法国政府还成立了一个文化遗产基金会，发展中国家对文物保护也非常重视，如印度每年国家对文物保护的投入约合 3.1 亿元人民币；墨西哥每年国家投入约合 14.2 亿元人民币；埃及旅游点门票收入的 90%上交国库，再返还文物部门，用于文物保护，政府每年用于伊斯兰古建筑的保护经费达 5000 万元人民币。

在研究经费方面，各国政府的投入都是巨大的，以德国为例，除政府科技和文化部的专门预算外，政府的 DBU 基金会是文物保护研究的主要资金提供机构，已经资助了190 个保护项目。罗马文物修复研究中心每年经费为 6000 万欧元，加拿大保护中心每年经费为 150 万加元，1996 年日本给予两个国立文化财研究所的总经费为 2861 百万日元（其中人头费为 121 亿日元，东京国立文化财研究所的研究费为 47 亿日元，奈良国立文化财研究所的研究费为 118 亿日元）：韩国国立文化财研究所每年经费为 600 万美元，到从人才培养上看，美国有 4 所大学开展了文化遗产研究与保护人才教育，提供从短期培训到博士研究生课程的一系列训练。欧盟设立有一所专门培训纸质文物和古文献资料修复人才的保护学院，意大利有两所国立专业修复人才培训学院和 16 所民营文化遗产保护修复学校，有 9 所大学设有文物保护系：西班牙有两所文物修复学校，德国有 3 所文物修复学院，法国有一所国立文化遗产保护学院。日本有 7 所国立大学和 8 所公立、私立大学，与专门的文物保护研究机构合作培养不同层次的文物保护人才，另外有 2 所国立博物馆也在培养研究生。韩国成立了一所国立文物保护大学。印度成立了一所文物调查学院，专门培养文物保护专业人才。

强化职业培训是文物保护发达国家的重要经验。法国国立遗产学院是为博物馆等遗产保护管理机构培养遗产保护和管理高级人才的专门学院，学生学成后可获得从事遗产保护工作的执业资格。

三、文物保护国际组织

随着全球化进程的加快，文物保护也更加国际化。一些有影响力的文物保护国际组织长期以来关注和支持着世界各国的文物保护工作。这些组织不仅为我们带来了先进的文物保护技术，也引入了值得借鉴的文物保护发展理念，为政府部门如何引导公众参与文物保护提供了新思路。

1.国际历史与艺术文物保护协会

第二次世界大战期间，艺术品的实用主义风行英国，同时艺术珍品的回归也吸引了欧美的众多专家学者。这些专家学者决定复兴技术方面的研究并提议建立一个汇集众多学者的国际性保护组织来分享各种信息、经验和成果。

成立了国际历史文物与艺术品保护协会（International Institute for Conservation of Historic and Artistic Works，IIC），办公室设立在联系美国和欧洲大陆的中间点一伦敦。

其主要目标是"为所有在博物馆藏品方面具有专业技能的保护专家和感兴趣的人们提供集会和出版机构，更新相关知识和技术标准"。协会主要关注于：通过建立专业的筛选机制来评估保护者的资格；出版物以技术型论文和创新型的科学研究为主，从而结束了相关方法密不传人的时代；开展相关培训，旨在建立专业的标准和提高专业技能。

《保护研究》（Studies in Conservation）创刊，创刊之初是每年两期，后改为季刊紧接着，《IIC 摘录》（IIC Abstracts）后来更名为《艺术品和考古技术摘录》（Art and Archaeology Technical Abstracts）于 1955 年出版，1961 年，由古尔班基基金会（Gulbenkian Foundation）资助举办了第一次国际会议。在罗马举办的此次会议有 150 人参加，并由 Butterworths 出版社出版并发行了文物保护最新技术的相关论文。自此，每两到三年协会都会举办国际会议并发表相关研究成果。

IIC 协会的各地区组织主要关注于发展会员，并为会员提供更多的会议机会以增加会员间的交流和提升对当地文物保护的关注度。各地区组织是隶属于协会的独立区域性协会组织，地区组织的宗旨和目标与协会组织备忘录中叙述的完全一致；组织大纲的条款必须由 IIC 理事会集体通过；区域组织的官员也必须是 IIC 协会的会员。第一批区域组织成立于英国（现为英国修复者联盟组织）和美国（现为美国文物保护协会），目前协会在斯堪的纳维亚、荷兰、奥地利、法国、日本、希腊和西班牙都成立了区域性的协会组织。过去的几年里，根据不同地区对文物保护的关注，更多的区域性协会组织相继成立。

IIC 协会是自筹经费的组织，主要的收入来源是通过向会员销售出版物。

协会最初是由管理委员会、会员委员会和出版委员会共同管理。1958 年成立了 10 人管理委员会，如今的理事会由 18 人组成，成员包括：主席、副主席、秘书长，财务主管、出版主管和 10 名普通会员，理事会成员在构成上也反映了区域性和专业性的平衡，其候选人是在年度会议上，由协会的研究员通过直接选举或委托选举的方式产生，包括秘书长和财务主管在内的理事会成员在任期内均是义务为协会提供服务，保护研究杂志的编辑也是如此，协会只有两名固定职员。

IIC 协会和业内其他组织保持着密切的合作关系，包括享有盛誉的 IIC CROM（国际文化财产保护与修复研究中心）和国际博物馆协会文物保护理事会（ICOMCC）等机构。协会与 Butterworth-Heinemann 出版社的系列文物保护和博物馆学的著作也有着密切联系。

2.国际博物馆协会

国际博物馆协会（The International Council of Museums，ICOM）于 1946 年 11 月由美国博物馆协会会长 C.J.哈姆林倡议创立，是与联合国教科文组织保持着官方联系的非政府组织，是世界上唯一代表博物馆和博物馆专业人员的国际组织，是国际博物馆界规模最大，且最具影响力的组织，其注册办事处在法国巴黎联合国教科文组织大楼内。

国际博协致力于在世界范围内鼓励并支持各类博物馆的建立、发展及专业管理，组织博物馆各领域间的专业合作，宣传博物馆和博物馆事业，履行为国际社会服务的使命（打击非法走私、自然或人为灾害后博物馆的急救项目等），规范博物馆的道德标准。目前，该组织拥有来自世界 137 个国家的多达 28000 名会员，在 115 个国家建立了国家委员会，下设 31 个国际专业委员会、17 个附属国际组织以及 7 个地区委员会，是名副其实的国际博物馆行业的权威组织。国际博协的债务问题日益繁重，同时各种活动、项目和开支还在不断增加，而会员的会费却维持了八年未增长。为改变这一现状，国际博协对其旧有的组织章程进行了修改 1971 年在格勒诺布尔的会议上，提出了各会员应享有平等地位的倡议；在哥本哈根召开的会议上，国际博协采用重组的方式，构建了由有效会员和参与会员组成的单一模式。由此，所有会员都被赋予了平等的选举权和代表职能。

国际博协组织机构包括：会员大会、咨询委员会、执行委员会、秘书处、联合国教科文组织国际博协信息中心，115 个国家委员会、30 个国际专业委员会、17 个附属国际组织以及 7 个地区委员会，国际博协大会每三年举行一次，是国际博协的最高权力机构，历来受到博物馆界、主办国家和社会公众的高度重视，同时，国际博协大会也享有"国际博物馆界奥林匹克"的美誉。

3.国际古迹遗址理事会

国际古迹遗址理事会（International Council On Monuments and Sites，ICOMOS）主要从事人类不可移动文化遗产的保护与研究，是古迹遗址保护和修复领域的唯一国际非政府组织。在联合国教科文组织（UNESCO）的协助下，在波兰华沙成立，总部设在法国巴黎。它是联合国教科文组织认定的世界遗产咨询机构，是《保护世界文化和自然遗产公约》中明确规定的世界遗产委员会的三大专业咨询机构国际文化财产保护与修复研究中心（1CCROM）、国际古迹遗址理事会（ICOMOS）、国际自然与自然资源保护联盟（IUCN）之一，还是联合国教科文组织"国际蓝盾委员会"（武装冲突及自然灾害紧急情况下抢救文化遗产的组织）的四大国际组织之一。除了负责考察、评估、审议各国提名的世界文化遗产申报地，并将审议结果提交世界遗产委员会（WHC）最终批准之外，国际古迹遗址理事会还受世界遗产委员会的委托，派遣专家对已列入"名录"的世界遗产地的保护状况问题进行考察，提出改进意见，交予世界遗产委员会审核。此外，国际古迹遗址理事会还开展国际文化财产保护理念的专业研究，并制订了一系列国际保护准则及宪章。

国际古迹遗址理事会的组织和管理形式主要包括，由 20 人组成的执行委员会；全体会员大会上汇报全年的管理和财政状况，并表决通过下一年的预算；由各国家委员会主席及国际学术委员会主席组成的咨询委员会，负责向执行委员会提出建议和指导，并举荐优先项目；国际秘书处负责实施上述各委员会的决议和计划，并协调和管理ICOMOS 日常工作。国际古迹遗址理事会由世界各国文化遗产专业人士组成，现有 120

个成员国，会员约 7500 人，并设有一系列专业委员会。该组织的成员包括有关的建筑师、考古学家、艺术史学者、工程师、历史学家、市镇规划师，借助这种跨学科的学术交流，他们共同致力于保护古建筑、古镇、文化景观，考古遗址等各种类型的文化遗产，并完善相关标准、改进技术。

我国加入 ICOMOS，成立了国际古迹遗址理事会中国委员会（ICOMOS China），即中国古迹遗址保护协会。国际古迹遗址理事会（ICOMOS）第 15 届大会暨国际科学研讨会，在世界著名古都西安举行，大会上通过了《西安宣言》。国际古迹遗址理事会西安国际保护中心，在西安成立。西安国际保护中心将为世界各地的世界文化遗产申报提供咨询和帮助，并积极开展国际文化遗产保护项目的合作和协调工作等，是 ICOMOS 在世界范围内设立的唯一业务中心。

4.世界自然保护联盟

世界自然保护联盟（International Union for Conservation of Nature，IUCN）是唯一由政府和民间组织共同组成的团体，为政府、非政府和私人机构提供人类进步，经济发展和自然保护方面的专业知识和工具。该联盟于 1948 年在瑞士格兰德（Gland）成立，专注于世界范围内的自然环境保护，并逐渐组建了世界范围内最大、最为多样化的环保网络。由全球 81 个国家、120 个政府组织、超过 800 个非政府组织、13000 个专家及科学家组成，共有 181 个成员国。联盟内设机构包括，世界自然保护大会、联盟成员的国家委员会和地区委员会、理事会、专家委员会、秘书处。联盟建立后，其首要战略以及机构宗旨便是拓展和推动与世界高速发展相匹配的、互惠的自然保护管理，同时帮助各个国家和各国居民更好地保护动植物资源。

IUCN 在自然保护的传统领域处于领先地位，如拯救濒危动植物种：建立国家公园和保护区：评估物种及生态系统的保护并帮助其恢复此外，IUCN 在传统领域之外也有所发展。该联盟认为，在地球上的许多地方，自然资源的可持续利用是保护自然的良好方式，这种方式使得为满足其基本需求而利用自然资源的人们成为保护自然资源的卫士。到联盟所关注保护的环境包括陆地环境与海洋环境，并集中精力为森林、湿地、海岸及海洋资源的保护与管理制订各种策略及方案。联盟在促进生物多样性概念的完善方面起到了先锋作用，并推动了生物多样性公约在各国乃至全球范围内的实施。IUCN 旨在影响、鼓励及协助全球各个国家，保护自然的完整性与多样性，并确保在使用自然资源上的公平性，及生态上的可持续发展性。

5.联合国教科文组织世界遗产委员会

在联合国教育，科学及文化组织内，建立了文化遗产和自然遗产的政府间委员会，即联合国教科文组织世界遗产委员会（UNESCO World HeritageCommittee）。联合国教科文组织大会第 17 届会议在巴黎通过了《保护世界文化和自然遗产公约》（即世界遗产公约）。根据该公约，设立了世界遗产委员会（World Heritage Committee）和世界遗产基金（World Heritage Fund）。《保护世界文化和自然遗产公约》于 1975 年正式生效。

但由于世界遗产逐年增多，其日常维护工作日益繁重，1992 年联合国教科文组织正式设置了世界遗产中心（World Heritage Centre），即"公约执行秘书处"，与联合国教科文组织总部同在巴黎。

委员会每年召开一次会议，主要决定哪些遗产可以录入《世界遗产名录》，并对已列入名录的世界遗产的保护工作进行监督和指导。第一届世界遗产委员会于 1977 年召开，会上通过了相关工作原则和方法。世界遗产委员会主要负责以下三项工作：

（1）审议确定由缔约国申报要求列入《世界遗产名录》的项目，并提交缔约国代表会议通过并公布。

（2）管理世界遗产基金，审定各缔约国提出的财政和技术援助的申请项目。这笔资金主要来源于缔约国向联合国教科文组织所缴纳固定会费的 1%，和缔约国以及其他机构和个人的资金捐赠。

（3）对已经列入《世界遗产名录》的文化、自然项目的保护和管理情况进行监测，以促进其保护与管理水平的改善和提高，1 委员会成员每届任期为 6 年，每两年改选其中的三分之一。委员会由 7 名成员构成世界遗产委员会主席团，主席团每年举行两次会议，以筹备委员会的工作。该中心协助缔约国具体执行《保护世界文化和自然遗产公约》，为世界遗产委员会提出建议，并执行世界遗产委员会的决定。中国当选为世界自然与文化遗产委员会成员，世界遗产是指被联合国教科文组织和世界遗产委员会确认的、人类罕见的、无法替代的财富，是全人类公认的具有突出意义和普遍价值的文物古迹及自然景观。根据联合国教科文组织的文件，世界遗产的申报需要完成 9 个步骤：

1）国家首先要签署《保护世界文化和自然遗产公约》，成为缔约国，并承诺保护该国的文化和自然遗产。

2）任何缔约国要把本土具有突出意义和普遍价值的文化和自然遗产列出一个顶备名单。

3）在预备名单中筛选出要列入《世界遗产名录》的遗产。

4）写好的提名表格寄给联合国教科文组织世界遗产中心。

5）联合国教科文组织世界遗产中心检查提名是否完全，并送交世界自然保护联盟和国际古迹遗址理事会评审。

6）到现场评估遗产的保护和管理情况。按照文化与自然遗产的标准，世界自然保护联盟和国际古迹遗址理事会对上交的提名进行评审。

7）自然保护联盟和国际古迹遗址理事会提交评估报告。

8）遗产委员会主席团的 7 名成员审查评估报告，并向委员会提交推荐名单。

9）由 21 位成员组成的世界遗产委员会最终决定入选、推迟入选或淘汰的名单。

6.国际文物保护与修复研究中心

国际文物保护与修复研究中心（International Centre for the Study of the Preservation

Restoration of Cultural Property，ICCROM）在印度德里举行的联合国教科文组织大会中，因各成员国对文化遗产保护的日益关切，经大会决议而设立。1957 年，意大利政府与联合国教科文组织商讨后决定将国际文物保护修复研究中心总部设立在罗马，所以又被通称为"罗马中心"。设立该中心的目的是收集、发行有关文物保护修复的资料，安排并促进研究工作，援助培养研究人员和技术人员等。同年，联合国教科文组织秘书长向会员国发出加入中心的邀请。澳大利亚、多米尼加、西班牙、摩洛哥和波兰 5 个国家正式加入，国际文物保护与修复研究中心的性质是政府间的国际组织，其宗旨是推动全球范围内所有类型文化遗产的保护工作，也是在国际文化领域中专门从事文化遗产保护相关研究的机构。其法定职能为从事文物研究、文献搜集、技术协助、教育训练和唤醒公众保护文物的意识，以强化文化遗产保护工作的推行。

根据中心的宗旨，理事会安排了以下一些工作：

（1）情报资料的搜集、研究和交流。中心除积极购置图书、交换资料外，还大力开展资料的复印，向会员国和有关专家提供不易查阅到的图书资料，为文物保护工作作贡献。

（2）出版。中心除已与法国、英国的出版社合作，出版有关文物保护的图书外，还与其他国际文物保护机构合作，设立"为合作出版文物保护资料的国际委员会"，进一步开展资料翻译工作。该中心已出版了《博物馆科学技术研究室及修复所名册》《各国壁画保护概况》《博物馆气候学与保管工作》《木雕品虫害的防治》《古器物与艺术品的保管》《运输途中展品的空气调节》等图书。

（3）培训专业人员。该组织在世界各地开展了培训活动，共有来自 100 多个国家的 1635 名研究人员和技术人员参与其中，并以创新的教材和研究方法为各界所熟知。中心除每年招收建筑、壁画保护的留学生外，还与罗马大学合办"建筑保护课程"，与罗马中央修复研究所合办"壁画保护课程"，与图书病理学研究所合办"纸张与图书保护课程"，与比利时国立文物研究所合办"文物的研究与保护课程"等。

（4）促进研究工作，提出专题后，组织研究机构和专家从事研究，或对共同关心的专题提供资助，有时还会提请研究机构为专家们的研究提供便利。

（5）派遣专家和提供特殊援助。会员国有权向中心提出优先援助，而中心不可限制会员国的要求。中心设立的基金供紧急情况下派遣专家时使用，因此，在遇到突发灾害时可迅速应急。

作为《世界遗产公约》的法定咨询组织，国际文物保护与修复研究中心的角色，主要是作为文化遗产训练工作的合作伙伴，担负起世界文化遗产的监测工作，针对缔约国的国际援助申请提供具体意见以及在"世界遗产"保护工作的各项方案和计划上向世界遗产委员会提供专业技术建议等。此外，在文化景观遗产保护的相关问题上，与国际自然保育联盟也有着紧密合作。

7.世界遗产城市联盟

世界遗产城市联盟（Organization of World Heritage Cities，OWHC）是联合国教科文组织的一个下属组织机构，是一个非盈利性、非政府的国际组织，在摩洛哥的非斯成立，总部设在加拿大的魁北克市。该组织代表了世界遗产城市管理相关问题的智慧群体，其宗旨是负责沟通和执行世界遗产委员会会议的各项公约和决议，借鉴各遗产城市在文化遗产保护和管理方面的先进经验，进一步促进各遗产城市的保护工作。

该组织已网罗了超过300座被列入联合国教科文组织世界遗产名录的城市作为成员，总人口多达1640万，其中，7座在撒哈拉以南的非洲，36座在拉丁美洲和加勒比地区，30座在亚洲及太平洋地区，124座在欧洲（包括土耳其）和北美（只有加拿大），21座在阿拉伯国家，还有7座城市为其观察员。中国已经有5座被列入联合国教科文组织世界遗产名录的城市作为成员，分别是：承德、丽江、澳门、平遥、苏州（观察员城市）。这些城市由市长作为代表，并由推选出的市政官员和文化遗产管理者共同参与该组织的事务，切

世界遗产城市联盟在世界范围内拥有多个合作机构，包括联合国教科文组织世界遗产中心、国际文物保护和修复研究中心、城市联盟和地方政府、墨西哥世界遗产城市协会、国际历史城镇村落委员会、欧洲理事会、国际古迹遗址理事会，阿拉伯城镇组织、世界旅行组织、拉瓦勒大学、埃因霍温理工大学、盖蒂文物保护研究所、世界古迹基金等。

由缴纳年会费的世界遗产名录城市的市长组成的会员大会，是世界遗产城市联盟的最高权力机构。会员大会每两年组织一次会晤，集会在世界上超过12个国家举办过，再次彰显了该联盟的宽泛和多样性。

8.世界保护监控中心

世界保护监控中心（World Conservation Monitoring Center，WCMC）隶属于联合国环境规划署，是联合国环境规划署（UNEP）的世界生物多样性信息和评估中心。当时世界自然保护联盟（IUCN）成立了一个剑桥办事处，旨在监控濒临灭绝的物种。世界自然保护联盟（IUCN）、世界自然基金会（WWF）和联合国环境规划署（UNEP）联合建立了独立、非盈利性的世界保护监测中心。

世界保护监测中心的业务范围包括生物多样性评估和对国际公约的支持，如生物多样性公约（CBD）和濒危野生动植物种国际贸易公约（CITES）。世界保护监测中心还与世界自然保护联盟世界保护区委员会协同管理世界保护区数据库。世界保护监测中心通过加利福尼亚大学出版社出版了一系列关于生物多样性的世界地图集。世界保护监测中心的研究内容由众多的涉及不同保护方向的项目组成，如生物多样性信息学、商务与生物多样性；气候变化；生态系统评估；食品安全；生物量与生物多样性；海洋决策支持；保护区；物种。

9.联合国教科文民间艺术国际组织

联合国教科文民间艺术国际组织（Internationale Rganisation Fur Volk skunst，IOV）是国际上唯一一个致力于各国民俗文化、民间艺术、民间传统手工艺以及非物质文化遗产保护和发展的国际文化机构

IOV 于 1979 年在比利时 Oostrozebeke 地区成立，总部后迁至奥地利首都维也纳。IOV 国际秘书处一度设在奥地利上奥州的安朵夫市（Andorf），现已移至美国华盛顿州西雅图市。

IOV 被联合国教科文组织正式接收为成员，并被确立了其 C 级的地位，即其与联合国教科文组织的信息与咨询关系。联合国教科文组织执行委员会一致通过决议将 IOV 升级为 B 级。联合国教科文组织执行委员会第 154 次会议上通过决议，确立了 IOV 与教科文组织的正式组织和运作关系。

IOV 积极配合并参与"联合国教科文组织"开展的人类无形文化资产的保存工作，通过《保护非物质文化遗产国际公约》（Convention for the Safeguarding of the Intangible Cultural Heritage），呼吁各国政府，非政府组织及社区团体共同参与认定、保护、活化及推广所在地的无形文化资产，维护世界民族文化的多样性发展。1IOV 主张民间艺术是世界各民族文化和智慧的结晶，也是各地无形文化资产的体现，因此 1OV 多年来都在积极开展这一领域的保护工作。

IOV 的会员组织分布于 175 个国家及 8 个岛屿地区，其中包括政府文化机构、各国官方部门及非政府组织，如研究机构、博物馆、大学、基金会、工会、协会、文化艺术公司、艺术团体、学者、专家、专业艺术家、民间艺人等 4000 多名会员。其中执委会为最高管理委员会，7 位执委由全体会员通过会议选举产生，每四年一届，执委来自 7 个不同国家和地区，是由各国联合国教科文机构的专职领导或者具有多年经验并享有国际声誉的专家来担任。

IOV 每年都在世界各地举办不同的世界民族传统工艺展览，各种国际民俗文化节、艺术节，以帮助世界各国和不同民族申请、争取各种保护和发掘本民族传统文化的机会。同时 IOV 还致力于各国民间文化和文化遗产的保护和发掘，内容包括舞蹈、歌曲、音乐、传统服饰、自然科学和社会调查、民族志学、民俗展示、民间工艺品、民间艺术节日以及民间建筑学、医学、童话、传奇、文学、诗歌等。

民间手工艺传统文化是全人类文化遗产中的主要元素。保护并挖掘、发展这些民间传统手工艺文化是 IOV 的目标和主要任务，传统手工艺不仅可以反应出各民族人民的智慧、创造力和想象力，还可以赋予人类文明以延续性。

对其他民族历史文化的了解也可以帮助和促进世界各民族人民之间的相互了解与尊重，可以为创建更加和睦的人类社会以及维持世界和平提供强大的推动力，从而为全人类提供一个更加美好的生活环境。中国文学艺术家联合会作为团体会员正式加入 IOV，

冯骥才先生还曾任 IOV 副主席。

10.世界记忆工程国际咨询委员会

为了及时采取行动确保世界文献记忆不再受到损坏或丧失，联合国教科文组织于 1992 年发起了世界记忆工程。该工程的宗旨是通过使用最佳技术手段保护具有世界、地区和国家意义的文献遗产，促使这些文献遗产能够为国际间的广大民众所利用，并在全世界范围内提高人们对本国文献遗产，特别是对那些具有世界意义的文献遗产重要性的认识，联合国教科文组织成立了一个国际咨询委员会，负责对整个工程的计划和实施进行指导，并进行资金的筹集，同时将其分配和授予给所选出的项目。

世界记忆工程通过开展地区、国家各个级别或层次的项目和活动达到它的目标。该工程的一个重要内容是在国际、地区和国家级的部门之间开展合作，为此，有必要成立"世界记忆工程"地区和国家委员会。地区和国家委员会负责工程项目和活动的综合管理和协调工作，其中包括根据世界记忆工程登记册的选择标准，挑选出拟列入世界级、国家级或地区级登记册中的项目，将其提交国际咨询委员会，在委员会同意批准后具体实施。此外，地区和国家委员会还要负责筹集和管理，开展地区和国家项目、活动的资金，并具体监督地区和国家项目、活动的进展情况。

1997 年底，亚太地区"世界记忆工程"第一次专家会议在中国厦门召开，会议重申了"世界记忆工程"的意义和使命，讨论了亚太地区在保存文献遗产方面的需求，探讨了解决这些问题的途径和方法。此外，与会代表团一致提议尽快成立"世界记忆工程"亚太地区委员会，加强对"世界记忆工程"的宣传，促进档案部门与图书部门的合作，为亚太地区开展活动提供指导与咨询。

四、世界遗产的评定

世界遗产的评定标准主要依据《保护世界文化和自然遗产公约》第一、第二条规定。遗产项目要列入《世界遗产名录》，必须经过严格的考核和审批程序。

每年举行一次的世界遗产委员会会议将对申请列入名单的遗产项目进行审批，其主要依据是该委员会此前委托有关专家对各国提名的遗产遗址进行实地考察而给出的评价报告。对各国提名的遗产遗址的考察，主要由该委员会同国际古迹遗址理事会（ICOMOS）和世界保护联盟（TUCN）组织专家进行。前者总部设在巴黎，是国际上唯一从事文化遗产保护理论、方法、科学技术的运用与推广的非政府性国际机构，有 80 多个国家会员和 4500 多名个人会员；后者总部设在瑞士日内瓦，原名国际自然及自然资源保护联盟，宗旨是促进和鼓励人类对自然资源的保护与永久利用，成员包括分布在 120 个国家的民间团体、科研和保护机构等。两者受世界遗产委员会委托，分别对提名列入《名录》的文化和自然遗产地进行考察并提交评价报告世界遗产的标准主要有两个方面：真实性（最基本的前提）；保护管理（由相关管理机构，制订法律规章还有经费）。

1.文化遗产

《保护世界文化和自然遗产公约》规定，属于下列各类内容之一者，可被列为文化遗产：

（1）文物：从历史、艺术或科学角度看，具有突出、普遍价值的建筑物、雕刻和绘画，具有考古意义的成分或结构，铭文、洞穴、住区及各类文物的综合体；

（2）建筑群：从历史、艺术或科学角度看，因其建筑的形式、同一性及其在景观中的地位，具有突出、普遍价值的单独或相互联系的建筑群；

（3）遗址：从历史、美学、人种学或人类学角度看，具有突出、普遍价值的人造工程或人与自然的共同杰作以及考古遗址地带。

世界文化遗产的具体评定标准共有六个，符合其中任意一条（除了第六条不能单独存在）就可以入选《世界遗产名录》：

1）代表一种创造性的天才杰作。例如，金字塔、长城。

2）在一定时期内或在世界某一个文化区域内产生过重大影响。例如，凡尔赛宫（欧洲建立最早、规模最大的宫殿，布局和规格影响欧洲两三个世纪）。

3）一种文化的特殊证明。例如，伊朗的波斯波力斯宫，是波斯帝国时期留下的建筑，墙壁上的雕刻反映了波斯当时的情况、各国进贡的情况，是文化的证明；复活节岛，只遗留了巨大的石雕像，其他古物没有留下，只有靠石雕像来研究当时的历史。

4）一个历史时期的典范，区别于第二条，典范是指更多方面的影响，例如梵蒂冈。

5）难于保存的突出例证。例如，印第安人保留区。

6）与某些重大事件、先行传统思想、信仰或文学艺术作品有着直接和实质的联系，此条款不能单独成立。例如，耶路撒冷、自由女神像。

2.自然遗产

《保护世界文化与自然遗产公约》中对自然遗产的定义是，凡符合下列规定之一者：

（1）从美学或科学角度看，具有突出、普遍价值的，由地质和生物结构或这类结构群组成的自然面貌；

（2）从科学或保护角度看，具有突出、普遍价值的地质和自然地理结构以及明确划定的濒危动植物物种生态区；

（3）从科学、保护或自然美角度看，具有突出、普遍价值的自然名胜或明确划定的自然地带。

列入《世界遗产名录》的自然遗产项目必须符合下列一项或几项标准，并获得批准：

1）构成代表地球演化史中重要阶段的突出例证。

2）构成代表进行中的重要地质过程、生物演化过程以及人类与自然环境相互关系的突出例证。

3）独特、稀有或绝妙的自然现象、地貌或具有罕见自然美的地带。

4）尚存珍稀或濒危植物种的栖息地。

3.文化景观及其他

文化景观这一概念，是1992年12月在美国圣菲召开的联合国教科文组织世界遗产委员会第十六届会议时提出，并纳入《世界遗产名录》中的。

世界遗产即分为：自然遗产、文化遗产、自然遗产与文化遗产混合体（即双重遗产，我国的泰山、黄山、峨眉山乐山大佛均属此类）和文化景观。文化景观代表《保护世界文化和自然遗产公约》第一条所表述的"自然与人类的共同作品"。一般来说，文化景观有以下几种类型：

（1）由人类有意设计和建筑的景观。包括出于美学原因建造的园林和公园景观，它们经常（但并不总是）与宗教或其他纪念性建筑物或建筑群有联系。

（2）有机进化的景观。它产生于最初始的一种社会、经济、行政以及宗教需要，并通过与周围自然环境的相联系或相适应而发展到目前的形式。它又包括两种类别：一是残遗物（或化石）景观，代表一种过去某段时间已经完结的进化过程，不管是突发的或是渐进的。它们之所以具有突出、普遍价值，是因为显著特点依然体现在实物上。二是持续性景观，它在当今与传统生活方式相联系的社会中，保持一种积极的社会作用，而且其自身演变过程仍在进行之中，同时又展示了历史上其演变发展的物证。

（3）关联性文化景观。这类景观列入《世界遗产名录》，是以与自然因素、强烈的宗教、艺术或文化相联系为特征，而不是以文化物证为特征。此外，列入《世界遗产名录》的古迹遗址、自然景观一旦受到某种严重威胁，经过世界遗产委员会调查和审议，可列入《处于危险之中的世界遗产名录》，以待采取紧急抢救措施。

4.中国世界文化和自然遗产名单

（1）世界文化遗产

周口店北京人遗址、甘肃敦煌莫高窟、长城、西安秦始皇陵及兵马俑坑、北京故宫、武当山古建筑群、曲阜孔庙、孔林、孔府、承德避暑山庄及周围寺庙、布达拉宫（大昭寺、罗布林卡）、苏州古典园林、山西平遥古城、云南丽江古城、北京天坛、北京颐和园、重庆大足石刻、皖南古村落西递、宏村、明清皇家陵寝、河南洛阳龙门石窟、四川青城山和都江堰、大同云冈石窟、高句丽王城、王陵及贵族墓葬、澳门历史城区、殷墟、开平碉楼与村落、福建土楼、河南登封天地之中古建筑群、元上都遗址、云南红河哈尼梯田、大运河、丝绸之路、土司遗址、左江花山岩画文化景观、鼓浪屿、良渚遗址。

（2）世界自然遗产（10处）

四川九寨沟、四川黄龙、湖南武陵源、云南三江并流、四川大熊猫栖息地、中国南方喀斯特、三清山、中国丹霞、中国澄江化石地、中国新疆天山。

（3）世界文化与自然遗产（4处）

山东泰山、安徽黄山、四川峨眉山-乐山大佛、福建武夷山

（4）世界文化景观遗产（3处）

江西庐山、山西五台山、杭州西湖文化景观。

（5）中国世界遗产预备名单（部分）云居寺塔及石经（北京房山）、北京古观象台（北京建国门）、北海公园（北京西城区）、安济桥（河北赵县）、独乐寺（天津蓟县）、丁村民宅（山西襄汾县）、水乐宫（山西芮城县）、牛河梁遗址（辽宁朝阳市）、元上都遗址（内蒙古锡林郭勒盟正蓝旗闪电河）、西安城墙·碑林、汉长安古城遗址（西安）、杭州西湖良渚遗址（浙江余杭）、路南石林（云南路南）、客家土楼（福建）、铜绿山古铜矿遗址（湖北省黄石市大冶县）、江南水乡城镇（苏州周庄、同里）、神农架自然保护区、丝绸之路（中国）、程阳水济桥（广西三江，即风雨桥）、佛宫寺释迦塔（山西应县，即"木塔"）、卢沟桥（北京丰台）、开元寺塔（河北定州）、佛光寺（山西五台县）、殷墟（河南安阳）、汉大明宫遗址（西安）。

第五章　博物馆各类藏品保护管理

本章分别对我国比较常见的藏品进行了分类与分析，研究各类藏品特征及保管、养护条件，力求为藏品提供一个更符合自身特性的馆藏环境。

第一节 玉器类文物藏品保护管理研究

中华民族素有爱玉、尚玉的传统，从兴隆洼文化出土发掘的"玉玦"来看，早在新石器时代，玉就已经被先人发现使用。中华玉器这颗东方明珠，几千年来作为中华物质文明与精神文明的重要载体，是其他艺术品无法比拟的。尤其是古玉，往往与当时的政治、经济、文化、宗教、礼仪、等级和审美观念有密切的联系，不论贵胄还是庶民阶层，无不爱之。

一、玉器概述及软玉

（一）保存与养护技巧

1.出土古玉的基本情况

出土古玉一般有两种情况，一种是古玉出土时质地疏松，沁色浓厚，体轻；另一种为质地坚硬洁净，沁色浅薄。

2.出土古玉还原出玉体本色的方法

想要使出土古玉还原出其本色，需经常盘玩。

（1）在盘玩时如果遇见体轻、质地疏松、沁色浓厚者，需将古玉佩于身上，以人气先养，让质地稍硬后，用旧布擦拭玉体使其复苏，再用几成新粗布擦拭（增加摩擦力）。每擦拭一次都要使玉体发热，这样反反复复擦磨后，灰土浊气及燥性自然会从玉体上褪去，受沁之处自能凝结，色愈敛而愈艳，这样可使出土古玉复原。

（2）如遇出土古玉质地坚硬洁净、沁色浅薄者，可先用水煮法将玉悬空挂在装有茶叶末的大瓷罐中加入清水用文火蒸煮，以提取出沁入玉体的土气。而后趁热把玉取出，用细密的棕刷刷之，反复多次后，再用新的粗白布擦拭，让玉体继续保持一定的热量。这样反反复复多次可使其土气脱去，色彩焕然。

（3）出土古玉，全身被灰土包裹，玉质坚硬者可用稻壳、木绒草装袋盘玩（擦、搓、揉）。如遇玉体腐软者，需用人气先养玩（应将玉藏于怀，或浮系胸间），待其质地坚硬后，照前法盘玩。

（4）玉出土后无土包裹又含有各种沁色的可用竹叶或糖皮装袋盘玩。玉在盘玩时若包浆出现似蛤蟆皮而还能见到其底张的，要先用竹叶、木绒草装袋盘玩，此后若玉色不变的，又可采用栗炭灰、稻草灰煮水，将玉悬于罐中，用文火蒸煮，待玉色稍变后，则须马上用以上各种方法盘玩。

（5）如古玉经盘玩后，其玉质有变而沁色干枯者可先用肥皂水、皂角水煮，再用竹叶、糠壳装袋盘玩，这样可使玉体通透，沁色活络亮丽。

3.古玉盘玩后的养护方法

古玉经盘玩后都需把玉挂于贴身处，以身体之气养润，时常用手抚摸擦拭，并让玉保持一定的温度，使玉最终还原出本色来。应当注意在用手盘玩过程中，常用热水净手，用开水净玉。

4.脱胎玉的概念

古玉经盘玩后呈现出玉本来的玉料色，底张变得通透细润，沁色显得均匀、活络、自然、不呆滞。玉的重量比同类的玉料显得轻。

5.保养古玉的注意事项

对古玉的保养应注意几点：

（1）忌油——经盘玩的玉其玉体疏松体量轻（与新玉比），如被油腻粘污，油污会从玉的细裂纹处渗入，玉色将灰暗发闷，油腻不易被清除（因其渗入玉体内）。

（2）忌腥——古玉与腥物接近，易伤玉，腥味会顺沁口、土门入玉体，其腥味久久不散。

（3）忌污浊——如遇污浊之物，会使土门闭塞，玉里的灰土杂质不能退出，使玉黯然无色。

（4）忌火——常与火接近会使沁色变淡。

（5）忌冰——常与冰接近，沁色不活，会发呆。

（6）忌碰撞——如不慎坠地或与硬物相撞，轻者会有裂纹，重者损坏。

总之盘玩古玉不论使用什么方法，其原理都为热胀冷缩。在盘玩中还应注意轻拿轻放。

（二）破损补救技巧

玉器的修补技术在古代已出现，如南京北阴阳营文化条形玉璜，有很多是经修补再用的。其方法大多是在玉璜断裂处的两头上下边缘先划出小槽，再在槽内各钻琢一小眼，以线绳连缀起已断的玉璜，使在玉璜的正面不易看出修补的痕迹。

1.粘接法的使用情况

一般来说粘接法适用于断裂处在玉器边沿角上或断裂块小于玉器的四分之一时的情况。

2.断裂玉器的粘接方法

断裂玉器的粘接一先将玉器断口清洗干净，在断口处涂上薄薄的502胶或三甲树脂、环氧树脂（在粘接前，应将黏合剂勾兑一点与玉器相同的颜色）。粘接时注意断口要严密，并用绳线绑住加压，这样粘接出来的器物更牢固。对于粘接时流出的胶液应及时用丙酮擦拭干净。

3.修补玉器残缺部分的方法

对于玉器的残缺部分，先用胶泥雕出与原物相同的纹饰并补配上，然后用石膏或硅橡胶制成模具，用 XN304，305 聚酯树脂和脱色 618 环氧树脂加玉石粉配好色，浇铸到模具内，待固化后取出打磨好，再补配粘接到原物上。

二、翡翠（硬玉）

（一）保存与养护技巧

翡翠有较高的硬度和很好的韧性。一般来说，在正常的佩戴过程中翡翠饰品不会被磨损。

1.佩戴和存放翡翠饰品的注意事项

（1）在佩戴翡翠饰品时应注意轻拿轻放。翡翠饰品最怕的是被碰撞，碰撞易使翡翠出现裂纹、硬伤、断裂。如被碰伤，其价值将大打折扣（特别是高档翡翠，高档翡翠的材料都是玻璃种、冰种等，其绿色在玉体内的照映、扩散都较好），被碰伤后绿色会变得少而浅淡许多，而决定翡翠价值的因素绝大部分是绿色的多少和深浅。

（2）翡翠饰品不能长时间与强酸接触，在佩戴和存放时都应避免与酸接触。被强酸沾染过的翡翠表面会有一层碎细的裂纹，这样会影响翡翠饰品的光泽，要想去掉表面的裂纹就只有重新打磨抛光（把细小裂纹磨掉），重新打磨抛光后的翡翠饰品体量要变小，价值会变低。

（3）在存放翡翠饰品时应当一件饰品一个包装，不要与硬度大的钻石、红宝石、蓝宝石、刚玉和人造宝石存放在一起，避免被划伤，影响其光泽和美观。

2.翡翠饰品的清洗方法

翡翠饰品脏了可用软布擦拭；或用牙音、中性清洁剂清洗；也可用热开水浸泡，用刷子清洗（在浸泡时应用毛巾垫在盆内，避免碰伤）。

3.翡翠的保养方法

在佩戴翡翠饰品时应经常用软布擦拭，佩戴一段时间后用热开水先清洗饰品，然后把家用的白色蜡烛放入容器中放在火上熔化，再把清洗后的饰品放入溶液中浸沾一下取出，用开水去除多余的蜡，再用软布擦拭，这样上蜡保护后的饰品可一直保持较好的光亮并有一定的防碰撞功效。

（二）破损补救技巧

1.翡翠饰品断裂后的修复加固方法

（1）翡翠玉料不透明，发瓷、发木的饰品断裂后可用树脂、502 胶粘接（粘接方法参照古玉部分）。

（2）用玻璃种、冰种、葡萄水等高档玉料制成的翡翠饰品被损伤后，若只有裂纹尚未断开或断开但刃口好（断裂处）的，可以用黄金、铂金、白银根据饰品的形状设计一个托，把翡翠饰品包、镶加固起来。比如：手镯被损伤后可用金、银把损伤处包起来，这样既可以加固又可遮盖伤处，既美观又没有失去原有的价值（名为金镶玉）。

2.翡翠饰品损伤后的改制

翡翠饰件被损伤致残，出现这种情况就只能根据原有饰品的形制和伤残状况把原件改制加工成其他形制的翡翠饰品，改制前应根据翡翠饰品绿色体积大小、形状，设计出方案，加工出成品的形状。改制应以不伤绿、少伤绿、多出东西、改制出的成品价值大为原则。比如：别子、扳指可改鸡心；翎管、烟嘴可改长方石；簪子、帽正、壶盖可改戒面；小圆珠可改圆点；有毛病的簪子可改花件。改手镯时应该斜着铡，这样改的戒面大，而且能多出戒面。改制花件时要注意毛病（柳、棉、裂、石花、石瑞），俗话说"无柳不作花"，也就是凡作花的东西和地方，大多数有柳、裂、棉。

第二节 陶器类文物藏品保护管理研究

陶器的出现可以追溯到一万年以前的原始社会，由于人们对于烹调、盛放、储存食物的器皿的需要越来越迫切，陶器的出现无疑就成为当时的一项伟大创举。中国在历史上对陶器的制造和使用是相当重视的，西周时期的青铜器上就有"陶"字。古代的一些著述中也有不少关于陶器发明的记载，如有神农作"陶、冶、斤、斧"的说法，有舜"陶河滨，作什器于寿兵"的传说。由于陶器的主要成分是硅和铝的无机盐类，无毒、无味，因此其成为人们生活、生产的重要用具。

一、陶器类文物面临的间接危害

1.来自自然界的破坏。如地震、火灾、水灾、虫蠹、鼠咬等。此类灾害是人力不可抗拒的。

2.战争带来的破坏。古代社会战争频繁，每次战争都会使古物蒙受巨大的损失，尤其是历史上改朝换代之际的大变革，破坏性极大。

3.政治因素。历史上因为政治原因毁损文物的事例相当多。如秦始皇焚书，唐代藩镇刻下的碑石纪年被磨去。

4.人为因素。如保管不妥，遭遇盗贼，被庸妄之人涂抹改篡，为不肖子孙鬻卖损坏等。

二、陶器类文物面临的直接危害

1.室内温度过高或者过低都会对陶器造成损害。收藏室内温度达到30 ℃以上，就会对器物产生一定的破坏作用。如会使陶类器物出现发脆、强度降低等情况，温度越高产生的破坏作用就越大。收藏室温度低于 0℃以下，也会对器物造成损害，如陶器里的水分发生冰结，产生破裂现象。

2.大气环境的污染如邻近厂矿排放废气，大自然中酸雨的侵蚀，也会对陶器带来不同程度的损害，破坏它的耐久性，缩短它的寿命。

3.过量的尘埃也会对陶器造成一定程度的损害，如使器物表面变污、变黑，甚至改变其本来面貌。

4.微生物的侵蚀也会对陶器造成一定的损害。如细菌的影响也会使陶器发生粉化和剥落的现象。

5.强烈的紫外线也会对陶器造成一定的破坏。如会使陶器釉层脱落，彩陶颜色发生变化等。

6.收藏室过于干燥或者过于潮湿也会对陶器带来一些不利的影响。室内过于干燥会破坏陶器的耐久性，室内过于潮湿会产生大量的微生物。

7.经常人为地触摸、挤压、碰撞也会对陶器带来一定程度的危害，因为陶类器物本身就属于易碎品，若不小心就会发生破碎现象。

三、陶器的保养

对陶器的养护首先应该在不影响其本来面貌的基础上进行保养，不能造成陶器保护性的损害，在保养过程中做到治理与预防两方面结合。

1.陶器收藏室内的温度一般可保持在 18～24 ℃，湿度 50%～60%，相对湿度变化不超过 3%～5%。

2.要防止和减少光线对陶器的损害，可将收藏室窗子上方加遮阳棚，窗子挂不透光窗帘，窗子的玻璃采用有色玻璃或涂刷紫外线吸收剂等。

3.收藏室内的灯光使用白炽灯较好，尽量不采用日光灯。

4.陶器最好存放在柜中或框架上。

5.露天存放的陶器在搬入室内时要注意器物中是否存有水，有些潮湿的陶器要清洗干净并干燥后再入室存放。

6.收藏陶器的房间一定要保持干燥、干净。

7.对各类彩绘陶器应当进行必要的表面加固处理。

第三节 紫砂类文物藏品保护管理研究

本节要讲的紫砂类文物主要指紫砂壶，所谓紫砂壶，也属于自上古时代起我国先民就已制作和使用的陶器的一种。陶器曾是人类主要的生活用器。但是，随着时代的发展，尤其是瓷器工艺的进步，再加上陶器本身的某些不可克服的缺点，陶器慢慢失去了辉煌地位，代之而起的是瓷器，到了宋代，瓷器的制作和发展一跃登上巅峰，而陶器却几近消亡。这一局面直至紫砂器的出现才有了改变，毫不夸张地说，紫砂泥延续了陶器的生命，并使其再次走向辉煌。

一、紫砂陶器的常见清洁方法

通过各种不同途径收集来的紫砂陶器及标本，有的长期流散在民间，也有的才出土不久。在这些收集品上存有各种污垢，附着有许多微生物和虫卵，严重的不仅使紫砂胎发粉，个别的釉层剥离，甚至还会影响器物内部结构发生变化。如果不先对这些器物进行清洁消毒处理，既影响收集品的美观，它们本身还会继续损坏。一件紫砂陶器的清洁处理，主要是除去器物上的污垢物如土斑、锈斑、油污等。由于器物年代的远近、质地的保存情况各异，在清洁处理时所采取的方式也各有不同。

1.水洗。对于一般质地坚实、不怕水浸的紫砂器物上的污垢。可以用清水洗涤。器物上的固着物较为坚硬，一次不易洗掉的也可以用清水浸泡一段时间，然后再换用清水洗去。切忌在清洗时用木器或金属硬物如刀、铲等强行除去器物身上的固着物，以免其表面出现不应有的划痕，甚至使器物受损。如果器物身上存有油迹，可用清洗剂如肥皂水、洗洁精等清洗。经清洗过的器物，一定要用清水再漂洗几次，消除清洗剂本身的酸、碱等成分对器物的影响。经过水洗的器物要放置在阴干处，待器身水分蒸发、吹干后再行收存。

2.干洗。对一些长年触摸历经沧桑传世的紫砂陶器，为保持原器物经使用后留下的俗称"包浆"而出现的自然色泽，一般不宜水洗或使用其他清洗剂清洗。对于这类器物，用质地松软的干净湿布轻轻擦抹即可。

3.清洗茶垢。收集到的紫砂茶壶，污染的部分最重要的是要确定是否为化学品的污染。如用高锰酸钾等化学色素污染则较难处理，但若要消除自然的污染则甚简单，而常见的便是"茶垢"，俗称"茶山"。"茶山"被认为是一种因壶内长久持续积留下来的"茶垢"，有助茶的功用，但如果用不同的茶，便会败茶。也有认为这是现代人维持古人的卫生标准，未免倒行逆施。在没有"茶山"之壶中泡出来的茶，茶味高妙更甚于有"茶山"之壶。但一些地区气候比较潮湿，有"茶山"的老壶容易长霉，因此有"茶山"的砂壶便不是绝对有利。在利弊衡量之下，去"茶山"让古壶以自己的方式重养再生应该较为有利，一方面利于厚生，重新赋予古壶生命，既科学又卫生，皆极快意。目前市面上有些含氯的漂白水，稀释之后用来清洗茶垢，既经济又方便。以稀释的氯洗涤，不仅可以完全除茶垢，而且洗涤后清除也极容易，闻壶是否有氯味亦可知是否完全清除干净了。

二、破损补救技巧

1.紫砂壶的修补方法

紫砂壶的修补，与一般陶瓷修补技术近似。一般砂壶的修补，可用树脂修补，有裂纹而无空隙需补实者，可用 AB 胶。操作方法是将断裂的部分涂上胶水，然后以绳线将补合的地方拴紧，约静置半小时后，待接合地方胶水挤压出来，而此时胶水微干，可用刀片以切削法将挤压出来的多余胶水刮除干净，修补得好的，外表看不出来。

2.紫砂壶如遇裂缝时的修补

壶破裂之处若有瑕隙，则以填充剂填充，通常应依壶的硬度来调配修补的原料，约50%的 AB 胶可以配合约 50%的白石膏，白石膏可以视情况增减，也可以加入高岭土、滑石粉等，一些无法拼合的碎片，经研磨成粉末之后也可加入胶中，填充原料可以用水彩颜料调配与壶相近的色调，完成瑕隙的修补。

第四节 瓷器类文物藏品保护管理研究

瓷器，英文叫 china，它是中华民族的骄傲，是我国古代的一项伟大发明，是用水、火、土、石制造的艺术品。其知名度和重要性绝不亚于举世瞩目的四大发明。世界上许多国家的人们正是借由瓷器来了解中国的。瓷器制造从夏商周至今已有几千年的历史，它真实地记录了中华民族发展的过程，不论社会的安定与动荡，政治的清明与黑暗，还是经济的繁荣与衰落，都能从瓷器的纹饰上感受到，因此作为文物的瓷器是研究中华民族历史的宝贵材料，是祖国的文化遗产。

一、收藏与养护技巧

瓷器都是易碎器，鉴赏藏品时千万注意不要碰撞、摔落，尽量不用汗手摸。看藏品最好戴手套，桌上应用绒布垫好并无任何硬质物，必须加以妥善保管。

买回来的瓷器如果是高温釉或釉下彩，先放在清水中浸泡 1 小时，再用餐具洗洁精去掉外表的油污，然后放在清水中浸泡 5 小时以上，用毛巾擦干水再用盒子装上，盒里应有泡沫，且加了泡沫后直径不能大于藏品 0.5 厘米，藏品放在盒中不能紧也不能太松，盖盒时千万注意不要加压，以免损伤藏品。

出土的瓷器，若是低温釉、釉上彩，釉面彩上会渗入很多杂物，胎釉结合不好的，会出现脱釉脱彩的现象，这时应先在胎釉之间加入少量的黏合剂（如 502），在彩上涂抹一层较软的黏合剂（羧甲基维素纳）以免彩釉脱落，千万不能用水或带酸碱性质的溶液清洗，一洗彩釉会全部脱落。若是高温釉或釉下彩，胎釉结合好，在地下埋藏时间很久，在瓷器表面有很多钙质、硅质化合物，人们常称土锈、水锈。有土锈时，首先用清水洗一次，然后用 30%过氧化氢浸泡 3 小时左右，再用清水浸泡 30 小时以上，用白洁布清洗，一般土锈就没有了。土锈多的地方可能还残存有一部分，可以用刷子蘸上醋酸，刷在土锈处，5 小时后用医用手术刀斜削除去土锈，刀片只能朝一个方向削，不能来回刮，一把刀片最多只能用十几次。土锈大部分去掉后再用白洁布和牙膏清洗，直到土锈去完为止。这种方法只能用于高温釉和釉下彩。低温釉和釉上彩禁止使用这种方法。

二、破损补救技巧

1.拼粘破损品

藏品如果有破损需拼粘，现在用化学胶比较方便实用，一般藏家都可以做。在民间只要上一百年的瓷器，大部分都有这样或那样的伤残，可通过人工技术恢复原状。首先将损坏严重或破碎的部位清洗干净，然后将损坏的部位按纹饰对准正确位置，用不干胶带先连接成整体，再用502胶水或比较快干的胶滴在器皿的损坏部位，从里向外滴，固化后用全透明超强粘胶剂（HD-505）按Ａ：Ｂ为１：１的比例混合均匀后涂在器皿的内部和断裂处。

2.补缺

历代瓷器修补多数用石膏、铜、铁、锡或其他金属修补，先补胎后上釉，用全透明无色超强胶（HD-505）Ａ：Ｂ两种按１：１的比例混合均匀后，加放3～4倍的滑石粉，再加少量的太白粉，涂在缺口或需修补处。如果缺口比较大，可以先用橡皮泥或黏土或石蜡做个模具，用事先调好的黏合剂滑石粉做成模型，等固化后，再用HD-505胶粘接。需要做纹饰的可以在打磨光滑的器皿面上绘画纹饰，颜料最好用油彩料和矿物颜料，色彩干后，再用全透明黏合剂Ａ：Ｂ胶按２：１混合均匀，再加入少量的滑石粉混合均匀，盖在纹饰上釉用，但这层黏合剂不能太厚，多盖几次，直到和器型外面一样厚。这种方法只适于一般的"大路货"，比较好的瓷器和精细瓷器最好找专业人员修补，以免影响其价值。

总之，瓷器应该尽量保持完整性，伤残有伤残的美感，伤残多少补多少，不要破坏性地追求完整，要知道那是人类的财富，文化的遗产。

3.给瓷器打蜡涂油

由于出土的瓷器在地下埋藏时间很长，一部分瓷器当时烧造温度不够，瓷化不高，器物表面胎釉之间被水锈和土锈遮盖，失去了光泽，或纹饰模糊，为了恢复光泽，使纹饰清晰，可先用30%过氧化氢去掉土锈和水锈，然后用清水浸泡5小时以上，水干后釉面很可能光泽不好，这时应该给釉面涂上一层发油或甘油，使干枯的釉面既有润度又有光泽，纹饰更清楚，再用少量白蜡涂在器型上，用绒布抛一下光，以旧翻新的完整瓷器就做出来了。

第五节 青铜器类文物藏品保护管理研究

青铜器是我国古代文化遗产中的重要组成部分，它造型优美，风格独特，纹饰华丽，制作精巧，闻名于世，在世界文明史上占有非常重要的地位。青铜器种类繁多，可根据用途分为生产工具、生活用具、兵器、饪食器、酒器、水器、乐器、货币、车马器、度量衡器、玺印等。青铜器的制作在三代时达到顶峰，这是因为无论在铸造技术还是器型艺术上这一时期都是后世无法超越的。

一、青铜器的保存与养护技巧

1.青铜器的清洗

水洗。青铜器表面附着、沾染的污垢可用蒸馏水洗涤。出土器上的固着物较为坚硬，不易一次洗掉，也可用蒸馏水浸泡一段时间，然后换用新的蒸馏水洗涤，切忌在清洗时用金属或硬物强行除去固着物，以免损伤器物。其藏污纳垢的缝隙部位要用布浸湿后轻轻擦除，如果存有油迹，可用肥皂水、洗洁剂等将器物浸泡一段时间再清洗。但应注意，凡是经过清洁剂处理的器物，一定要用蒸馏水漂洗若干次，以免清洁剂本身的酸、碱成分对器物造成影响，经过水洗的器物要放置在阴凉干燥的地方，待水分蒸发，吹干后再收存。

2."青铜病"的鉴别

氧化亚铜与地下盐酸、水、氧接触可能化为碱式氯化铜，呈松膨胀的粉状，通常称为粉状锈。氧和水仍可没入其中，使青铜器的腐蚀产物不断扩展、深入，直到器物溃烂、穿孔，这就是文物界所称的"青铜病"。带有"青铜病"的锈层从表面看有鲜艳的绿色粉状锈，将其剔挖会看到下面是绿色锈层，再往下是褐红色锈层，再往下还是绿色锈层，最里层是呈灰白色蜡状物的氯化亚铜，这种腐蚀产物，一经发掘出来，接触到空气中的水、氧气，可被激发成活性而不断腐蚀器物，还会感染周围其他青铜器。

3."青铜病"的防治

对"青铜病"活性腐蚀治理稳定问题是令当今文物保护界头痛的难题之一，其实，用不同方法处理过的大部分青铜器，只要存放在一个较为理想的环境中，在相当长的时间内可以相对稳定，不会旧病复发。这里介绍一种易于操作的防治方法—锌粉封闭置换法。在高倍放大镜下，用探针小心地将器物上浅绿色的粉状锈从它受影响的部位彻底除掉，用90%的酒精溶液将锌粉弄潮湿，再用小毛笔尖将潮湿的锌粉涂在上述清理出的部位边缘使其充分接触，在锌粉尚潮湿时，用刀尖将其压实，然后用90%乙醇将其弄潮，用不连续的水滴滴注锌粉8小时，以后连续三天，每小时加一次水。经过处理部位就生成灰色的较密实的锌化合物，因为颜色难看，需用10%的聚醋酸乙烯酯、甲溶液调拌碱式碳酸铜或氧化铁调出与该器物相似的锈色。这一方法主要是利用锌的反应生成一层粘附牢固、稳定、难溶的氧化锌或氢氧化锌、碱式碳酸锌膜，起到屏障作用，使空气中的水分子难以渗透。

4.青铜器的保存

空气中的有害气体、灰尘及酸雨对青铜器有着极大危害，因此青铜器应存放于干燥、通风、清洁的环境中。18～25℃是最佳室温，湿度应在20%以下。

5.防止青铜器断裂

（1）对于细长且薄的器物，应平放于松软的织物上，不要支撑。

（2）对于胎体薄且铜质易碎的器物，可将医用棉花塞于胎体内，增强防震性。

6.糠酥青铜器的保存

糠酥青铜器，铜质被腐蚀已全部矿化，又称为脱胎的青铜器，这种器物拿在手中很轻，没有重量感，稍不注意就会破裂。

对于这类青铜器，一般用树脂加固。首先备好一些网眼粗的软尼龙罗底或用加浆纱布剪成 2cm 宽的纱布条，在器物内壁抹上丙烯酸酯，贴固纱布条，半小时后胶硬固，对于这类加固后的器物，在搬动过程中也必须轻拿轻放。

7.使青铜器不再生锈的方法

大多数青铜器常年埋藏地下，接触到相应的气体和盐酸、水分后，发生的化学和电化学反应逐渐形成腐蚀-锈层。我们所收藏的青铜器，由于改变了青铜器所处的保存处境，因而它不会再生锈。再者，古色斓锈色又是青铜器特有美的标志。

二、青铜器的破损补救技巧

中国古青铜器是人类文化艺术宝库中的璀璨明珠。古代先民创造的这一珍贵文化遗产，保存至今无损者数量不多。无论是出土器还是传世品，由于受到自然界或人为等因素的影响，大部分都有不同程度的损坏。如何修理、复原这些被损坏的珍贵艺术品，是一切热爱青铜艺术的人所关心的问题。

1.补救（修复）的原则

"保护器物的原状不能随意增添或改变原物的面貌和完整性。"修复养护工作有两个方面的内容。一是清除器物标本上的一切附着物；二是修补器物和标本的残缺部分。其目的是恢复物品的本来面目，防止附着的有害物质继续危害文物藏品。

修复养护工作重视历史的真实，不能凭主观想象改动原物原貌，复原部分要求做到与其余部分基本相仿，修复材料要尽可能与原物一致，并尽量采用原制作方法和工序。

2.破碎青铜器的焊接修复

首先根据青铜器的破碎形状，拼块找碴口，碴口之间作好记号。接着挫口，有纹面的碴口不要挫，选择没有花纹的内面，锉断面的三分之二为宜。接下来点焊碎片，固定保牢。焊接用烙铁可采用 200 瓦左右电烙铁，碴口对碴口先焊固定，不使整体走形。边拼边用细小黄铜棍焊点拉撑，方法是前一块对缝后先用铜棍点焊与器体拉撑着，校正其与整器形体一致，再在碴口间点焊牢。用烙铁烫下铜棍，同样方法再支撑下一块，复杂破碎严重的器物可采用多根铜棍拉撑，也可在不影响碴口焊接的内部焊多根拉撑铜棍，使已焊接的碎块间保牢，待整体修复完再烫掉铜棍。采用此法一块块焊接至整体复原，观察对缝严密无走形的情况，便可沿焊缝通焊一遍，然后用木锉锉平焊口，砂布打磨平光后，便可做作旧处理。另外，也可沿焊缝灌注 914 粘接剂，采用焊粘结合的方法修复。

3.青铜断兵器的修复

（1）剑

青铜剑是一种常见的古代兵器，它是由铜、锡、铅等铸成，铜质硬而脆，防腐蚀性能好。青铜剑扁长，修复时最大的难点是不易修整平直。修复前用一根角钢，依剑身的长度而定，边部宽不超过剑的"柄"部，把两个边棱锉磨平光，将角钢平放在划有"V"形槽的两个木垫上，剑的"柄"部平放在角钢的两棱下。把剑平放在托架上，两碴口对齐，在断裂的碴口两边先用笔画上记号，各做一个割口。口部小，越往里要加宽，两边的口要对齐，锯通后用钢锉锉工整，用与剑厚度相同的黄铜做一个双燕尾形扣，不要超出剑的厚度。这种扣为引定扣，放上扣双边引接焊实后很结实。扣要做得对碴严实，留少许的缝隙。然后，先把断剑的断面双方碴口烫上一层薄薄的锡，再把扣边烫上薄锡。断的碴口锉小坡口放在简易架上对接，安放上定扣焊牢，锡焊牢后修补平，用水砂纸磨光，作旧。

（2）弋

可以碴口间打孔丝接固牢，方法是拼对碴口后，在打孔位置表面划一条线作记号，两侧各钻 3 mm 大小、10～15 mm 深的孔，孔内灌注 914 胶，对插一根 2 mm 无帽铜螺丝，然后对准碴口放在垫具上待其固化，碴口对缝无误的话，缝内同时可以注 502 胶，用树脂胶调颜料的腻子补缝，用细小砂纸磨光，作旧。

4.青铜残器的补配

青铜残器的补配，可以采用铜锡合金或配铸铜件来进行。一般讲，铜器的残缺部分都是相对的，都可以依照原好的部分做。首先在完好部位上翻模具，采用"腻子型硅橡胶贴印模法"最适合，因为可以耐 400 ℃高温，铅锡合金熔点在 300 ℃左右，如没有条件可采用传统的石膏翻模法。接下来，熔化铅锡。按 6∶4 配比放入小坩埚或生铁锅内，普通炉火上熔化。用铁勺将其熔化的合金液浇注入已预热的模内，待其冷却取出铸蕊，去掉铸造口，用木锉修去铸线，表面砂纸打磨光。然后与原器修对碴口，碴口修得合适，再点上助焊剂。焊接工具和方法前面谈过。修好焊缝，再在新补配处刷上三氧化铁，将铅锡咬成黑色，地子处理完毕，作旧。

5.变形青铜器的修复

有些青铜器严重变形，故破碎部分很难看，按原状对碴口，需要矫形，也就是使用压力，使铜器变形恢复原状。修复此类铜器，要分别视其铜器本身变形、腐蚀、薄厚程度和强度、弹性、脆性等铜质考虑采用的方法。主要方法有四种：锤击法，模压法，撬压、支撑、扭压焊接法，锯解法。一般来讲，腐蚀轻微和脆性小的可采用锤击法；变形部分较薄、变形程度小、扭曲简单的可采用台钳模压法；单线裂缝变形的采用撬压法；表面凹陷的可采用腹腔支撑顶压法；腐蚀严重，铜质硬、脆、壁厚的可采用锯解焊接法。

以上介绍了一部分常用的青铜器修复方法。另外如糠酥青铜器修复、錾花补配修复等方法，专业技术要求甚高，这里就不一一叙述了。

6.青铜修复作旧技法

青铜器的焊补都会留下缝隙，作旧前要将其全部填补，也就是打腻子刮补，干后用水砂纸细磨平光后作旧。

青铜器表面作旧的方法与配方。青铜器表面的锈色一般分为两大层次，即地子（皮色）和坚强的局部脱落的层状锈。地子的色泽主要有灰黑色、枣皮红、白、黄、绿等色，有的随埋藏环境与铜合金成分的不同，生成红漆古、黑漆古、蓝绿漆古及珐琅质锈的地子。传世文物随时间推移而形成深褐色的古铜色。

（1）古铜色地子作法。

古铜色又有深浅之分，较浅的呈褐红色，较深的呈黑褐色和茶褐色。

1）先将铜胎锉磨去污渍后，在4～10 g/L的硫酸溶液中活化5～15秒，再以过硫酸盐碱性溶液氧化的方法将器物表面氧化，氧化后用旧粗布蹭光，最后用稀释的硝基清漆加入3%的BTA缓蚀剂封护。

2）熏烤法。可以处理出稍深的茶褐色地子，可将铜器轮流用稀释的醋酸冲洗，并用强烈的氨水进行熏烤，使其变色。另也可用乙酸铜5g、氯化铵12g、陈醋0.5 kg配成药液，反复涂抹在器物表面，架在炉上，用湿竹根烟火熏烤，将器面逐渐烤为咖啡色。

（2）灰黑色地子作法。

1）氨液氧化法。可按1 L氨水溶解20 g碱式碳酸铜的方法配药液，在陶瓷容器中一次配2.5L左右，搅拌溶解后将容器盖严，放置24小时后再用。

2）过硫酸盐氧化法。在容器内先倒入所需容积配液的水，然后加45～55 g/L氢氧化钠，搅拌溶解后，加热到60 ℃，再加入过硫化钾10～15 g/L，搅匀后立即涂刷器物表面，10分钟左右可以变黑。大型不易搬动的铸造件，也可以用此法涂刷，但由于是合金成分很难变色，反复涂刷后潮湿放置，会缓慢地变黑。

（3）红、绿地子作法。

1）红、绿相间的地子。首先将青铜置于醋酸和氨水的熏烤之下，然后再用从印刷胶滚筒中取出的二氧化碳熏烤，便获得一片片自然效果的红、绿相间的地子。

2）枣皮红地子。可在欲处理的器表涂上调成糊状的硼砂，在微火上烘干，然后放在旺火炉中把铜器烧红，将烧红硼砂熔化在铜器表面，取出冷却后即成枣红色，可以反复烧至理想效果为止，然后用椴木炭或细水砂纸磨蹭光亮。

7.层状锈的处理

粉状绿锈的做法。寻找一些旧铜器残片，用锉刀锉成铜末，适当锉加一些新青铜的铜末，配入醋酸铜5g、氯化铵15g、碳酸铜5g、陈醋0.5 kg、硝酸数滴、新旧青铜末各25 g调成糊状，涂抹在需发层锈位置，放在潮湿半封闭的地方，让其药液不挥发，1～2天后观察，如表面呈干粉状，再将其弄潮湿，用毛刷沾些原配料的汁液在其上，继续起化学反应，一般3天后锈层与器表抓牢，刷去浮粉，以10%的聚乙烯醇缩丁醛、乙醇溶液封护。

再一种方法。将处理过的地子器表用油画嘴喷子吹一层快干硝基清漆，或用泡立水涂抹表面，薄薄罩一层。漆膜干后，做土锈。将氯化铵拌入稀泥浆内，稍放入一些食盐，将器物放入泥浆内浸一遍，沾不到的地子用刷子沾泥浆涂抹。然后放于潮湿处，用湿麻袋捂盖 24 小时以上，泥浆变为绿色，将其晾干。用尼龙刷子刷去浮土，表面留下斑驳粉状锈及原灰黑地子，脱落的土锈层次感很强，而且看上去自然。最后用旧粗布粘些细土粉揩擦，垦现铜质感的自然光泽为宜。

8.青铜器修复补配块处的处理

需要随色作旧处理，往往要做出绿壳珐琅锈层。可以用丙酮调稀树脂胶粘剂，以此调拌碱式碳酸铜，手捏棉球沾点在器面做色处，形成斑点状或片状厚锈，干透后用玛瑙碾子赶压出光泽，效果逼真。修复补配的青铜器，经常见有铁锈，可以从铁器上用砂纸打磨下一些氧化锈粉，用棉球沾稀释过的环氧胶墩在器物表面，铁粉撒在粘着的胶处，干透后刷子均匀扫自然，此锈很难辨出真伪。

9.传统"土锈法"作旧

青铜器修复时的补配部位，要做出青铜锈色效果均可采用这种方法。主要材料是用较稠的虫胶漆汁拌和多种矿物质颜料，层层点拨锈色的一种方法。先做皮色，再用"点泥法"做凸起的锈斑。主要颜料有砂绿、洋绿、品绿、群青、章丹、红土子、松烟、银珠、太白粉、地板黄、石黄、金粉等二十余种。

作旧前先将胎质表面打磨光洁，用毛笔三氯化铁水溶液（该物为块状黄色药品，先用水泡成液体装在瓶内，有腐蚀性，注意不要溅在衣物上）在器物表面涂抹，抹后当即变黑，用清水将表面浮液冲洗掉后晾干。干后涂一层漆皮汁，增加表色的附着力。颜料先用小研钵研细，用小碟调色。第一道色先在碟中放入适量砂绿，配上少许群青和太白粉，倒上漆皮汁调成浅绿色，用毛笔在器物上反复涂抹几遍，颜色要涂满、均匀。注意涂一遍，干后再涂第二遍。然后配灰白色汁，主要以松烟配少许太白粉。用牙刷蘸汁，一手拿牙刷，一手拿小刀拨动牙刷，将锈色弹拨在器物上，以同样方法配褐红铜色、蓝绿色、土黄色汁。总之对照原物的底子及部位，蘸上色汁散点弹拨，一种色拨完，稍微干燥，再喷射另一种锈色，色与色之间相压要自然。弹拨的锈色晾干后，即行蹭磨。颜色的蹭磨大致有两种方法：一种是用 400 目细水砂纸蘸水蹭磨；另一种方法是用棉球蘸酒精后，用手捏出酒精，在拨出的皮色上轻轻揉蹭，力量要适度，不可用强力。

"点泥法"做锈斑：将事先准备好的细土用清水调成糊状，用牙刷蘸上调好的稀泥，用小刀刃拨动牙刷，使泥沾弹皮色上。参照原物锈层的脱落状况，使泥呈片状或点状等不规则形状。待稀泥风干后，再根据原物表面锈的颜色做粉状锈，主要用砂绿、少许群青和太白加入细石英砂，漆皮汁要稍浓稠，用同样方法弹拨上去。拨过颗粒状锈后，再散拨些红色、黑色、蓝色的色斑。色层干燥后，用软皮刷蘸水轻轻刷洗，将稀泥洗掉。拨上去的泥块、泥点脱落处，露出了已做好的底层皮色。没有泥点或泥片的小局部，留下了拨上的锈斑，成为凹凸不一、大小不等、颜色各异的锈斑（粉状锈）。"底子"如再经精细蹭磨压光，效果更逼真。修复青铜器的作旧随色，多采用上述的"土锈法"。

第六节 金银器类文物藏品保护管理研究

金银器是指以金银为原料加工制成的器物，从广义来讲，可指一切以金银为原料制成的物品，从狭义来讲，则专指金银器皿。此文以介绍狭义上的金银器为主，对早期的金银饰件则做简单介绍。中国古代的金银器明显分为两大类：一类主要是装饰人自身的各种首饰、饰件，一类则是食器、酒具等各种日用器皿。金银器作为一种身份和地位的象征，在相当长的时间内为皇室贵族所专用，仅在小范围内少量流传。

一、保存与养护技巧

金银器与其他物质一样，都有被损坏的可能性，可以分为机械损伤和自然损伤两种情况。机械损伤是指直接作用于器物，使之受到明显的损伤，如碰、撞、砸、撕、擦、蹭等。自然损伤是指自然环境中一些不利因素对金银器产生的一种渐变的损伤，这种损伤在短期内不易发现，但长久持续会由量变引起质变，对金银器的损害较大。

（一）存放设备

金银器放于橱柜中，以木柜为最好，木材要无虫、不易变曲，橱门不能用玻璃。柜内应分层架板，各层的高度要适合于存放器物的高度，并留一定的余地，不过分拥挤，以免放时相互碰撞。一些精美或细小的金银器，可以制作外硬内软的囊匣放置，囊匣既可防震免损，又可防尘、防光、防潮，是保护金银器的一种较好的设备。

（二）金银器的取放技巧

在取放金银器时先要仔细观察，尤其对一些制作极为精美的器物，要选取器物较坚实的部位拿取，取放时要集中精神，轻拿轻放。多数金银器的年代久远，构思精巧，在外力作用下易损伤，因此在取放时要双手捧持器物的上半部、底部等部位，不能拎边、捉把、提梁或持柄，也可一手握住器物上半部，一手托底。不能握持器物易损伤的部位和可拆卸的部位，有盖或有托的金银茶壶、茶盘、茶托、茶碗等，应将器盖、器托与器身分别拿放，避免某一部分脱手落地。器型较大的金银器，如金银塔、熏炉等，一人能搬动的最好不要倒手，以防交接手时出现意外而造成损伤。需两人以上搬动的金银器要相互关照，以免损伤。

二、运输与包装

需要运输金银器时，其外包装应选择坚硬的木制或金属制箱柜，内包装最好选择囊匣。囊匣与箱柜之间空陈处用棉花、海绵、纸条、泡沫等物来进行填充。没有囊匣的金银器要先用软纸或棉花将其流、口、环、链、柄、足等突出部分包好，再用软棉纸包其整体，外用棉花、海绵厚厚包一层，最外层用棉纸包，并用细绳捆绑成包。一箱内如要装多件金银器，器物间和空隙处应隔以填充物，以避免相互碰撞。外箱上要标明上下、防潮、防震等标志。

三、金银器氧化变色和出现污物的预防与处理

自然环境因素中的虫、菌、干、湿、尘埃、空气污染等，对金银器会产生损坏，它们除单独影响外，还相互交叉影响，这种影响在短期内肉眼不易发现，但对金银器的损害是长期而严重的。

金属类文物的最佳收藏温度为 18～24℃，相对湿度为 40%～50%，故存放金银器的库房，一般温差应控制在 5℃之内，湿度差也应控制在 5%之内，对不同的情况应选择不同的方法。

1.在室内安装空调，按金银器的保护要求调节温度、湿度。

2.适时开窗通风或安装排风扇。

3.将金银器放置于墙体较厚的房间内或相对密封的橱柜内，减缓外界气候的影响。

4.湿度过高时，可在橱柜内放置吸湿木炭等。

5.湿度过低、天气干燥时可在地面喷水，也可在橱柜内放置装水的容器或吸有水的海绵，适当增加小环境空气的湿度。

应尽量将金银器存放于避光的室内，即室内灯光不可太强，距离金银器应远一些，尽量使用无紫外线灯。照相时的强光对金银器也有损害，应尽量减少拍摄次数，缩短拍摄时间。

金银器表面的污染一般有水垢、金属锈、有机污染物等。由于金器耐腐蚀，可以使用酸液来清除水垢和锈蚀物，使用有机化合物或溶剂清洗有机污物。注意使用柔软的工具，操作时不可用力过大，以防损伤表面。金器在保存和展览过程中一般不会出现变色和锈蚀，对于合金成分较高的金器，控制存放环境的湿度就可以保护金器的变化了。

对于银器，选择温和的化学清洗剂，清洗表面的水垢和氯化银、硫化银和其他金属锈蚀物。注意不要清洗过度。清洗后为了美观，也可以用软磨料抛光。银器存放时，容易受到空气中氧、硫、氯等化学物质的影响而发生化学反应，引起表面发乌，在强光下也会发生变色。所以银器文物在存放和展出时，要注意控制环境的污染物，也可以对银器进行化学封护处理。另外，保存时要注意保持干燥和避光，防止紫外线照射。

同时，自然界中许多化学元素都会污染金银器，引起金银器的质变，如氧可引起纤维质和金属类文物氧化，使金属类文物生锈。二氧化硫与空气中的氧和水分子结合生成硫酸对各类藏品都有极大的损害，使金属类文物生锈。氯和二氧化氮都是强氧化物，可腐蚀金属类文物。此外，硫化氢、二氧化碳、氨等化合物均对文物有破坏作用，而这些

物质广泛存在于水、空气、灰尘、雨水中，与金银器接触的机会相当多。所以，金银器的收藏应远离这些有害源，室内多种花草以净化空气，大风天气要紧闭门窗，防止尘埃等有害气体的进入，室内应保持清洁，禁止吸烟。做室内清洁可用吸尘器或拖把，防止灰尘四起，污染器物。

如果金银器受到多方面不同程度的污染而出现污物，应根据其污染程度的不同采取不同的措施，以达到保护的目的。金质文物不易腐蚀，纯金质器表面的污物可用氢氧化钠溶液清除。石灰质沉淀物用稀硝酸溶液涂于器物污染的局部即可去除。表面氧化铁的红色锈，用盐酸溶液去除。鎏金器污垢用乙醚、苯、氨水进行清洁，再用蒸馏水冲洗烘干。灰尘用软毛刷、皮类拂拭。银易变黑，一般情况下可保留此层。如硫严重腐蚀，完全矿化，则要进行清洗、干燥处理。银受氯化物侵蚀形成氯化银，会被污染成各种色，如被孔雀石污染形成绿色，被氧化亚铜染成红色，如已稳定则可保留，如氯腐蚀严重，将膨胀变成泥色，处理时恢复其外形即可。脆弱的银器可加温增加其韧度，即将其置于烤箱中，烘烤 2 小时，如变形再作整形处理。清理纹饰，可用软布擦，布上可加几滴含氨水的酒精或白垩粉加水调成的糊。还可采取电还原法，以铝为阳极，将器物浸入碳酸钠或氢氧化钠溶液中，直到锈物消失，再用蒸馏水冲洗、干燥，最后用高分子材料封护。

四、金银器的修复

金器断裂处如有变形，需局部加热整形，使断裂面吻合。厚胎的金器可将断裂面清理干净，直接用胶粘接。薄胎金器断裂处由于接合面小，粘接的强度较差，可在断裂处背面或不显眼处涂胶或做粘背层加强强度。

银器断裂的处理与金器雷同。对银器还可以使用焊接技术，一般常用低温焊料，选择焊料时，要选择色泽与银器接近、强度适中的焊料。由于银器比金器容易遭受腐蚀，出土银器的质地往往较差，尤其是薄胎器，脆性大，整表焊接时要小心。对于腐蚀严重的银器，使用粘接法较好。

金银器出现的裂缝，如果不影响整体的强度和外观，可以不做处理。若需要处理，对于器物外表面的裂缝，可以用胶填充加固，再做仿色处理。器物内部的裂缝可以用类似的方法，对薄胎器则考虑加固。

若器物质地纯净，强度较好，可以局部加热，再碾压排展，缩小缝隙。此法适用于金器，对于质地较为脆弱的银器可使用黏结或焊接。

第七节 书画类文物藏品保护管理研究

书画是绘画和书法的统称。画，是人们在生活中创造的艺术结晶。画的起源久远，有着丰富的含义，"画中有诗，诗中有画"，中国古代，诗与画分不开。画能够体现作者的情感和思想，其中常常包含着艺术家强烈的思想感情，因此艺术也深深地蕴藏在画中。书，一说是书法，也就是俗话说的字；另一种观点则认为书是指文化内涵。由此可知，书画是指书法和绘画，也可以理解为具有文化内涵的绘画。

一、绘画

中国的绘画是中华民族传统艺术中起源最早的艺术形式之一。比如在西安半坡村出土的彩陶上，就绘有互相追逐的鱼、奔跑跳跃的鹿，不仅生动形象，而且有一定的艺术意境。这说明我们中华民族的先人，远在原始社会时期就已具有相当高的审美意趣和超高的艺术创造才能。

（一）绘画艺术发展历程

从我国各地发现的原始岩画及 1986 年发现于甘肃秦安大地湾的原始地画来看，我国绘画历史已不下五千年。明清前绘画具有鲜明的民族风格和丰富多彩的形式手法，之后外来绘画艺术不断传入，丰富了中国绘画的体裁，油画、水彩画、漫画、宣传画等相继发展起来。

1.上古绘画（先秦、秦汉时期）

魏晋以前，绘画主要是"设色之工"所从事的职业，多是在岩壁和器物上作画，服务于礼教。

2.中国画样式的确立与发展（魏晋南北朝时期）

魏晋南北朝时期是中国绘画最重要的发展时期。在这一阶段，中国绘画渐渐摆脱了各种羁绊，走上了独立发展的道路。

顾恺之：东晋画家，其提出的"以形写神""迁想妙得"等主张至今仍是中国画的基础理论与指导纲要之一。顾恺之第一次提出"凡画，人最难"的观点，将绘画引导到人的精神表达之高度。他是中国历史上第一位被正式列入传记的画家，也是有画迹、画论著述流传至今的最早的著名画家，与南朝的陆探微、张僧繇，盛唐时期的吴道子一道被尊为"画家四祖"。谢赫：南朝齐梁时期著名画家和理论家。首次在其著作《画品》中总结"六法"，标志着中国绘画理论体系的确立。"六法"提出了六个关于绘画创作的要求和评定标准，即"气韵生动、骨法用笔、应物象形、随类赋彩、位置经营、传移模写"的准则。《画品》亦成为中国现存最早的一部完整的评论画家及其创作风格的著作。

中国画中主要门类之一的山水画在魏晋南北朝时期开始逐渐独立发展起来。隋代画家展子虔所作的《游春图》标志着山水画已成为一种独立的品类进入中国画的殿堂。

3.中国画特殊语汇体系的完成（唐宋元时期）

（1）从初唐到宋代是中国画全面发展完善的时代——"唐工宋巧"。

1）唐代著名画家代表人物：

阎立本：初唐著名的人物画家，有"丹青神画""冠绝古今"之誉。传世之作有《历代帝王图》《步辇图》等。

吴道子：唐代最具代表性的画家。善于处理各种题材，绘制过大量的壁画，亦兼工雕塑，对唐代画风影响极大。有后世人摹本《天王送子图》。

张萱：玄宗时期的著名画家。有后世人摹本《捣练图》和《虢国夫人游春图》。

周昉：中晚唐时期画家，善画贵族妇女，严装华饰，雍容丰满，且注重仪态表达。传世作品《管花仕女图》被视为唐代仕女绘画的精品。

2）唐末五代至宋代

该时期是绘画重大变革的时期，产生了山水画的几位大师，也形成了花鸟画的重要派别与风格，人物画亦有相应发展。

山水画：五代至宋初时期，荆浩、关仝、董源、巨然四位画家为山水画做出了里程碑式的贡献，基本完善了山水画中最重要的笔法一皴法的探索和总结，在擦、染方面，也有不同程度的创造与突破。北宋的山水画充分发挥了各种技巧，将中国山水画那种宏大的把握能力发挥到极致，这在北宋画家李成与范宽的作品中表现得最为充分，范宽代表作品为《溪山行旅图》。到了南宋时期，山水画进一步发展，出现了以"南宋四大家"—刘松年、李唐、马远、夏圭等为代表的优秀画家。

花鸟画：五代时期是花鸟画发展并形成流派的重要时期。宫廷画院对花鸟画的发展起到了重要的推动作用。中国花鸟画开山鼻祖黄筌，其传世作品《写生珍禽图》有着高妙的写实技巧。五代南唐金陵布衣徐熙，独创"落墨法"，为后世"没骨法"开创先河。郭若虚对比评价两人为"黄家富贵，徐熙野逸"。另有宋徽宗《芙蓉锦鸡图》是院体花鸟的代表作品，"院体画"的特色是"精美豪华，雅致细腻"。

人物画：五代南唐人物画家顾闳中、周文矩为人物画描写现实生活作出开拓性贡献。顾闳中的《韩熙载夜宴图》是古代历史人物画中不可多得的杰作。北宋画家张择端的《清明上河图》，该图以手卷的形式展示出北宋晚期的都市生活与民情风俗，画法精炼，布局讲究，将宏伟的场景展示得有声有色，是人类绘画史上少有的描绘巨大场景之典范佳作。

写意画：强调艺术家的审美自觉性。南宋写意画家梁楷，在笔墨上有重要创造，开启了元明清写意人物画的先河。

（2）元代，这一时期画家的贡献主要体现在两方面：对笔墨等绘画基本元素的普遍重视；对绘画寓意精神的深入挖掘。此时诗、书成为绘画语言，书画再度合流，把文人画推向一个新的境界。代表人物为赵孟頫以及"元四家"（山水画家）——黄公望、王蒙、吴镇、倪瓒。

4.万变不离其宗（明清时期）

"明四家"：沈周、文徵明、唐寅、仇英，代表了明代画坛的主流。

董其昌：一个在绘画与理论两方面都有重要贡献并产生巨大影响的人物，堪称晚明画坛之盟主。他的诗文书画俱佳，追求儒家"中和宽厚"的气象，论画标榜"士气"，以佛教禅理喻画理，立南北宗之说，崇南贬北。

徐渭：在水墨大写意方面创造性的贡献尤为突出，他的画具有"走笔如飞，泼辣淋漓"而"直抒胸臆"的特色。

明末清初的"四僧"：石涛、八大山人、髡残、弘仁。

"扬州八怪"：罗聘、李方膺、李鱓、金农、黄慎、郑燮（又名郑板桥）、高翔和汪士慎。此时文人画的普及突出了绘画对人生的造就与抚慰，迄今为止这些理念仍是对绘画的最高认识。

（二）画类

关于中国画的分科，历代主要依据描绘对象和题材的不同来划分，并有自身的民族传统和沿袭形式。它是按照山水、人物、花卉、翎毛、走兽、草虫、鞍马、楼阁等素材分成不同的画科。

现今一般认为中国画可分为人物、山水、花鸟三大画科。在这三大画科中，人物画出现最早，至六朝时期已经趋于成熟，如著名的《洛神赋图》《女史箴图》均体现出了娴熟的人物绘画技巧。山水、花鸟等最初均作为人物活动的背景。魏晋南北朝时期，山水画逐渐从人物画中分离出来，直至隋代，山水画的创作仍显得较稚拙，到了唐代日趋完善。花鸟画在南北朝时期开始独立出来，经唐、五代、北宋，花鸟画完全发育成熟。三大画科各自发展又相互借鉴，共同构成了中国画精彩的艺术世界。

1.人物画

人物画是以人物形象为主体的绘画的通称，是中国画的重要一科。画题包括肖像画、历史人物、历史故事、高士、仕女、婴戏、风俗、道释等。人物画的创作要求是"形神"兼备。"形"要求人物形象比例适度、服饰考究、场景繁简得当；"神"要求表现出人物的性格、气质、精神、神态等。画法有白描、工笔重彩、写意三种。

人物画的产生和发展有悠久的历史。早在周代就有劝善戒恶的历史人物壁画，战国楚墓出土的人物龙凤和人物驭龙帛画是已知最早的独幅人物画作品。魏晋时期，佛、道画盛行，肖像画在这一时期较发达，顾恺之堪称第一批人物画大师的代表。唐代人物画成就很高，阎立本是唐代早期人物画家的代表，也是由隋向唐转变的桥梁。盛唐时期"画圣"吴道子的出现，使唐代人物画达到了艺术的顶峰。李真、孙位的人物肖像画则代表了晚唐时期的肖像画艺术水平。五代时期人物画的成就也非常突出，南唐画院画家周文矩、顾闳中等人，都是当时人物画创作的名家，顾闳中的《韩熙载夜宴图》是名标画史的人物画杰作。这一时期的人物画不仅内容多样，表现技法也更加丰富。在两宋时期，人物画得到了继承和发展。随着宫廷画院的兴办，工笔设色人物画更趋精美，仕女图、高士画大量涌现。元代时期，人物画相对寥落，但也出现了一批水平较高的画家，如元初的钱选、赵孟頫等人，元中后期的任仁发等人。明代的宫廷人物画多遵照皇帝旨意，服从政教和宫廷的需要，最流行的题材为前代知人善任的明君、高风亮节的贤达和勇武忠贞的将臣，借古人之业绩来讴歌当朝。清代的人物画呈现多元化的局面，供奉内廷的宫廷画家侧重描绘肖像和记录重要历史事件，西洋画家的加入给宫廷画带来了新鲜的西洋画法。民间画家多擅长画各科，人物画风格各异。

2.山水画

山水画主要以山水为描绘对象，内容包括山、水、树、石、云等，描绘山势、山体、瀑布、溪水、江河、湖泊、高松、岸柳、雾气、流云。按其笔墨色彩来划分，有青山绿水、水墨山水、浅绛山水。

青山绿水始创于唐朝，用矿物颜料石青、石绿作为设色的主色，表现山石树木的苍翠。有大青绿、小青绿、金碧青绿之分。水墨山水以水墨皴染，通过水墨的浓淡、干湿体现山水风貌。浅绛山水在水墨皴染的基础上，再施以淡赭石染山石、树木，最后再用淡花青渲染而成。

山水画作为抒发情怀、陶冶情操之作，有着漫长的发展历史。山水画初为人物活动背景，自魏晋南北朝时期从中分离出来。南朝刘宋之际，与诗歌中的山水诗相互伴随，出现了以王微、宗炳为代表创作的山水画。隋朝的山水画由于比例得当，较好地表现了"远近山川，咫尺千里"的空间效果，具有独幅山水画的价值。唐代山水画有了长足发展，较六朝时期有了很大进步。五代山水画表现技法日臻成熟，水墨山水画法已经基本取代青绿山水，成为最重要的表现方法之一，出现了以北方高山大水为主要题材的北方山水画派系和表现南方秀丽山水的南方山水画派系。北宋山水画主要继承了五代时期的北派山水画传统，著名画家有李成、范宽等，南宋山水画基本以李唐、刘松年、马远、夏圭四位画家的风格为主流。元代山水画成就最为突出，元初以钱选、赵孟頫、高克恭为代表，他们风格各异，创造出了新的画风，中后期出现了黄公望、吴镇、王蒙、倪瓒，号称"元四大家"。元代山水画主要作为移情寄兴的手段，着重表现作者的人格和个性，笔墨技巧上也由写实转为写意。明代的山水画主要是继承元代的风格。清代山水画的流派众多，个人特色浓厚。

3.花鸟画

花鸟画是以花鸟走兽为主要表现内容的画作，可细分为翎毛、走兽、花果、草虫、鱼藻等题材，有工笔、写意、设色、水墨等画法，画题多有吉祥寓意。

花鸟最初作为人物活动的背景出现，南北朝时期开始独立出来。唐代花鸟与走兽画开始作为独立的画科引起人们的关注。初唐花鸟画出现了个别名家，如薛稷擅长画鹤。盛唐时期的牛马题材十分盛行，不仅描绘其形、质、动的造诣远非昔比，而且在刻画畜兽性情方面也达到了新的水平。中晚唐花鸟画获得了突出的发展，题材广泛，画法多属"笔记轻利""用彩鲜明"一类。

五代时期的花鸟画已经完全成为独立的画科，出现许多专门擅长画花鸟题材的画家，最具代表性的是西蜀的黄筌和南唐的徐熙。北宋画院以花鸟画最盛，前期最主要的风格是继承西蜀黄筌的工致细密、极富宫廷富贵华丽气息的花鸟画，至徽宗时期，花鸟画崇尚自然真实，表现出生动、真实、自然的风格特征，南宋的花鸟画基本继承了北宋风格，并无实质性转变。元代花鸟画有了新的发展，钱选、王渊、张中等人的花鸟画主要是清润淡雅的水墨或淡彩花鸟，梅兰竹石名家更多，其花鸟画法讲求自然天趣，以素净为贵，以清雅为韵。明代宫廷花鸟画的成就最引人注目，不仅风格多样，而且对后世有较大的影响。清代传统的工笔、写意花鸟画均有发展。

（三）画技

中国画与西方绘画明显不同，其中重要的一点在于创作技法的不同。中国画主要是用笔和墨，以线条的方式造型。具体作画时，用笔有线描、勾勒、皴、擦、点染等技法，笔用中锋、逆锋、藏锋、露锋、拖笔、破点等。

1.墨法

墨是中国特有的书写材料，以松枝、桐油等烧出烟炱再拌以牛皮胶、麝香、冰片、金箔等制成，使用时与清水调和。在中国画中，墨的浓淡干湿变化可以形成不同的墨色，使画面产生色彩的变化。由此形成一种以水墨为主的绘画形式，别有一番韵味，称为"墨韵"。

墨在具体运用时有泼墨、破墨、积墨、宿墨、落墨等法。泼墨是用大块墨色构图，再运用自然形成的浓淡，加上较细的笔道，有的地方还露出飞白，以显精神。

破墨是在前一种墨未干时，即再另加一种墨色，对原来的墨色加以渗破，两者浑然交融，变化丰富，常见于山水，也常为写意、花鸟、人物画画家所用。

积墨是经过多次上墨形成浑厚滋润的墨韵。其法是先着淡墨，待干了以后，再施第二遍淡墨，重复多次，直到取得理想的效果为止。此法一般用于山水画，对山石的层次变化，施以不同程度的积墨渲染，把重重叠叠的山水景象充分体现出来。

宿墨指砚中隔宿之墨，当宿墨开始脱胶之际，既黏又浓黑，笔痕犹存，自有一种烟雨之气。山水画家用之以醒画面精神。

落墨是唐末五代间水墨画确立后，由南唐徐熙独创的以水墨为主，着色为辅，两相糅合而成的新形式。即用笔墨把花卉全部连勾带染地同时绘出，然后略施颜色，使枝、叶、蕊、萼既有生态感，又有立体感，格调简逸。

2.水法

水法是在以水润墨时，掌握运用水的方法。用水与用笔、用墨一样具有独特作用，可使绘画表现达到"润含春雨"、画面和谐、虚实结合等的艺术效果。

3.设色

中国画重视设色，设色所用的颜色以"朱砂""蓝靛"最常见，最具有代表性，因此古代又把图画叫作"丹青"。设色是古代画家必须掌握的基本技法。

中国画的设色有重彩、淡彩、泼彩等多种方法。重彩法多用于工笔画，以青绿为主色，故称"青绿山水"。淡彩法适用于写意画法或半工半写的写法，以水墨为主，色彩只起辅助作用。泼彩法是以泼墨法为基础，借用工笔花鸟画的"撞水""撞色"二法，并从西画中吸取营养而创造出来的新技法。

4.工笔

工笔，也称"细笔"，属于工整细致一类密体的画法，与"写意"相反，用笔工整、细致、缜密，着重线条美，细致入微，通过"尽其精微"的手段，获取神态和形体的完美统一。

5.写意

写意，俗称"粗笔"，属于粗放、简练一类的画法，与"工笔"相反。要求通过简练概括的笔墨，着重描绘物象的意态神韵，不求形似，但求神似。

6.描法

历代人物画家线描技法有 18 种程式，利用笔的中，侧锋和行笔的徐疾表现服饰、肌肤的质感，可分为五个种类。

（1）粗细均匀类：铁线描、琴弦描、行云流水描、曹衣出水描、高古游丝描；

（2）粗细变化较大类：马蝗描（又称兰叶描）、战笔水纹描、橄榄描、枣核描；

（3）粗细变化较小类：钉头鼠尾描、柳叶描、蚯蚓描；

（4）简笔类：减笔描、撅头描、折芦描、竹叶描、枯柴描；

（5）混描：即勾线后沿线一侧用淡墨微染，形成凹凸感。在具体运用中可以一种描法为主，有机结合其他一二种描法，但必须和谐统一。

7.皴法

皴法是表现山石、峰峦和树身表皮脉络纹理的画法。古代画家在艺术实践中，对各种山石的不同地质结构和树木表皮状态加以概括而创造出来的表现程式，其皴法种类都是以各自的形状而命名的，主要种类有：锤头皴、斧劈皴、披麻皴、云头皴、雨点皴、荷叶皴、折带皴、解索皴、米点皴、墨块皴。

二、书法

中国书法是一门古老的汉字书写艺术，从甲骨文、石鼓文、金文（钟鼎文）演变为大篆、小篆、隶书，还有定型于东汉、魏、晋的草书、楷书、行书等，从古至今书法一直散发着艺术的魅力。中国书法是一种很独特的视觉艺术，汉字是中国书法中的重要因素，因为中国书法是在中国文化里产生、发展起来的，而汉字是中国文化的基本要素之一。以汉字为依托，是中国书法区别于其他种类书法的主要标志。

（一）书法艺术发展历程

中国书法历史悠久，艺术青春常在。在每个时代，社会环境不同，人们的审美欣赏角度也不同，随着文化的发展融入，书法逐渐形成了自己的特点，并不断完善。浏览历代书法，"晋人尚韵，唐人尚法，宋人尚意，元、明尚态"为精辟的总结。

晋人尚韵：晋代书法流美妩媚，风流潇洒，反映了士大夫阶层的清闲雅逸，流露出一种娴静的美。

唐人尚法：唐代书法法度严谨，气魄雄伟，表现出封建鼎盛时期国力富强的气派和勇于开拓的精神，具有力度美。

宋人尚意：宋代书法纵横跌宕、沉着痛快的书风，正是在"国家多难而文运不衰"的局面下，文人墨客不满于现实的个性体现，他们以书达意，表达一种心境。

元、明尚态：元、明以来，中国封建社会停滞不前，江河日下，反映在书法上则是崇尚摹古，平庸无奇。至于明末书坛"反流俗"的狂飙，以及清代后期碑版金石之风的兴起，正如地下奔腾的岩浆，黑夜中闪掣的电光火石，折射出一个社会巨大的变动，真所谓"披图幽对，思接千载"。

追寻三千年书法发展的足迹，我们可以清晰地看到它与中国社会的发展同步，强烈地反映出每个时代的精神风貌。中国书法是我们民族永远值得自豪的艺术瑰宝，它具有世界上任何艺术都无法比拟的深厚的群众基础和高级艺术的特征。书法艺术在群众中逐步普及，也愈加受到大众的青睐。

中国古代书法理论的发展、兴盛与繁荣，大致可以分为以下几个时期：

1.汉代是我国古代书法理论的初创期

随着书法艺术的成熟和兴盛，专门研究书法的理论著作便应运而生。我国有史记载的最早论述书法的一篇文章是东汉书法家崔瑗的《草书势》。崔氏在文中认为，草书的出现正是由繁到简的社会需要的反映，并描述、赞扬了书法的形态美和动态美，对书法的艺术审美功能和价值作了充分肯定。

2.魏晋南北朝是我国古代书法理论的成熟期

这一时期，书法艺术非常兴盛，出现了一大批书法名家。书法艺术的发展也带动了书法理论的研究。西晋时，出现了一批以自然界中千姿百态的物象、动态来描绘、比喻各种书体形态美的理论著作，如成公绥的《隶书体》、卫恒的《四体书势》等。东晋时，书家已不满足于对书法外在形态的描述，而开始探求用笔、结体和章法技巧的规律，并注意研究人的主观意志与书法的关系，如世传卫夫人的《笔阵图》、王羲之的《题（卫夫人笔阵图）后》《书论》等。

3.隋唐是我国古代书法理论的兴盛期

隋代虽立朝时间很短，但其书法上承南北朝碑刻，下启唐楷诸家，为唐代楷书法式的建立奠定了基础。

4.宋代是古代书法理论的变革期

由于各种原因，宋代的书法无法与唐代相比肩，但却能另辟蹊径，一时帖学盛行，而且在书法理论上也有所革新和发展。宋人论书主张书法创作不应受法度的束缚，不必斤斤计较于点画、布置等具体方法，而应重视作品中的风神意韵及书法家的内在精神与气质，自由地抒发其胸臆，力求创新。

5.元明两代的书法艺术也没有多大发展，帖学仍然盛行，尚未走出书法创作的低谷在书论方面，承继了晋唐之法，对宋人"尚意"书风进行否定，进而重视书法艺术的形态美，标举魏晋风格。

6.清代是古代书法理论继往开来的一个时期

从清中期开始便逐渐形成了帖学与碑学明显分流的格局，而且帖学逐渐由盛转衰，碑学则日渐兴盛。

（二）书法字体的分类

书法字体的分类，就是书法风格的分类。从传统来讲，共分篆书字体、行书字体、草书字体、隶书字体和楷书字体五种，也就是五大类。在每一大类中又细分若干小的门类，如篆书又分大篆、小篆，楷书又分魏碑、唐楷，又有二王体、瘦金体之说。

1.篆书字体

篆字分为大篆、小篆两种。

（1）大篆

1）甲骨文：是最早的文字，是殷商时期（距今3千多年）先民们预测吉凶祸福，记载占卜、祭祀等活动时，刻在龟甲、兽骨上的文字。甲骨文在历史上曾经失传过，直到公元1899年才在中药"龙骨"中被学者发现，之后在河南安阳古殷都废墟中陆续被大量发掘出来，共有十多万片，在四千五百个左右的甲骨文单字中，已经辨识了大约一千七百个。

2）钟鼎文：是青铜时代的商周时期，铸刻在青铜器上的铭文，又称金文，钟代表乐器，鼎代表礼器。周宜王时的太史籀对当时的文字进行了整理，将原本的钟鼎文繁化而为籀文，形成了真正的大篆。周宜王时的《毛公鼎》上共有32行、497字的铭文，是金文作品中的佼佼者。

此外，大盂鼎、散氏盘上的文字也是金文中的上乘之作。

3）石鼓文：是春秋战国时期秦国刻石文字。石鼓共十个，形似鼓状，今藏于北京故宫博物院。

（2）小篆

早期文字处于初创阶段，尤其是甲骨文还不规范，一个字有多种写法，字中象形的成分较多，如其中的"马"字。

秦始皇统一文字后，小篆的写法就统一了。小篆的结构成纵势，布白对称匀称，用笔中锋圆转，线条粗细变化不大，具有遒劲、圆润之美，被称为玉箸篆，像玉质的筷子。相传在秦朝时篆字就有若干种，有鸟、虫、蛇头篆，这些篆书的起笔处画有鸟、虫、蛇头的形状。书法艺术不是具象的再现客观事物，而是抽象的艺术。因此，这类书写形成在历史上只能昙花一现，未能成为真正的书法艺术。就篆书的艺术而言，钟鼎文、石鼓文结构奇古，融入了先民质朴的美，更受后人喜爱。

2.隶书

隶书的代表作品主要有汉《张迁碑》《礼器碑》《史晨前后碑》《乙瑛碑》《石门颂》等。早在秦以前的竹简上就有隶书的雏形。纸张在汉代被发明和运用以后，书写不再受窄长的竹木简的限制，毛笔的性能得到充分发挥，隶书突破了秦篆单一的中锋运笔，笔法丰富，中锋和侧锋、方笔和圆笔、藏锋和露锋各显神通。隶书笔画具有波、磔之美，最有代表性的是"蚕头""燕尾"的笔画，这样的线条表明当时的书法家在观念上要破除整齐划一的单调，追求生动活泼。在字的结构上改变了小篆拟横扬竖的趋势，字势向横向伸展。成熟的汉隶在书法史上是一个重要的转折点，把汉字的基本形态确立了下来。隶书的总体风格是严整壮阔而又舒展灵动。

3.草书

草书分为章草、今草、狂草。

（1）章草的代表作有三国吴皇象的《急就章》《文武将队帖》、晋索靖的《月仪帖》。草书是早于楷书的书体，章草始于篆书向隶书演化的过程中，隶书对章草的影响大些，所以又把章草称为草写的隶书。章草的代表人物，汉代有史游、杜度、崔瑗、张芝等人，三国有皇象，晋有索靖等人。

（2）今草的代表作很多，最有名的有晋王羲之的《十七帖》、唐孙过庭的《书谱》等。今草是从章草发展而来的。汉代张芝对创立今草起了很大作用，在当时被称为"草圣"，很可惜的是，现今没有他的墨迹。"今草"之名，是晋代为了和章草相区别而起的。历代很多书法名家都善今草，黄庭坚、赵孟頫、鲜于枢、祝允明、文徵明、徐渭、张瑞图、傅山、王锋等书法大师都留下了许多墨宝。

草书笔画省略，相互紫带，便于快捷书写，以符号代替偏旁部首，既具有法度的规范性，又具有极大的灵活性，是最能表达书者情感的书体。

（3）狂草最有名的有唐张旭的《古诗四帖》、唐怀素的《自叙帖》。

狂草字的写法和今草是一样的，不同的是狂草写得狂放，连带、省略更多，最能体现书者狂放的性情。"颠张醉素"是讲张旭、怀素常在醉酒后笔飞墨舞，其狂草线条流走飞动，结体险绝，谋篇奇特，犹如夏云变幻莫测，痛快淋漓。

4.行书

分为行楷和行草，碑帖众多。

（1）行楷，如东晋王羲之的《兰亭序》。现代见到的很多王羲之的书法碑帖并不是他的原迹，多是由后人临摹或集字而成的。王羲之的原迹多数随葬在唐太宗墓中。另有唐李邕《麓山寺碑》、宋黄庭坚《松风阁诗》、宋米芾《苕溪诗卷》、元赵孟頫《洛神赋》、明文徵明《醉翁亭记》等属行楷作品。

（2）行草，如晋王献之的《鸭头丸帖》《中秋帖》、唐颜真卿的《祭侄文稿帖》。行书是介于楷书和草书之间最适用的一种书体，接近于楷书的称为行楷，接近于草书的称为行草。行草是王献之创立的书体，《鸭头丸帖》是他行草的代表作，真迹现存于上海博物馆。

5.楷书

楷书是形成较晚的书体，始于汉末。代表作有三国钟繇的《宣示表》《荐季直表》、北魏《张猛龙碑》、晋王羲之的《乐毅论》《黄庭经》。关于《黄庭经》，有一段传说：

山阴一道士知王羲之爱鹅，以白鹅换《黄庭经》，所以此帖又称《换鹅帖》。又有晋王献之《洛神赋十三行》、南朝《爨龙颜碑》、唐欧阳询《九成宫醴泉铭》、唐颜真卿《勤礼碑》、唐柳公权《神策军碑》《玄秘塔碑》。钟繇用笔质朴浑厚，雍容自然，体势尚存隶意，对创立楷书起了极为重要的作用，但其真迹早已失传，《宣示表》是晋人临摹的。魏碑和《爨宝子碑》《爨龙颜碑》都属早期的楷书，以方笔为主，开雄强古朴之风。楷书到晋代就完美了。唐代将楷书规范化，唐楷法度严谨，结字端庄。端庄并非横平竖直的呆板，细心的欣赏者可以看到书者微妙而又协调的变化，如欧阳询的《九成宫醴泉铭》潜藏着丰富的内涵。

（三）传统书法艺术在当代的价值和地位

中国书法具有三千多年的悠久历史，是中国古代文化的重要组成部分，也是中国独有的艺术门类，其影响具有世界性。在世界艺术之林中，中国书法历史最悠久、传播最广泛、同民族文化的关系最密切。它的展现或古拙，或秀媚，或端雅，或玄妙，或艰深，其方与圆、收与放、疏与密、刚与柔、虚与实、奇与正，意境无限，美妙无比，与绘画一同统领着中国美术的其他门类，成为当之无愧的中国艺术之魂，在当今社会中，有着很高的价值和地位。

1.传统书法艺术在当代的价值意义

书法艺术在当代的价值意义很宽、很广，它的价值首先来源于它本身的美。书法的美表现于多个方面，不同的欣赏者站在不同的角度，欣赏着不同的技艺，感悟着不同的境地。一件优秀的书法作品综合了文学、史学、艺术、哲学等内容，其一笔一画都有起、行、转、收的运笔动态和抑扬顿挫的旋律节奏，如行云流水，似平沙落雁，或激昂慷慨，或笔断意连，或余意不尽，或无声胜有声。所以我们说一幅真正不朽的艺术作品的价值是不可估量的。因为书法特指用毛笔书写汉字的艺术，其所表现的内容、形式、字样如成语、整句、诗词、歌赋、楹联、散文、传记、游记、文献等都具有文化信息传播的功能。民间楹联、旅游题词、个人签字、家庭装饰、文化活动等使书法具有广大的空间，让我们看到其在接受与使用层面上具有的不可磨灭的价值。

2.传统书法艺术在当代的重要作用

在所有的艺术门类中，中国书法是最富民族特色的，它集中反映着中国人的思维方式和审美情趣，被许多人视为必备的文化修养。在书法的实用功能被逐渐取代而其艺术价值更加凸显的今天，它以独特的方式影响和作用于我们，如在人性精神的提升和书法教育方面等。

三、古字画的保护与修复

（一）清洗

有干洗和水洗两种，主要是针对书画物质层进行清洗，去除有害物质。

1.干洗。即用毛刷、棉花、橡皮擦、海绵或专用吸尘器等机械方式清除画心污染物。

2.水洗。积尘的画心色暗气沉，或遭水浸形成水渍痕，使用 40～50℃温热水闷浸或漂洗去污，可除去大部分水渍痕，水温愈高洗涤效果愈好，但超过 80℃的水温会破坏纸纤维并损及颜料。水洗之前备两张素净保护纸覆盖于画心上下，若能以网架夹紧可增加漂洗的安全性与方便性。

（二）揭旧

揭旧之前用排：笔蘸清水或温水刷湿画心正面，并覆盖新纸一张，反置案上待揭。古旧字画多有断裂，如在揭心之前，不附加垫纸，揭托之后，不易起案。画心局部颜色不稳定的，应稍施淡胶矾水，干后，再行闷水。有些残破糟朽的画心，当日揭不完，应在已揭过的部位均匀地放置一些湿纸团，然后覆盖一层塑料薄膜，以防画心干裂错位。揭画心上的旧纸，一般应根据字画的薄厚、残状、颜色以及质地的具体情况制定揭旧方案。

（三）全色

字画经过揭托待其干后，务必使补纸补绢的矾性适度，否则，矾轻则透色，矾重则滞笔。全色时，应将颜色调兑得浅些，复次全就，使颜色渗进纸纹纤维，取得画面色调统一的效果。

画心有缺笔的，补全时需先审视画心气韵及用笔特点，然后轻勾轮廓，调兑颜色，进而全之，力求使补全的一笔一点、一墨一皴均与原画浑然一体。对于一些具有重要学术研究价值的经卷、书籍、契证等文物，经过洗污补托，如有残缺，不必求其复原，只把残缺处的色调全补得与通幅基本一致即可。

（四）去污

画心因烟熏尘染，质地变黄变黑，如画面颜色稳固，可将画心放入清水内浸泡，隔时换水，即可明净。污迹较重，可用热水浸泡，或缓缓浇淋开水。画面颜色受潮返铅的，可用过氧化氢涂抹消除。画心生霉，有黑有红，黑霉易涂，红霉可用高锰酸钾溶液涂在霉处，稍时再涂过氧化氢和淡草酸水，如霉不严重，一次即可除掉。用药物去污后，务必用清水冲淋画心，免蚀纸绢。

（五）托补

已揭好的画心，如完整，可调兑稀糊，托一层比命纸命绢稍浅的旧色纸；如有残缺，可用手将画心残处边际揉出薄口，选好补纸，端正纹理补上，并在补口边际搓出薄边，使接缝处厚度适宜。补缀残缺的绢本字画，一种方法是揭毕待干，用刀将残处刮成薄口，上糊补绢，浆口干后再修刮补绢边际，使补口相合；另一种方法是托上一层与原命绢质地、丝纹相近的薄绢，正面如有残缺，可用素纸补在托绢的背面，使画心薄厚统一，干后再用刀修磨画面残缺处的边际。托旧绢画心时，要用干纸吸去正面的溢糊，以免留有浆迹，影响古旧作品的"褒光"。

（六）保护

书画保存不妥是多种原因造成的，如因季节更替产生的温差改变，干、湿不均，阳光紫外线辐射情况，空气尘土的污染等，由此而产生虫蛀、霉变、褪色等问题，使一幅完好的书画面貌全非，失去其艺术价值。假如熟悉书画容易受损的缺点及其损害产生的原因，采纳一些有效的手段来避免这种情况发生，将会在一定程度上延缓其变旧、损坏的进程，从而使书画寿命延长，能尽量维持其原貌。

凡珍藏的书画，最好放在封锁的箱、橱、柜内，使其能具有一个稳固的有限空间，防止遭受腐蚀和污染；但这也不是说一旦放进去就高枕无忧，在某些情况下它还是会遭到腐蚀的，如保存很久的辽画被虫蛀是常见的一种毁坏现象。避免的方法有：用樟脑丸或上海产的樟脑精块等药物驱虫。这类樟脑会自然挥发出气味来防虫，具有较好的驱虫效果。

放在箱、橱、柜内的书画除放药外，还要做到勤翻动，按时扫除不洁之物。每隔半年左右就要展开看看，尤其是梅雨季节过去以后，最好能分批将书画拿出来挂几天，这称为"晾画"，这样能有效地避免书画生霉。

画的储藏空间，温度应维持在 14～20℃之间，相对湿度在 50%～60%。室内相对湿度偏高，容易使纸张受潮而助长真菌，而太干燥又容易引发书画的翘曲变脆。通常的家庭遇天气干燥时，可惯用湿墩布拖地，或在房内放盆水；天气湿润时，尤其在雨季，尽可能少开窗户，这样能够使房间的湿度得到相应的控制。

尘土也是书画的大敌之一。挂在墙上或寄存在箱、柜中的书画都会受到尘土的影响，微小的尘土沾在书画外表，碰到一定的湿度，就能成为不干净的小颗粒，等小颗粒中的水分蒸发后，会在画面上留下黄色暗点。

此外，爱护书画还应注意，在欣赏观察时，不要用手指接触书画或近距离对着书画说话，以防产生感染。开展和收卷时不要将画折坏留下折痕，珍藏的书画因年代久远而变得较脆，容易折裂，因此通常不要随意下手，即便是收、拿、卷、挂等动作也一定要分外当心，做到小心谨慎。

另外，在挂展期间，还要注意空气的湿度，若遇阴雨连绵而空气湿度特别大时，可以先把字画卷收起来。若人为改变小空间环境，如加热取暖，加湿加香，也要加倍注意。冬天取暖，字画要与暖气等取暖设备保持一定距离，尤其在使用加湿器的时候一定要加倍留意。夏日制冷时，也要与空调保持一定距离。

第八节　文房四宝类文物藏品保护管理研究

被称为"文房四宝"的笔、墨、纸、砚是我们中华民族祖先的伟大发明和创造。有了它们，我们民族的文化得以传播、发扬、光大，从而创造出灿烂辉煌的中华文化。可以这样说，如果没有它们，就没有我们中华民族风格独特的书法、绘画艺术，而且也就没有印刷术的发明。没有印刷术的发明，当然就不会有作为"人类文明阶梯"的书籍的出现。可以毫不夸张地说，笔、墨、纸、砚的历史作用影响了整个人类的文明进步。

一、前期工作

作为个人收藏家，一定要做到心中有数，要清楚你的"家产"究竟有多少，都有些什么藏品种类。你是收藏"文房四宝"的，你就应该知道，你的笔、墨、纸、砚各有多少，它们的名目是什么，要掌握这些，就需要有一本"文房四宝"的藏品目录本，这种目录本可以共同做一本，也可笔、墨、纸、砚分开各做一本。这种目录本内容可以简单一点，相当于一本索引目录，只写编码和藏品名称便成。然后根据这本藏品目录的编码名目，依次做藏品卡片。在做藏品登记目录和藏品卡片之前，必须做的一件重要工作就是按照自己选择的分类法对笔、墨、纸、砚分别进行分类，并粘贴临时编码标签（可参考我们前面谈到的分类方式）。此项工作完成后，便可正式登记目录和做藏品卡片了。

二、主要步骤

自制"藏品卡"约有这十二个步骤要进行：1.藏品编号；2.藏品定级；3.藏品定名；4.藏品定时代；5.藏品尺寸；6.藏品重量；7.藏品来源；8.藏品现状；9.藏品款识；10.藏品质地；11.藏品有关资料；12.藏品描述。

填写藏品卡的"编号"，编号分全部藏品的总编号和分类藏品的分编号。

填写藏品卡的"品级"，根据自己把握的有关材料和自己对藏品的认识判断，给藏品定品级。可采用一、二、三、四的定级法，也可用甲、乙、丙、丁的定级法，还可用上、中、下的定级法。作为个人收藏者，我认为有一种较好的定级法，即以品级来定，可分为神品、妙品、逸品、雅品、佳品、秀品。各品级的内涵由藏家个人认识而定，无绝对高下优劣之分，掌握起来极为方便。

填写藏品卡的"定名"，定名名称的决定要精练准确，抓住最能代表藏品的性质特征。

填写藏品卡的"时代"，时代指大时代，如唐、宋、元、明、清、近代、当代，但要准确，掌握不了的不填。

填写藏品卡的"尺寸"，尺寸指不含其他附加物的藏品的平面的和立体的尺寸，用"cm"为单位来记录。

填写藏品卡的"重量"，重量指不含其他附加物的藏品的重量，用"g"为单位来记录。

填写藏品卡的"来源"，来源指藏品从什么时间、什么地方得到，用什么方式得到，如购买、交换、赠送，其中有无有趣故事等。

填写藏品卡的"现状"，现状指藏品的完整和伤残状况、修复状况以及重要附件情况等。

填写藏品卡的"款识"，款识指藏品上所有的文字，包括题款、题铭、题诗等，并包括所有钤印文字。

填写藏品卡的"质地"，质地指藏品使用材料。如金、银、玉、铜、石、竹、木、绢、纸等。

填写藏品卡的"有关资料"，指与此藏品有关的一切资料，包括前人的、今人的。如果是著述，则标明作者、书名；是报刊，则标明刊名、刊期、日月、作者、文章名。

填写藏品卡的"描述"，细心观察藏品的每一个部分，如造型、品质、图绘、雕刻以及色彩等，再从各方面进行描述、评价。

三、笔的保存与养护

收藏毛笔，一般有两个目的，一是实用上的备用，二是真正意义上的"收藏"。作为备用的毛笔当然是新笔，作为收藏的毛笔便新旧都有，在收藏存放前所有新笔的笔毛都要做"防蛀"处理。笔毛基本都以动物毛（羽）为原材料，极易遭到蛀虫破坏，特别是羊毛笔毫，虫蛀更是严重。存放前，用温清水浸泡笔毫，将原来涂在毛上的轻胶脱掉，让笔毫全部散开。注意一定不要用手干搓笔毫，也不要干撕笔毫，更不要干按笔毫，这样都容易折断笔毛，甚至弄坏笔管。待笔毛全部打开后，再把它放进川椒黄檗汤或黄连汤中浸泡数时，让药性深渗笔毫中。然后拾起，让其自然风干。用来收藏而非备用的笔，又应重新束拢，用轻胶固定。中、小楷毛笔，特别是硬毫类的，应再用笔帽套上，以免挫伤笔锋。

新买的笔不能用纸包上存放在柜里再放上樟脑片。笔毫本来未做过药物处理，成捆包起来放在柜里极易受潮，时间一长，正是蠹虫们繁殖生长的理想环境，就是放上樟脑片也不安全。毛笔存放方式分三种。备用笔和品级较低的笔可采用挂放、卧放，如遇旧笔、名品或名贵新笔，可使用盒放。

毛笔的挂放分柜挂和壁挂。有条件的可做专门的挂笔柜。壁挂，为防止潮湿可先在墙壁上钉塑料板或层板。钉挂钉时，要先计划好，根据自己对笔的分类，算出挂钉的间距和行距，然后画线、打点、钉钉，这样挂笔既美观大方，又一目了然，有利于取用和管理。柜挂的准备工作和壁挂一样。

毛笔的卧放，顾名思义就是将笔平放在板上。一般都须做专门的笔柜，柜不一定要做很大，根据各自的收藏量来决定。一般有双开门冰箱大小的柜就可收藏数百支笔。柜全部做抽，抽要灵活，可用滑轨。抽高以 10 cm 为宜，抽内可粘上绒类织物。抽内能分格更好，一般做 3～5 枝装一格。格不宜做深了，深了取笔不便。

毛笔的盒放一般是单枝或套笔。不论是单枝或套笔，做盒都宜稍偏大些，使观览时不显局促，落落大方，给观赏者带来轻松情绪。

藏品笔在分类存放前，应于每枝笔杆尾端编码贴签。如果收藏的各类藏品编有通号，就应先写通号，再写分类号。柜放的又应在抽外贴上 XX 号—ＸＸ 号标签。盒放的除编码外，还可写上笔的名称。属于挂放的笔，在挂放前，应检验挂带牢不牢实，如不牢实，应修整好后再挂，以免挂落而损坏笔毫、笔杆。属于柜放和盒放的笔，等笔放好后，应在抽内盒内放上适量的樟脑片或蔡丸，以防止虫蛀。平常要按时开抽、开盒，除去纤尘，并开上一些时间，让藏品换气、透气。

收藏新笔时应选择时间，明代高濂的《遵生八笺》中说："收藏笔（新笔）的时间选在（农历）十月、正二月最好。"这期间藏的笔不易蛀虫。使用过的毛笔，一定要将墨汁或颜料洗尽，不然，极易造成外干内湿的现象，遇到雨水季节，造成里面腐朽脱毛。如果是狼毫笔或小楷书笔，洗尽后还应套上笔帽，这样能使笔毫保持坚韧不脆，达到经久耐用的目的。

四、墨的保存与养护

保养就是"保"和"养"。保和养往往是分不开的两件事，养就是为了保存，保存得正确或错误又直接影响到养护。墨的保管条件，对墨的养护工作显得尤为重要。墨的制作，大家都知道是用松烟和油烟调胶粘合拢的，最怕的就是受潮霉烂，干燥爆裂。因此，防止受潮、防避干燥是最重要的保养条件。从经验上都知道，只要保养得当，墨的时间越长越好用。这是因为墨胶渐趋老化，磨出的墨汁也渐趋畅利不滞的缘故。鉴于以上原因，从古至今，不仅是鉴藏家喜欢收藏墨，古代的文人、现代的书画家也普遍地喜欢收藏墨。能收到旧墨当然好，但旧墨价格昂贵又不易得到；选择新墨中的佳好者收藏，也不失为理想之举。

新墨的保养法，宋人晁说之的《墨经》上说："一般说来，对于新墨的保养，应该将墨装置在较轻的器物中，找通风的地方悬挂起来。每一块墨都要用纸包起来封好，因为墨最怕潮湿空气的侵袭。墨不要睡卧平放，睡卧平放往往会变弯曲。"

旧墨的保养法，宋人晁说之的《墨经》上说得非常有趣。他说："一般收藏旧墨，又应该在干风天最厉害的时间，用手抚弄墨块，用汗气润泽它，如果常常揣在身上，那就更好了。"把墨揣在身上"收藏"，看来有近于迂腐，事实上是有其道理的。

明朝沈继孙《墨法要集》上说："凡是磨墨时用的水，必须采用滴水的办法加水，不可以让墨在砚中被水浸泡着磨。"明代高濂《遵生八笺》中也提到过，他说："如果是新砚新水，不可用力磨墨。忌讳磨快了，因为快了就会发热，一发热就要产生泡沫。墨旋转着细细地磨，细磨时不要久停。尘埃污染墨，胶力便会使其像泥一样凝结起来。"水太多，墨在水中久了就会发胀受潮。不能磨快，快了产生泡沫，泡沫很容易粘附在墨上，墨也因此会受潮，并且又会因此受到尘埃真菌的污染，使墨胶腐烂变质。受潮的墨，干后还会开口，爆裂。鉴于以上的原因在磨完墨后，应该立刻用吸水纸（如书画废纸、毛边纸、卫生纸类）将墨上余汁吸去，并揩拭干净。

造成受潮的主要因素是墨的接触源和空气。一般藏墨家都会注意到前种，如避免接触水，对存放墨的器物防潮等，而对空气的潮湿则不加注意，实际上墨的受潮，不仅仅来自接触源，潮湿的空气对它更是一个不小的威胁。空气的潮湿对墨的侵蚀过程是一个不显眼的过程，在此过程中，真菌滋生，墨慢慢膨胀，胶变质发臭，整个墨也就被破坏而失效。特别是南方的雨水季节，空气的湿度骤增，对墨的破坏也会骤然加剧。

前面引的晁说之《墨经》中的话，我们知道墨因怕潮，所以要通风，但在干风天，又须避风。空气干燥时，如再加上风，墨内的水分会加速失去。没有了水分，就会脱胶，墨也会因脱胶而开裂。严重时掉粉掉块，成为废墨。

尘埃对墨的破坏作用也不可小视。在潮湿的季节，粘附在墨上的尘埃就会大量吸收空气中的水分，使真菌滋生。若在干风的季节，尘埃又会大量吸取墨的水分，使墨锭干枯，造成与干风同等的破坏力。

对墨进行养护的具体措施，首先得从收藏物品的房屋做起，这一点，放在后面来讲。其次就是做墨匣。做墨匣所用的木材要材质坚密，如紫檀、乌木、楠木、桂木、枣木、梨木，这样的木头不易受潮、失水、变形。如果用轻质木材，则应在匣的里外糅漆，这样才能达到保护墨的效果，有条件的还可做多层盖匣，密封性能更好。

在装匣前，可用纸将墨包好封死，也可采用现代方法，用透明塑料膜热压密封。然后在封套上粘上编码、名称标签。标签可采用印刷不干胶，既方便，又规范。在匣内铺设绢或丝棉垫床。名贵墨最好单装，套墨和一般杂墨可多个装，每锭墨用垫床分隔开。在匣内放置适量的干燥剂和防虫剂。

盖上匣盖后，套上匣套，匣套最好采用锦缎材料，既美观又耐用。完成后应将匣放在固定位置，如书架、柜子都行。收藏数量大的，能做专门的架、柜更好。放置好后，在匣上或架、柜上贴标签，标明匣中藏墨编号、名称，这样取用、观赏都十分方便。

收藏家对墨的收藏，应具备耐心和细心，这"两心"对一个收藏家来说确实太重要了。这一点，我们应该向前人学习。就说墨的养护吧，每逢雨水太盛的潮湿季节，他们会耐心地用纸将墨匣包上，然后藏在石灰堆里去防潮。而且，遇上这样的季节，哪怕是最亲密的朋友要观赏他们的藏墨，他们也绝不会开匣让朋友如愿以偿的。从这些点滴都可以看出他们对墨养护工作的细心。

五、纸的保存与养护

纸的收藏保养工作也需要上面所说的"两心"。如果收的纸一多，有新纸、旧纸、单张纸、残纸、名纸、古纸、新笺本、旧笺本、名笺本，仅分类就很麻烦，再说到存放、养护，就更不是粗心急性的人能干好的了。

由于新纸的含水很不一致。用现代科学的说法，水分的含量不同，产生的"墨压差"就不同。墨在纸上的下浸快慢就不一样，反映出来的书写绘画效果也就不一样，含水量多了不行，少了也不行。通过存放，纸的含水量就会和空气湿度达到平衡，从而达到最佳润墨性能。所以，古往今来很多的书画家们都有存纸的习惯，这样存纸的目的就分成了两种：备用和赏藏。一般人存纸大都属于前种。

纸的收藏目的不同，所做的工作也不同，如属于前一种的就只搞纸种分类，尺寸分类，采用养护措施就行了。如属同一种，或是同属于前后两种，所做的工作就要细致得多。纸的品目很多，以赏藏为目的的新纸分类定名并不显困难，但旧纸、残纸就难了。我们一定要细心分辨。查阅有关资料，根据文字和图片反复对比，得出结论。通过资料还不能解决的，就应该请教有关专家。不能率意而造成定名失误，一旦定名失误，对观览、鉴赏或研究工作都将带来不利。

纸的存放，首先要做到分类存放。如新纸的分类存放，旧纸的分类存放，残纸的分类存放，新笺的分类存放，旧笺的分类存放。存放用柜不用架，一般情况，又可利用旧橱、柜、箱。藏纸多，条件又允许的，便应该做专门的存放橱、柜、箱。尺寸可按纸的尺寸适当放大来做，格层不要太高，层数多做点，这样更便于纸的分类。纸的重量不轻，在做橱、柜的选料上，应选结实的木材。存放前所有的纸要用其他纸如牛皮纸、包装纸或报纸在外面包封起来。旧的名纸，存放完毕后应在柜内放适量的防潮剂和防虫剂。当各种纸分存好后便可开始登记目录、做卡片，贴签等工作。

存放单页的名纸或残破的名纸，应将纸熨理平整，置放于定做的锦匣内，然后放上适量的防潮剂和防虫剂。如不愿定做匣，也可买现成大开本的装裱册子的锦匣代替。旧纸与旧纸间可用新纸相夹隔，如是小纸，又可用大画报杂志夹放。同样，如不用锦匣，也可用图画纸装订大册来夹存。然后，卷成筒状，筒内置适量的防潮、防虫剂，再用纸包封上，写上标签。笺纸可以分类做匣存放，也可以用纸包上，写上标签，用箱、柜存放。

存纸用柜不用架，是因为纸怕光的缘故。纸的主要成分是纤维素，在空气中的水分和氧的作用下纤维的强度会被暗暗地破坏，使纸色逐渐变黄、变脆。这种光的破坏不一定是强光，只要是较明亮的光，就会发生作用。纸放在架上，这种光的作用多多少少会产生，时间一长，存放的纸就势必遭到破坏。由于纸怕光的缘故，就更不能将纸露放在透光处（如门、窗、亮瓦等透进的光）。

存放前将纸进行包装是一种防潮措施。对纸的破坏力最大的也是潮湿。在存放前将纸包上，就是为了防止潮湿的侵入。包封存纸，除了是怕受潮外，也是为了防尘、防垢、防沙粒、防煤烟等。这些东西，不但会招致真菌，还会弄脏纸，也有可能弄伤纸，尘埃污垢多了，加上潮湿，造成的损失将会更大。

存放纸的时候不能与墙壁接触，因为墙壁大多有润气，一接触，润气便会吸收到纸上，表面上虽看不出，日子一久，纸便会霉烂变质，使纤维失去韧性而断裂。

存放纸最应注意的是避免与一切直接水源接触，如雨水、鼠尿、茶水等。在纸的附近不要放有水的东西，特别是茶杯之类。家住老式平房的，如有屋漏现象，一定要立刻修复。消灭老鼠，防止鼠尿。茶水、雨水、鼠尿这三种水源都有颜色，及时弄干也会留下严重污迹。如果弄脏的是稀有名纸，那损失就大了。

存放纸的屋子要通风，空气中的水分过重，会对存纸造成危害，所以存纸的屋子要通风，要经常打开门窗透透气，门窗通风不理想的，可以用风扇来帮助空气流通。

纸的自身含水率为7%左右，因此，最适合它的存放环境的相对湿度大约为60%。湿度过高会造成上面所说的恶果，同样，湿度过低会造成纸纤维水分的大量失去，使纤维变脆而断裂；而过分干燥的纸，还太"吃墨"，很不利于书画创作。

除防湿防燥外，最需要注意的是虫蛀和鼠啮。做好了防潮，真菌和蛀虫就少了滋生繁衍的条件。要定时将柜、箱里的纸拿出来透风透气，以避免蛀虫的滋生。如发现有虫蛀现象，一定要及时处理，不可拖延。防止虫蛀，除了在箱、柜内施放防虫剂外，在纸层间也可以夹放一些樟脑片，这样效果会更佳。鼠啮对藏纸来说是一个很头痛的事，防鼠啮最有效的办法就是灭鼠。

除捕杀外，绝鼠粮、堵鼠道、捣鼠窝以断绝鼠源都能达到很好的效果。

六、砚的保存与养护

砚，以石砚为主，其他如陶砚、瓷砚、砖瓦砚，都属容易碰损打碎之物，因此我们还是先来说说"保"。这个保包含保管和保护两层意思。其最好的保管、保护方法就是首先做砚盒装上。一方好砚得来很不容易，不能随便放置了事。原来带有砚盒的固然好，如果没有，应及时补上。

砚盒由两板也即"底板""盖板"组成。上下都不要挖得太深，深了砚不易取出。砚盒用木要好，紫檀、红木、乌木、楠木、梨木均为理想木材。如用木质较差的木材，应该用漆漆上。也有做两层盒的，就是再做一个大的髹漆盒，将第一个砚盒放置其中。有了盒可以避免对砚的碰伤、擦伤、划伤。在盒中取出砚时，一定要小心，不要离案边太近，以免掉下摔坏。

属于日常用砚又属于佳品的，洗砚时要亲自动手，不要叫小孩去洗，以免弄伤或损坏砚。不要经常挪动砚，更不要挪到案子边沿，以免跌落摔坏。

属于收藏的砚，存放最好用柜，藏好后一门锁尽，以避免偶然性损坏。存放时只能一砚平放，不许砚与砚相叠放，以避免擦伤和下滑。古人存砚，更是讲究。他们不用木盒匣，而是先将砚用极薄型的织品做成的袋子装上，再轻放于竹器匣子内，让砚与纤埃尘垢隔离。如果不怕麻烦，我们也不妨仿效一下。

标签最好贴在砚盒或砚匣上。贴在砚上一来有损砚本身的美观，二来在调换新签时，旧签粘得太牢，无法撕尽，化学胶不怕水，更难撕下，最后的办法就是刮除，尽管不用利器，也难免划伤砚石。签贴在砚上，一旦装袋、装匣，取用辨认起来也极不方便。

养砚的方法很多，我们先来谈谈洗濯。洗濯是养砚很重要的工作。古人说"宁可三日不洗面，不可三日不洗砚"，这足以看出洗砚的重要性。明代屠隆的《纸墨笔砚笺》和同时代高濂的《遵生八笺》，上都有大致相同的认识，认为凡是用砚，要天天洗去积墨败水，这样磨出的墨才会墨光莹润。一天不洗，磨出的墨，墨色就会稍差，如果连续三天不洗，墨色就会完全减退。如果是雨季，就更不行，因为这时天气闷热潮湿，积墨容易霉臭，使用起来，墨色既差，又粘毫滞笔，而且还有损砚的美观。

洗砚的方法，用清水和皂角水，切记不要用碱水，碱水会破坏石质，久之使砚石变得平光而无法发墨。擦洗砚石，古人用革麻子，或用经水泡软后的莲房壳，或用切成片的半夏，或用丝瓜瓤。草麻子和莲房找起来略难，半夏和丝瓜瓤药店里能买到。丝瓜瓤用着很方便，且涤垢去污效果极佳，用力揩擦也绝不会划伤砚石。

如果是旧砚、古砚，千万不要把久洗不去的墨痕磨去。这种墨痕古人称之为"墨绣"，是古砚的证明，非常宝贵。

不要用毛毡一类的东西或旧纸去擦砚，这样在砚石上会留下很多毛屑和纸屑，磨墨时搅混在其中会大大影响墨色。

古人以为长期洗涤的砚，时间一久，还会出现轻微的光泽，暗中流露出一种古雅之色，这就是行家们所称的"包浆"。

磨墨的正确与否也关系到对砚的养护。首先是磨墨用的水不能用开水，也不能用茶水。长期用开水，砚石石质会在一定程度上受到影响，而且墨锭极易发胀变软，大大降低墨汁质量，茶水中的茶碱也会影响墨汁的质量。研磨墨不能太快，快了容易起泡，导致墨汁质量既差，又损墨脏砚。刚启用的新墨，胶性未变软，棱角又锋锐，切忌重按急推，避免划伤砚石。

在养砚上古人有很多方法，在今天看来，有些近于迂腐，但实际上却是很有道理的。比如每天洗砚后，砚池（砚中盛水处）要装满新水，认为这样可以养护砚石，使之润泽；而砚堂（磨墨处）却要揩干，认为石砚长期浸水，石质就会软化而不能发墨。又比如在严冬季节，要烤烘砚石，则把砚放在炉的高处，让热气慢慢将砚石烤热，直至砚池中的结冰融化为止，再行使用。为了烤砚，古人还制有专门用来烤砚的砚炉。古人认为，冬季天冷时好砚石石理受冻，磨出的墨很少有光彩，因此他们把好砚收存起来，用石质偏粗的砚来临时使用。

砚出现不发墨的情况，从古便有。砚石有时也像刀刃，用久了会钝，需要重新磨一磨。遇到这种情况，可用杉木松炭推磨，石锋由钝变锐，古人把这种做法叫作"发砚"。

"文房四宝"的保养还必须有大环境条件，也就是室内条件和室外周边条件。作为家庭个人收藏，藏物的房间一定要远离厨房。因为煮食后的煤烟有大量亚硫酸气体，这种气体和空气中的水分相结合形成亚硫酸，最后形成硫酸，"文房四宝"中的任何一样都会因此而遭到损坏。"文房四宝"同样都怕尘土污染，还应定期为藏品除尘，为存放"文房四宝"的箱、柜、橱、架除尘，可用吸尘器或用微润干抹布。抹尘时动作要小，不要让尘土飞起，更不宜用鸡毛帚。有条件的应用空调来保持室内温度，一般在 16～20℃为宜。相对湿度一般在 55%～65% 之间为宜，不能超出太大。天气太热时，相对湿度就会变小，反之就会变大。能保持恒温，一般情况下也就保持恒湿了。如在南方梅雨季节，加上住房潮湿，还应该采用排气、通风等手段，并用硅胶、生石灰等吸水除湿。这些工作配合得不好，都将会给"文房四宝"的收藏养护带来直接影响。

第六章 可移动文物的保护

很多博物馆都对所有文物建立了档案和保管制度，但是缺乏全局的信息化系统进行统筹和管理，这就需要对可移动文物进行普查，对博物馆藏品及藏品信息的搜集、贮藏、整理、保护和传播，对藏品的所有权、实物、相关信息和相关工作的综合管理。本章将对可移动文物的保护进行论述分析。

第一节 馆藏文物病害的主要成因

博物馆是集收藏、展陈与研究于一体的综合性文博单位，其收藏了大量珍贵的古代文化遗产。目前，国内馆藏文物的保存状况普遍较差，难以达到馆藏文物保存环境规范要求。这就需要对文物的保存现状及病害分类有较为清楚的认识，从而更好地保护文物，制定相应的保护对策，以更好地发掘其自身价值。

按来源性质，博物馆中的藏品主要分为考古发掘出土文物和传世文物，这些文物都经历了漫长的岁月。长期在文物库房管理藏品的工作人员都有这种感觉：哪怕是保存环境和条件都非常好的文物库房，其所保存的文物，随着岁月的流逝，与刚入库时相比较，都有某些变化。这是为什么呢？其实文物跟所有的物品一样，每时每刻都会与水、空气、土壤、光照等接触，这些接触都会或多或少地对文物产生这样或那样的影响。人们也就看见了锈蚀、风化、变色、虫蛀等常见的文物病害现象。文物病害大致可分为褪色、霉变、风化、破损、污染、腐蚀等，它们又分为自然侵蚀病变和动植物病害，其中又以有机质文物的病变较多。

影响文物劣化的因素，主要分为环境因素和文物本体材质自身因素。首先，环境因素即馆藏文物保存环境，是指收藏与展示各类可移动文物的相对独立空间的总体，包括文物库房、展厅、展柜、储藏柜（箱、盒）等空间中的各种物理、化学、生物条件。研究表明，环境因素是引发博物馆藏品劣化损害的主要原因，主要包括温湿度、光辐射、污染气体（包括颗粒物）和有害生物四类。影响博物馆藏品的环境空间，大致可分为微环境（以展柜、储藏柜、包装盒内空间为代表）、小环境（以库房、展厅等室内空间为代表）、大环境（覆盖整个博物馆建筑的空间）和室外环境（博物馆建筑之外的空间）。国内外大量研究表明，环境因素是引发博物馆藏品自然损害的主要原因，包括温度、湿度、污染气体、光辐射、虫害和霉菌等环境因素。其中，环境湿度的波动和各种污染气体的影响，对博物馆馆藏文物的损害作用最为显著。

其次，材质的不同，决定了文物对环境变化的适应程度及抵抗力。总体来说，对环境温湿度等方面的波动，有机质文物要比无机质文物敏感得多；受环境因素影响以及受各类病害侵蚀的概率，有机质文物也要比无机质文物大得多。除了改善环境因素，增强文物本体安全、健康，同样也是文物预防性保护重要的一环。

最后，各种材质的文物都有一个自然老化的过程，其老化蜕变由它们自身材质的特点所决定。

有机质材料主要是天然动植物纤维等高分子和构成营养物质的蛋白质、木质素等。这些高分子材料可能因光照，尤其是紫外线照射，以及机械性运动伸缩、生物酶的作用而降解，而其中的营养物质则可能被微生物所降解，或被鼠虫类动物所吞噬。

金属质地的文物的腐蚀主要是因电化学反应和其他化学反应而发生的矿化。电化学反应过程一般在有水的环境中发生。水在自然环境下，几乎存在于各种材料中，以气体、液体、固体三种状态存在。水在这三种状态之间轻易、频繁地发生转化，造成文物中水分的流失。由于水的状态转化过程也是水的体积变化过程，这种转化将产生很大的机械破坏力，对文物的影响不言而喻。水环境中金属腐蚀的主要影响因素有水环境中的污染物、金属中的其他杂质、金属中的晶格缺陷等。对于在干燥的大气中发生的化学反应过程，主要影响因素为大气中的污染物质。这两种过程都能使金属腐蚀、矿化，而矿物质的材质也可能因为其晶体组织的缺陷，或其化学性质的不稳定，在环境中与其他物质反应而转化成另一种物质，造成组分流失，结构破坏。

光，包括可见光和人眼不可见的红外线、紫外线，它们都携带了一定的能量。红外线和可见光有很强的热辐射能力，能给物体加热。而紫外线因其波长很短，光子携带的能量很高，能激发被照物体的电子，使之处于激发状态，从而促进光化学反应的发生。

提高温度可以加快物质分子的运动速度，加速大多数化学反应的进行。一般温度每升高 $10℃$，反应的速度增快 $2-4$ 倍。温度的变化也会对材料的物理性质造成影响。适宜的温度也适合动植物、微生物的生长发育。水在自然界中以水蒸气、液态水、冰三种形态广泛存在，并且能在适当的条件下相互转换，在转换的过程中，等量水的体积会发生较大的变化，这时将产生很大的机械力。材料吸收水分后，其体积也会发生变化，不同材料吸收水分的能力不一样，因此其吸水后的体积的变化也不同。水是一种极好的溶剂，能溶解自然界中的很多物质，如盐、气体等。随着水的流动，这些物质也将被"搬运"，所以，水在这时也体现了很好的运送物质的能力。正因为水有溶解能力，生物才能从自然界获得营养进行生长。生物的生长繁殖也离不开水。在溶解氧存在的情况下，金属表面的水膜能与金属反应，使金属发生电化学腐蚀。此外，水还可以参与多种化学反应生物包括动植物和微生物等。它们的生存需要大量的营养物质，这些营养物质大多是生物通过吞噬营养物或者利用自身产生的酶对营养物进行降解而获得的。生物的生存能力很强，特别是微生物，它们在地球表面无处不在，而且因为其体形微小，可以随大气四处流动。

灰尘是多种杂质的混合体，成分包括土粒、矿物粉尘、生物孢子、花粉、动物粪便粉末、虫卵等。由于粒子微小，能随风四处飘落；又因结构疏松，能够吸附其他的微小物质和气体，以及各种矿物盐，这些物质在一定的条件下可发生各种化学反应。由于灰尘包含的营养物质较多，灰尘的沉积处往往比较适合各种微生物生长。

随着工业化的发展，空气中的硫化物、氮氧化物的浓度日益增加，空气中还含有臭氧，这些化学物质都具有活泼的化学性质，表现为强氧化性、强腐蚀性等，能与很多物质反应，生成氧化物或可溶性盐。

需要说明的是，环境中的种种因素对文物的作用不是单一的，在绝大多数情况下，文物材质的变化是多种因素相互促进的结果。例如，灰尘携带的生物孢子、营养物、有害气体、盐等落在文物表面，在吸收水分后促进了微生物生长，微生物与水分以及有害气体、盐破坏文物的表面，使环境对文物的作用面积更大，造成了进一步的损坏。

由此可见，环境中的诸多因素都能引起文物材质的病变，这种病变主要是化学变化和物理变化造成的。化学反应是一个平衡的反应，在特定的条件下，反应经过一定的时间达到平衡，当条件改变时，反应向趋向削弱这种改变的方向进行，最终达到改变条件下的平衡。所以，文物的病变也是一种趋向平衡的过程：文物在一定的环境中，如埋藏在地下，因地下的环境比较稳定，其病变达到一定程度时就停止了，而文物所处的环境一旦改变，如文物出土或地下环境发生改变，文物的病变将继续进行。环境因素的改变，也将造成文物物理性质的变化。刚性或脆性的文物在形变达到一定程度后将不可能恢复原状，如变形、膨胀、薄片剥离、破碎等。若环境因素的变化过快，文物对这些因素的反应调节速度无法跟上，也将产生不可逆转的形变。

博物馆藏品保存得如何，既取决于文物材质的性质，更取决于它所经历的环境。当环境因素即温度、湿度、光照、污染物、微生物等偏离理想条件时，文物材质就会趋向改变，以适应已改变的环境，而与改变后的环境达到另外一种平衡。在由一种平衡状态向另一平衡状态转化时，文物不可避免地要发生一些化学成分或结构形态的改变，这种改变破坏了文物原有的稳定状态，导致文物发生不同程度的病变。环境变化越剧烈、复杂，文物为适应环境进行的改变就越频繁，文物的损坏速度就越快，其损坏的现象就越严重。

由于文物本身的物化性能，文物材质在特定的环境中处于相对稳定的状态，不会与环境中的其他因素发生反应或反应速度很慢。从环境作用的方面来看，温度和水是直接参与或辅助其他因素参与反应的，所以温度和湿度是最终的环境因素。

第二节 馆藏文物的保护方法

一、纸质文物保护

纸质文物藏品的种类十分丰富，包括书画、古籍善本、文字契约、文书档案等。这类文物主要由植物纤维制成，如藤草、麻、棉、各种树皮等，可以被木霉、青霉、曲霉、根霉等微生物分解利用。纤维素一旦发生水解，就会生成水解纤维素。相对未水解的纤维素来说，水解纤维素的聚合度小，机械强度低，当聚合度下降到 200 以下时，纤维素就会变成粉末状，此时其机械强度已为零。

书画装裱中使用的餐糊、动物胶、蛋白质、纤维素，都含有霉菌所需要的营养物质，微生物会对这类高分子物质进行分解吸收，并释放出相应的胞外酶。实验证明，霉菌的活动会导致纸张的牢固性在 5 天内降低 50%。修复中常见的画心片状脱落等情况，就是霉菌同化了淀粉、动物胶等黏着剂造成的恶果。有些霉菌在代谢过程中会产生色素，不同种类的霉菌产生的色素颜色也有所不同，有红、黄、橙、绿、黑等颜色，这些颜色会污染纸张，形成难看的霉斑。又由于菌体本身的堆积或它所产生的黏性物质，造成蚀烂部位具有高度吸湿性，使得这些部位变软、发潮、发黏，时间久了，还会使纸张粘连，从而形成"书砖"。

除了霉菌污染以外，库房降尘、泥污、虫斑等污染也是十分常见的纸质文物病害。造成这些污染的原因，除了文物流传过程中的各种影响因素，库房的环境条件也是重要因素。外部环境的变异，在很大程度上会使卷轴文物的纸张性能变差，强度降低，虫害滋生。空气中的降尘不仅会使文物表面积尘、积脏，其中的有害气体还会加速纸的变质；温度、湿度变化会使纸张的柔韧性降低或完全丧失；光照会使纸张变黄、变脆。库房虫害在博物馆十分常见，卷轴文物上常留有虫斑或虫咬的痕迹；情况严重时，整件文物会被虫咬出许多线状的残损，有的则脱落成片。

而造成纸张黄脆、绢本酥朽、裱件脱落的另一个因素是造纸过程和文物装裱过程中所使用的白矾。在水溶液中，白矾是酸性物质，大气中的硫氧化物遇水后会变成硫酸，这些酸性物质在温度较高、光照较强时，反应会加速，从而威胁到纸质文物的寿命。此外，纸质文物表面色彩酥解、起翘和脱落的内在原因是胶质的流失、变质和分解失效。潮湿或先前修复中水的浸泡作用，会使当初绘画时调制颜料所加的水溶性胶质部分溶解。已脱胶的色彩层，在长期存放或流传过程中，受不同的温度、光线、降尘、湿度变化等因素的影响，往往会进一步粉化、酥解或起翘。雨水等浸泡水中所含各种盐分的溶解和结晶，以及微生物的滋生繁衍也常会侵蚀色彩层，使那些颗粒较大、涂层较厚的色彩层呈片状脱落

二、纺织品文物保护

以丝织品文物为例，其保护工作主要有：丝织品文物的出土揭展（物理揭展、化学揭展）；清洗方法的研究，包括清洗剂的配方、清洗效果、清洗对丝织品文物的影响等；材质分析，包括丝织品文物的结构、组成、颜料，染料等的分析；保存研究，包括防霉、霉斑的清除，环境控制研究等；老化研究，包括丝织品文物的物理老化、材料变质、材料性能分析检测等；加固保护研究，包括传统加固方法、加周材料的研究等。

国内文物保护学者在丝织品文物保护研究方面取得了共识。对于大分子聚合物的丝织品文物，由于分子水平反应造成的老化等损坏状况仅凭肉眼不易判断，需要借助化学分析手段和现代分析仪器进行确定。首先，了解丝织品文物的损害状态和各种腐蚀因素的关系，即保存状况的科学检测与评估；其次，在对丝织品文物老化、劣变因素定性分

析进行研究的基础上，定量检测丝织品文物的老化程度，并将其作为研究、选择及评定保护方法的主要依据，从而达到长期保存、研究丝织品文物的目的；最后，在丝织品文物保护技术与实践的研究中，开发及应用与丝织品文物性能相类似的材料对古代丝织品文物进行加固，以解决丝织品脆化、酥粉等问题。由于我国的丝织品文物保护方法发展较国外起步晚，大部分丝织品文物保护的理念和方法均来自国外，这就使得我国的丝织品文物保护在受到国外先进方法的影响下得到了快速发展。但也由于未能结合我国的具体国情，给我国的丝织品文物保护带来了一定的困扰。例如，北京定陵出土的大量精美丝织品，由于保护过程中不当使用聚甲基丙烯酸甲酯，遭受到了毁灭性的破坏。

以下是对我国近年来丝织品文物保护所使用的清洗、修复、加固、染料分析等方法的阐述。

（一）清洗方法

由于种种原因，国内关于古代丝织品的清洗研究仍处于探索阶段。南京博物院以及湖南、浙江、福建、湖北等地的文物保护工作者先后研究和使用了传统清洗方法来清洗古代丝织品上的污染物，但均没有取得实质性进展。

古代丝织品的清洗方法一般可分为传统清洗方法和常用清洗方法两大类。传统清洗方法是使用如生姜、皂荚、面粉、冬瓜、豆腐水、洗米水等天然清洗剂对丝织品进行清洗

古代丝织品的常用清洗方法如下：

第一，洗涤时最好用软水，水温在35℃～40℃效果最佳。

第二，碱对丝纤维有破坏作用，宜用中性洗涤剂或丝毛洗涤剂。

第三，盐对丝的破坏性也较大，真丝服装要勤换勤洗，以免出现黄斑，影响穿用寿命。

第四，洗涤时不宜强力搅拌或用力搓扭，应轻轻搓揉。

第五，洗后，悬挂于阴凉通风处，晾干，不宜曝晒，以免阳光中的紫外线辐射导致纤维脆化、褪色。

第六，晒至八成干时，用白布覆盖丝绸面，用熨斗烫平（温度不宜过高，始终均一，勿用蒸气），不要喷水，否则会造成水渍，影响美观第七，收藏时应使用纸包起来的樟脑丸，以免虫蛀；每件衣服要间隔一层纸或无纺布；白色丝绸用蓝色纸包起，忌用白纸或白布，以免日久泛黄。

（二）修复方法

我国的古代丝织品修复技术尚处于起步阶段，从20世纪90年代起先后建立了苏州丝绸博物馆、中国丝绸博物馆、中国丝绸织绣文物复制中心等单位。

这些博物馆分别在破损丝织文物的研究、保护、复制以及修复等方面做了大量工作，

其中苏州丝绸博物馆、中国丝绸织绣文物复制中心近几年来采用多种科学手段，先后为西班牙大使馆、南京市博物馆、江阴市博物馆等多家单位修复了近80件破损的丝织品。在反复的实践和探索中，这些博物馆积累了经验、知识、技术、方法和数据，但尚缺乏深入且系统的研究。物理方法：同类织物托裱法、丝线衔接修补法、同类织物衬补法、补缺整合复原法。

化学方法：合成树脂涂层法、树脂膜热压黏合剂法、蚕丝网黏合衬裱法等。

（三）加固方法

除采用传统的托裱法加固丝织品外，现代化学和生物学的发展，也为丝织品文物的加固材料提供了更多的选择。

加固方法如下：

传统托被法。适用于单面有图案的织物。

透明薄板夹衬法。考古现场临时封存出土织物所使用的方法。

树脂膜加固法。采用热压黏合或溶剂溶化黏合的方法。

蚕丝-树脂网加固法。由南京博物院研制、生产，适用于脆弱纺织品。

加周的方法，可进行热压黏合，也可采用乙醇溶剂溶化，既可单面衬托，也可双面衬托，加固后不影响对织物编织结构的观察和研究，操作简便且具有可再处理性。

丝胶加固法。采用与加固对象材料相似的丝胶进行加固的方法。湖南省博物馆在对马王堆汉墓中出土的敷彩织物进行加固时就采用了此方法。

合成树脂加固 Parylene 加固法。首先由 Union Carbie Co.公司开发应用，后用于文物和古生物样品的加固保护。

（四）染料分析

染料分析所使用的方法不仅有薄层色谱法、化学法等传统方法，还有扫描电子显微镜—能谱分析、荧光微分析、高效液相色谱分析、红外光谱分析等现代方法。在分析内容上，除了对如胭脂红、红木、胭脂虫粉、茜草等色素成分进行分析外，还对碳（C）、氢（H）、氮（N）、硫（S）等元素进行分析。近年来，对于颜料和染料无损分析的探索和应用有增多的趋势。

（五）古代丝织品文物无损或微损检测技术的发展

长期以来，在文物保护研究领域的丝织品文物分析检测方面，采用红外光谱、X射线衍射、热分析、黏度测定、扫描电子显微镜、色差等分析技术的研究偶有报道，但由于丝织品文物无损或微损分析面临科学定义模糊、研究工作分散、样品取样困难等问题，始终未能建立整套的分析方法。鉴于上述情况，古代丝织品系统分析的理念应运而生，通过采用CCD视频放大技术、红外光谱、X射线电子能谱、黏度测定、X射线衍射等现代分析技术对古代丝织品进行了大量的分析，并在实践的基础上，建立了无损或微损的整套分析技术，以及古代丝织品分析检测的应用框架。但是由于各种无损检测方法都是通过一定的中间过程来显示材料所缺失的信息，因而不可避免地会受到材料本身和检测时的各种主客观因素的影响。每一种检测方法都不能保证检测结果绝对准确无误，各种方法都有其优点和不完善之处，需要互相补充。

三、金属文物保护

出土的金属器物一般锈蚀都十分严重，主要生成物包括金属氧化物、氯化物和硫化物，需要对其进行除锈、缓蚀、加固等保护处理。

（一）物理去锈与清洗

物理去除无害锈的方法有机械去锈、超声波去锈、喷砂去锈。机械去锈所使用的工具有钢针、手术刀、牙签等，直接剔除锈蚀。该方法操作简单，且可避免在文物表面留下刮痕而导致文物部分历史信息丧失。

机械清洗法是对器物表面泥土、不稳定锈蚀层和其他附着物进行剔除和清洗。主要目的是去除在现有保存环境下会继续恶化，且会对文物造成不良影响的锈蚀。在除锈操作结束之后，还要保证器物整体风格统一，不会对文物本体造成损伤。

（二）化学去锈

用浓度为5%的倍半碳酸钠溶液（分析纯）对有"有害锈"的青铜器进行浸泡。取出浸泡液进行酸化处理并测定氯化物，根据所含氯化物的量，多次更换浸泡液，使浸泡液中氯化物的含量尽可能低。

对于青铜器表面致密的绿锈和土锈，分别配制柠檬酸、碳酸氢钠饱和溶液，将青铜器用两种溶液进行交替浸泡，至锈蚀去除干净。在文物处理的过程中，应注意观察浸泡液颜色的变化，以不伤害青铜器本体为原则。对于有铭文处的"有害锈"，将锌粉与浓度为10%的氢氧化钠调配，均匀涂敷在有斑点的腐蚀处，然后将锌粉去除并用蒸馏水清洗，观察其处理效果。可多次涂敷，重复上述操作，直至腐蚀斑点被彻底去除。

（三）矫形

对质地较好的铜器采用加温矫形法，利用烘干箱加温，并将温度控制在250℃内，以消除残片的内应力。用两块模具，内外模各一块，合成一套。

把变形的铜器按照合适弧度置于模具之间，与模具形状相对，用加压钳加压，经过反复加温施压，直至铜器变形部位恢复原形。

对韧性强的铜器采用加温矫形法，并用捶打的方式进行矫形，可以达到良好的效果。如果铜器弧度向外扩张，可在变形部位先垫一凹形的铅砧子，再用铅锤在内壁上轻轻捶打，使弧度逐渐向里收缩。也可用半球体的铅砧子，垫在铜器弧壁内侧，再从外侧轻轻锤击，使变形部分慢慢向外扩张而得以纠正。根据变形的程度及部位，也可以利用不同的工具、夹具，采用支撑、顶压、撬搬、扭及焊接等方法对铜器进行整形，但要避免给文物造成新的伤痕。

（四）补缺

对于形状特别的附件，用铸造方法来修复，如爵足、鼎足、兽耳、兽面等。利用器物上的另一足或另一兽耳为模型，翻制范模，采用精密铸造的方法铸铜配件，配件铸成后，修饰花纹和残缺形状，再焊补到器物上。经锉打、磨光洁，再用传统方法进行做旧处理、牙刷弹锈等，使补缺部分的外观颜色与整体色调一致。

（五）缓蚀处理

在器物上通体涂刷3%～5%的苯骈三氮唑乙醇溶液，隔绝空气、水汽。因苯骈三氮唑有毒，操作应在通风橱里进行，并戴上防毒面具、手套，操作时可使用红外灯加热以增强缓蚀效果，涂刷完毕后将所有工具用丙酮清洗干净。由于苯骈三氮唑会与铜离子反应，形成一层保护膜，并打破氯盐中的化学键，将氯离子俘获到新的分子中，一些未完全反应的苯骈三氮唑会在器物表面重新结晶，可使用乙醇将其去除。

（六）表面封护处理

器物缓蚀处理后，采用浓度为1%的8.72乙酸乙酯溶液进行表面封护，阻止有害气体和水分对文物本体的腐蚀，使器物得以长期保存。对封护后的器物用消光粉进行消光处理，以保持器物的原貌。

四、石质文物保护

（一）石质文物的清洗

石质文物上的尘埃、油烟、霉菌、污物、溶盐等对文物都有着不同程度的危害，应采取正确的方法加以清洗或清除。

1.石刻上尘埃的清除

落在石质文物上的尘埃遇到潮湿空气时，其中的可溶性盐、碱就会腐蚀文物。以重庆大足石刻为例，对其造像上的尘埃做采样分析后发现，其主要成分为石膏、熟石膏和复盐，可以采用毛笔或软毛刷轻轻刷除。

2.雨水冲刷痕迹的清洗

先用去离子水清除易溶于水的污物，然后用浓度为5%的六偏磷酸钠溶液清洗雨水冲刷的痕迹，若雨痕太深难以清洗，则用浓度为5%的六偏磷酸钠多层纸张贴敷法让其与污物充分接触、结合，从而除去雨痕，最后用去离子水冲洗石刻，清除残留在石质文物上的清洗剂。

3.油烟、菌类的清洗

用浓度为14%的氨水和浓度为5%～10%的丙酮溶液清洗，效果十分显著，油烟、霉菌可全部清洗掉。若清洗的部位特别潮湿，可采用浓度为

0.02%的霉敌乳剂处理，在石刻表面形成一个防霉、透气、无眩光的保护膜

4.黑色、绿色霉菌与低等植物共生复合体所形成的污染物的清洗先用清水浸湿污染物，再用浓度为50%的丙酮溶液清洗，而后使用浓度为14%的氨水清洗，再用浓度为0.4%的霉敌乳剂进行杀菌、防霉、防苔藓、防地衣的处理。

5.石刻上溶盐及硬质沉积物的清洗

充分利用石刻内部毛细作用和纸张纤维纹理的协同抽吸作用，在石刻有溶盐的部位采用多层纸张贴敷法，用排笔蘸取去离子水，将柔软的吸水纸贴敷于石刻表面，使纸张与石刻紧密相贴，石质中的溶盐会在石刻毛细作用和纸张纤维纹理的协同抽吸作用下进入纸张糊敷层，待纸层干翘后留在纸层纤维中，此时揭下纸层，如此反复几次，溶盐就可基本清除。

石刻上的沉积物中，石灰质、石膏质和硅酸质比较坚硬，可采用多层纸张贴敷法，用毛笔和软毛刷蘸浓度为8%～10%的六偏磷酸钠，并将柔软的多层纸贴敷于有沉积物的石质文物表面，使硬质沉积物浸湿、软化、络合、溶解、吸入纸层，纸干翘后，揭去纸层，可观察到被贴敷的石刻表面和纸层上有大量白色针状结晶析出，在纸层干翘处有4～5毫米的针状结晶，用毛笔或小毛刷刷除结晶后，再反复贴敷，直至沉积物清除干净。这样，石质文物表面、造像孔隙里难溶沉积物中的钙、铁、镁、钡的二价离子，与六偏磷酸钠会形成稳定的络合物，溶于水并被吸入纸层，而沉积物中的阴离子则与六偏磷酸钠中的钠离子形成可溶性盐，待这些盐渗入纸层，将其揭去，并刷除石质文物表面析出的可溶盐，最后用去离子水浸湿纸层，再抽吸两次以除去石刻表面或造像孔隙中的六偏磷酸钠。

（二）石质文物断裂处的黏结

对于表面比较完整，石刻质地、强度比较好的大块石质艺术品（石雕或石刻）的断裂问题，可用强度好、黏着力强、收缩率低、内聚力大、稳定性好、低蠕变、高韧性的环氧树脂黏合剂来黏结。

操作步骤：清洗石质文物断裂面；干燥（自然干燥或用电吹风吹干）；用毛刷在断面均匀涂抹环氧树脂黏合剂；待半干时，合对裂口，稍微用力，使其黏结；待黏合剂固化；修理做旧。

比较脆弱的石质文物，为防止因黏合力过强而造成结合面后部破碎，致使与石头本

体分离，不建议采用环氧树脂黏合，应以硝酸纤维素来替代对于断裂面较大、裂缝较宽，且石质表面又比较脆弱的文物或博物馆内的石制品，可采用聚醋酸乙烯酯加大理石粉和适当颜料做成"面团"，压进石质文物裂缝内，待干燥 1～2 天后，加以修整即可。

（三）石质文物的加固

大型石质文物特别是大型石窟寺建筑，往往会因地震及地壳运动等自然因素而遭到破坏，或受到农业生产、战乱等人为因素的破坏，出现裂隙、断裂、崩塌。有些石窟由于质地组成的影响，会出现种种严重问题，如以石灰岩为主的龙门石窟，岩层中多组裂隙的发育，以及丰富的地下水的频繁活动，使窟群物理、化学、生物风化问题十分显著，从而出现崩塌和岩液，使有些石窟连同其珍贵的雕刻艺术品一起遭到破坏。由崩塌现象造成的损坏尤为严重，如最雄伟的露天石刻奉天寺，南崖壁的天王、力士雕像因严重的崩塌而所存无几。

1.石质文物加固材料的特殊要求

一是不影响石质文物原貌，不降低文物价值。

二是能使石质文物风化表层的疏松颗粒黏合成一个整体，这是选择风化石质文物加固封护材料的最基本要求。

三是加固材料黏合性好、强度高。四是加固材料渗透性好、透气性好

五是加固材料抗水性和透水性好，既可使石质中的水分逸出，又能防止外界水分的进入。

六是加固材料耐老化性能好，材料及加固效果需具有长期和良好的稳定性

2.灌浆加固

灌浆加固工艺借鉴了建筑工程上用以增强建筑稳定性的方法，该方法因有很多优点而被引入石窟的加固中。但建筑所使用的水泥颗粒较粗，不能灌入 0.25 毫米以下的微细裂缝，且凝固时水泥体积会收缩，与岩石的黏结力较小，会导致加固效果不好，因此，文物保护工作者在加固石质文物时尝试应用了有机高分子材料。例如，对大同云冈石窟部分洞窟进行甲基丙烯酸酯类共聚物的灌浆加固，处理后，原本破损的部分都达到或优于原先岩石的保存状况，不仅增加了石窟的强度和稳定性，也没有影响文物的原貌。

我国开始使用比丙烯酸酯类共聚物性能更优越的环氧树脂灌浆，并采用与金属锚杆结合的方法来加固石窟。环氧树脂固化时不会有副产物，因而不产生气泡，且体积收缩非常小，加之环氧树脂渗透性好，可灌入 0.1 毫米的细微裂缝中。此外，该方法还具有黏着力强、内聚力大、低蠕变、高韧性、稳定性高、易改性、操作性能良好等优点。反复采用加压灌浆的方法，使环氧树脂渗入石质文物的各种裂缝中，若裂缝较宽，可适当添加一些如水泥、砂子、岩石粉、碎石等填料，既能增加固化的机械强度，还可降低成本。加锚杆是为了增加加固的深度，以及裂缝的加固强度，在敦煌石窟、龙门石窟、麦

积山石窟、云冈石窟的修复中都取得了良好的加固效果。

3.岩体强度较低的沙砾岩石窟的加固

由于沙砾岩、砂岩力学强度较低，而环氧树脂力学强度太大，超过了岩体本身的强度，会造成岩体黏结面之间出现剥离现象，直接影响加固效果。可选用适合砂岩、砂岩灌浆用的材料 PS-C（PS 为高模数硅酸钾水溶液，C 为黏土）。

4.脆弱石质文物的加固

第一，早期对于一些因可溶性盐活动而开裂剥落，甚至酥粉的石质文物，一般采用石蜡加固。处理小型器物时，先将石蜡熔融，再进行减压渗透；处理大型石质文物时，一般先将石质文物加热，再将事先准备好的石蜡和石油醚软膏状物敷在热石头上，蜡会被吸收到石孔中，待溶剂挥发完，再加热敷蜡，直至石质文物不能再吸收为止。

第二，随着高分子材料的发展，丙烯酸酯类、有机硅类高分子材料逐渐代替了石蜡法。

第三，用硅酸钠和硅酸钾加固脆弱石质文物。将硅酸钠和硅酸钾等溶于热水中，形成黏稠溶液来浸渗加固脆弱的石质文物，使可溶性硅酸钠或硅酸钾在石质文物中转变为不可溶的硅酸盐。

第四，用氢氧化钡来加固石灰石或大理石质文物。利用氢氧化钡溶液中的盐分在石质文物孔隙中凝结或与石材发生化学反应，从而堵塞孔隙以形成阻挡层或替代层。

第五，室内风化酥粉石质艺术品的加固。对酥粉十分严重，既不宜喷涂也不宜刷涂的石质文物，可用毛笔或软毛刷蘸取浓度为 4%～5% 的丙烯酸酯类溶液，采取接触渗吸法加固，使加固剂接触渗吸物，直至不再渗吸为止。

5.石质文物的修补

许多露天保存的石质文物，经物理、化学、生物及人为破坏，出现了断裂、残缺。对残缺的文物，通常采用环氧树脂胶泥进行修补。环氧树脂胶泥修补剂的组成部分包括液态环氧树脂、固化剂、增塑剂和填料，常用的填料有炭、石墨、硅石、石英粉、大理石粉、铝粉等，具体用什么填料进行修补，需视被修补石质文物的强度、残缺部位的颜色而定。

6.石质文物的表面保护

石质文物，特别是露天石质文物，除了需要根据损坏情况进行黏结、加固和修补外，还需要采取有效的表面保护措施，减缓风化速度，延长石质文物的寿命。

（1）大面积机械性保护措施

第一，加盖遮雨棚。加盖遮雨棚可以有效阻止因日晒引起的石质文物表面温度剧烈变化，从而延缓石质文物的表面风化、剥蚀。

第二，做排水渗水工程。在石窟窟顶、附近山体下做好渗水、排水工程，可有效阻止水蚀的直接影响，如大足石刻在石窟后的山体下，挖了 80 多米深的排水井和几百米长的排水通道，排水效果良好。

（2）石刻表面保护膜保护法

目前，石质文物表面保护的主要措施多是采取在石质表面加无机或有机的高分子材料保护层，防止空气中各种有害因素对文物继续腐蚀风化。国内外较多采用的保护材料包括低黏度的环氧树脂、甲基丙烯酸酯类、尼龙材料、有机硅树脂、氟碳树脂、氢氧化钠、尿素等。除此之外，还可采用微生物对岩石进行转化及石灰水表面保护法。

石质文物表面保护材料的要求：黏合性好，能将石刻表层硫松颗粒黏成一个整体；渗透性好，具有良好的填充性；抗水性好，即疏水性好，可做石刻防水剂；透水性好，能使石刻内部的水散出，而外部水不能进入表层；透气性好，当石刻毛细孔内的水在高温下蒸发时，不会使膜破裂；耐老化性能好，老化期长；成膜性好，能够形成无色透明、无眩光、致密的膜，同时具有防潮、防空气中有害气体的能力。

有机硅树脂的特性：有机硅树脂既含有烷基又有硅氧键，是一个介于有机高分子和无机材料之间的聚合物，因此具有一般高聚物的抗水性、耐老化性、黏合性、成膜性，同时具有渗透性能、填充性能好等特点。有机硅树脂的结构性能决定了它与石质有很好的相容性，因而二者之间具有很好的结合力，且可以通过化学反应形成比物理结合力强很多的化学结合力，将风化石质表面的疏松颗粒黏合成一个整体。有机硅对石质文物表面的保护，可以使石质表面具有透气性、透水性和抗水性。

有机硅树脂在石质表面保护中的应用。根据石质文物风化程度的不同，所使用的表面保护剂及保护方法也不同。

风化程度较轻、强度较好的石质文物的表面保护：采用有机溶剂乙醇稀释聚硅氧烷，降低黏度后涂渗，待乙醇挥发后，有机硅氧烷树脂会留在石质文物表面，形成无眩光的透明保护膜，起到防护作用。

风化严重的石质文物的表面保护：石质文物风化较严重时，采用有机硅氧烷单体引发聚合的方法来加固。而经有机溶剂稀释后的硅氧烷树脂，虽因黏度降低可渗入风化层，但有机溶剂挥发完剩下的有效聚有机硅氧烷树脂较少，无法胶结风化松散物，因而丧失了表面封护的作用。这种情况下应选用硅氧烷单体、甲基三甲氧硅烷、四乙氧基硅烷、四甲氧基硅烷，使之在活性引发剂的作用下缓慢聚合，其渗透深度可达3～5厘米，并且可以胶结风化松散物，既能有效加固风化层，又能起到很好的表面保护作用。

（3）微生物转化表面保护法

微生物转化表面保护法，主要是利用含有硫酸盐还原菌—脱硫弧菌属细菌的溶液，处理由空气中二氧化硫及碳微粒等污染物在石质文物表面形成的硫酸钙层。采用此法处理过的石质表面会形成方解石，而在形成方解石的过程中，微生物起到了净化大理石表面的作用，为石质文物表面保护探索了一种有发展前景的新途径。

（4）石灰水石质文物表面保护法

将石灰泡入水中形成石灰水或石灰浆液，以用于加固和保护石质文物。

具体方法：将新鲜的石灰浆液敷在石质文物上，厚度一般为20～30毫米，为防止干透，每天可淋洒石灰水，在保护2～3周后，除去石灰糊，并将残垢清洗干净，接着用新配制的饱和石灰水溶液涂刷石质表面，反复连续涂刷几天，即可在石质表面形成一层保护涂料，起到一定的保护作用。此法的原理是利用饱和石灰水，在石质文物表面与空气中的二氧化碳反应，形成碳酸钙，覆盖于石质文物表面，并形成保护层，从而起到保护作用。

五、考古发掘现场的文物保护

考古发掘是揭开历史之谜、探索人类文明发展进程的重要途径。成功的考古发掘离不开文物保护专业人员的参与，而考古现场的文物保护情况复杂，常会出现各种意想不到的情况。与实验室相比，考古现场无论是材料还是器材等，各方面的条件都不完备，这就决定了现场保护工作只能是抢救性的、临时性的。无论何种性质的考古现场，现场保护工作都必须明确三个问题：一是现场保护的目的（aim）是什么，二是如何掌握现场保护的原则（principle），三是现场保护的技术（technology）有哪些。这三大问题是考古现场保护工作中必须面对和解决的主要问题。

考古现场保护的主要任务，是在保留出土文物资料的完整性和保证现场保护技术措施不影响实验室后续保护处理和考古研究的两大前提下，使得发掘出土的文物从考古现场到实验室的这一特定时间段内得到妥善的维护。如若考古现场的保护工作做得比较完善，就可以减少许多损失（资料性的和实物性的）。将文物的物质实体和人文信息及历史遗迹保存下来，是现场保护的主要目的。必须尽可能保留出土文物资料的完整性，任何有损出土文物的形状、纹饰、文字、色泽和表面装饰物等的保护技术和措施都不宜使用。另外，考古现场保护是整个文物保护处理工作的第一步，它的成功与否也会直接影响到实验室的保护工作的好坏。由此得出，现场保护的原则就是采用的技术手段和材料不应对后续的实验室保护处理及考古研究产生负面影响。

考古现场保护经常遇到的问题大致有以下几类。

1.有机物的炭化

例如，粮食颗粒、木器、纺织品等。古墓葬环境基本是贫氧状态，墓葬形成初期，墓室中含有一定浓度的氧气，随着墓葬中物质的氧化分解，氧气逐步消耗殆尽，形成密闭的贫氧环境，这是埋藏文物得以长期保存的重要因素之一。相对来说，墓室环境是比较稳定的，一经发掘，空气迅速渗入，环境条件随即发生剧烈改变，氧化反应急速加快，自由基类的炭化反应随之出现，使得有机物的炭化在所难免。

2.有机物的脱水皱缩形变

尤其是出土的饱水木漆器，如不及时采取保湿措施，器物会出现脱水变形现象。

3.冻损

冬季的考古发掘，现场气温低，有时达到零下十几摄氏度，出土的饱水器物会迅速出现冰冻现象，由于水结成冰后体积增大，易导致文物冻裂。

4.微生物腐蚀

埋藏于成百上千年墓葬中的物品，结构比较酥松，加之富含大量微生物营养源，微生物滋生代谢十分常见，极易发生微生物侵蚀。针对以上问题，现场保护所采取的技术步骤大致可以分为取样、保护处理和运输三部分。

从考古现场环境获取的土壤、地下水、墓室内气体等样品，称为环境样品。从文物上采集的颜料、漆片、纺织品、金属饰件、粮食颗粒、器物中的残留物等，称为文物样品。对所获取的样品进行科学的分析检测，是考古和实验室保护研究的重要依据。

考古现场所采用的保护处理措施主要包括：简单清洗，对出土器物可以采用轻度喷淋和软毛刷清洗的方法，使用中性表面活性剂酥松污物；加固，对于脱落的部分，如漆皮等，采用可剥离性胶黏剂进行加固。而文物从考古现场到实验室的运输过程中，不可避免的震动会使文物受力，易造成运输损伤，因此所采用的保护与缓冲包装技术也十分重要。文物包装箱内应添加适当的缓冲材料，包装箱在车辆上摆放的位置，应与易损坏的方向即车辆行驶的方向呈90°，这样可以最大限度地减少文物的受力，以确保运输过程中文物的安全。

此外，考古现场的保护还必须做好充分的准备工作，大致包括设备和材料两大类。设备：照相机、CCD视频放大镜（可以将样品细部放大后的图像直接输入电脑）、取样袋（瓶）、工具（牛角刀、毛刷、毛笔、喷壶）、托板（架）。材料：化学材料（防冻剂、保湿剂、防腐剂、胶黏剂等）、包装材料（宣纸、塑料薄膜、海绵等）、包装箱。

第三节 馆藏文物保护的举措及现实意义

一、馆藏文物保存环境的营造

馆藏文物的保存环境，即博物馆馆舍，分为外部环境和内部环境。外部环境包括外界的气候、大气污染状况，其环境如何，取决于该博物馆所在地区、城市的环境状况，非博物馆自身所能决定，但博物馆可以改善自身周围的小环境。所以，营造博物馆的环境应从建馆选址抓起。远离污染源和闹市区的山林、公园附近较合适，馆址周围不宜有大的湖泊、水面。而对那些不能改变馆址的，应做好馆舍周围的绿化，因为枝繁叶茂的树木对大气污染物有吸附作用，对城市里的烟尘、粉尘等也有明显的阻挡、吸附和过滤的作用。特别是高大的乔木，其叶面茂密，滞尘能力强，且能阻挡太阳的强辐射，树荫也能起到降温的作用，还能对噪声起到很好的"隔音墙"效果。即便是草地，也能吸附灰尘，使博物馆的外部环境成为一个绿化自净系统，为室内环境创造良好的外部条件。

博物馆室内环境的控制相比室外来讲要容易得多，可以通过中央空调系统的空气过滤系统、新风系统、温湿度控制系统及对人流量的控制等来实现。

二、文物存放环境的改善

文物存放环境包括文物库房、展厅、展柜，以及文物柜架、展台等与文物直接接触的材料。

（一）库房

文物是博物馆各项工作的基础，而库房是博物馆文物密集存放的地方，做好文物库房的环境控制，是做好博物馆各项工作的前提和基础保障第一，综合性博物馆收藏的各种材质的文物，原则上应分类、分柜存放。应通过使用空调设备，确保库房内的温湿度在合理的范围内，并避免其在短时间内有较大幅度的波动，使库房整体的温湿度处于一个相对稳定的状态。应经常检查空调设备的空气过滤器并清洗消毒，以有效过滤掉外界的灰尘和微生物，防止二次污染和重复污染。

第二，应保持库房环境的洁净，避免人为带入外界的尘埃、虫害等。有条件的博物馆，应在车房前设置一间缓冲室，使人员在进入文物库房内之前，可以在缓冲室里更衣、更换拖鞋（鞋套）、接受风淋等。

第三，库房内最好使用 LED 灯或无紫外灯照明，所用灯光的波长应控制在不损坏有机文物的范围内，光照强度以满足日常管理为宜。人员离开后，应关闭库房内光源。对文物的鉴定、鉴赏，应在专设的鉴定、鉴赏室内进行。

第四，库房内与文物直接接触的是存放文物的柜架和包裹文物的材料库房里的柜架基本分为金属和木材两种质地。应对金属柜架做好防锈处理，使其承重结构合理，没有毛刺或尖锐棱角，且与文物接触部分应采用天然织物或处理过的木板。对木质柜架要进行充分的杀虫、灭菌、消毒和脱水烘干处理，以避免材料本身带入库房的病菌对文物直接造成伤害。木材具有多孔性特质，能吸收一定的水分，因此，木材直接与文物接触的面不要涂刷油漆等，以保留木材缓冲调节空气湿度的作用。

另外，木材中的化学物质，如甲酸、乙酸，一般都具有一定挥发性，要注意区分这些物质是否对文物有害，比如，挥发油可能会在书画、纺织品上形成黄斑。应选择无害、天然的材料包裹文物，不能有有害气体的散发，不能有污染色素的释放，不能有生物的混入，不能阻挡文物与室内空气的流通。

（二）展厅与展柜

展厅是博物馆的展示窗口，是文物直接与观众交流的地方，有些文物是直接与展厅的环境相接触的。在环境控制上，对展厅的要求应与库房相同。但由于展厅是一个开放式的空间，外部的有害气体、灰尘、水汽等都会被观众直接带入展厅，人流会带动空气的扰动，观众的呼吸也会迅速提高二氧化碳浓度等，这些因素都会造成展厅局部环境的恶化，因此，展厅的环境控制要复杂得多。比如，可以在展厅前设计一个缓冲空间，使外界空气不能直接进入展厅；可在门前地面铺设吸尘垫，尽可能减少观众带入的泥土、灰尘或雨水；在展厅中直接展出的文物，应尽量选择性质比较稳定且又不便放进展柜的。展厅里的温湿度和光照控制是展厅环境控制的主要方面，温湿度的控制应以对外界比较敏感的有机质文物为准。光照的控制面临文物保护与观众需求的矛盾。文物保护需要避光，文物展出需要光照，重点文物有时候还要用光突出渲染。如何解决这对矛盾，考验着陈列设计者的智慧。避免使用强烈聚光灯对文物直接照射加热，采用无紫外线灯源或防紫外线的冷光源，在对光线敏感的有机质文物周围设置人体感应器，控制照射的强度和照射的时间等，都是有效的手段。对于有机质文物，如书画、纺织品类等，应定期更换展品，以避免长时间的暴露和累计照射值超标对文物造成的伤害。

相对于展厅来说，展柜是一个相对独立的微环境，柜内的空气不与展厅发生交流，但仍然受到展厅里的温度和灯光辐射的影响。由于展柜是一个封闭的环境，柜中的灯光散发出的热量因空气不流通而不断积累，容易形成温室效应，所以要特别注意不能在展柜里使用热光源，而应采用 LED 一类的冷光源，并对柜内温湿度进行控制，可采用主动式调控设备或使用调湿剂一类的调湿材料控制柜内湿度。展柜里的展台会直接与文物接触，因此对其材料的要求与库房的柜架相同。需要说明的是，现在很多博物馆的展台都是新做的，使用了大量的胶合板和丙纶化纤地毯等材料，这些材料会释放出甲醛等有害物质，在展柜中长期富集，会对文物造成严重危害。如何从源头上控制有害装修材料，是预防性保护的重点和难点之一。

（三）文物搬迁运输的环境控制

随着文物外出交流的日益频繁，文物的搬迁运输也日益增多。搬运文物时，在包装材料的使用上，不但要防震、防水、防盗，还要防霉、防锈、防辐射、防尘、防火、防热、防冻等；跨地区搬运文物时，因各地温湿度存在差别，要及早发现不利因素，及时调整运输方式。

承展地的展厅温湿度最好与文物原有存放地一致，因为只有温湿度稳定（并非"恒温恒湿"）的环境才是文物最适宜的环境。对外展文物保存环境进行检测，是外展之前的必做工作。

三、文物的日常养护

在将文物收藏入库前，按照正常管理要求，都应该对其进行必要的健康测评和清洁消毒保护养护处理。征集来的文物，难免带有各种病害，除大的病害需要进行保护修复处理外，一般的清洁卫生、消毒杀菌处理，以及脱酸、脱盐、封护、预加固等方面的预处理，也应是文物日常预防性保护的重要内容。这一方面是为了消除病害隐患，增强文物自身的抵抗力；另一方面也是为了避免文物带病入库存放导致对其他文物造成危害。

可移动文物的预防性保护，应是一个长期的、日常性的工作，不要等到文物出现问题了才予以重视。由于文物是不可再生的，对其进行修复是迫不得已的手段，更何况现在的修复技术和修复材料，都有可能随着技术的进步、材料的更新而被淘汰，因此，对于任何附加在文物上的材料与方法都应当慎之又慎。出于对文物保护方面的考虑，对环境的控制应是有针对性的。对博物馆环境的营造，每个博物馆应结合自身的实际情况，有针对性地改善文物的保存环境条件，尽力消除对环境不利的因素，努力给文物创造一个洁净、稳定的保存环境和健康、安全的本体，真正做到"文物保护，预防为先"，使可移动文物得到妥善有效的保护，为陈列展示和收藏研究提供可靠支撑。

第七章　博物馆藏品的保管

文物、标本，除了少数提出陈列展览外，绝大多数是保存在藏品库房里。保管好这些存放在库房内的文物、标本，免遭自然和人为的损坏，这是从事文物、标本保管工作的神圣职责。本章将对博物馆藏品的保管进行分析研究。

第一节 储藏原则与实践

一、储藏：原则

在许多博物馆，大批的藏品很可能被储藏起来而非用于陈列，因此与陈列空间相比，需要更多的储藏空间。博物馆的储藏设施没有固定的法律规范，很大程度上取决于藏品特性和混合程度，以及藏品的收藏、陈列、展览和使用政策。

在多数情况下，博物馆对藏品的储藏往往考虑不周、处置不当。博物馆馆长的一项主要责任就是确保博物馆拥有合适的储藏设施和正确的储藏方法，并且所有藏品的储藏都符合博物馆藏品管理政策。储藏藏品的标准应与陈列藏品一样。这是博物馆可持续发展的关键因素。

高质量、组织有序、管理得当的藏品储藏会提高博物馆的整体效率，从长远看还能节约资金。这样做不但保证藏品得到可靠安全的保管，而且降低了员工查看藏品的开支。同样，妥善的藏品储藏向潜在的捐赠者和赞助者表明：捐给博物馆的物品会以可持续发展的方式得到保管。

（一）储藏设施和系统

以下列出有关储藏设施和系统的若干原则。

各类储藏设施均需置于安全适用的建筑中，此建筑可以是专为储藏目的而建的，也可以是经过改造的。

人们在安全移动藏品时需要足够的空间。总体而言，储藏设施需要将空间最大化，避免藏品或人移动时过于拥挤或产生危险。需要有可以扩展的空间，以收藏更多符合博物馆收藏政策和项目计划的物品。

照明系统必须满足文保标准并适用于所储藏物品的材质。

需要控制环境状况，使其满足各类储藏品的需求，并定期监测。

需要制定所有物品的进入、存放和移出以及审核和盘点的归档系统和步骤。

需要制定满足健康和安全要求的触摸和移动藏品的步骤。

需要定期进行文保和安全评估。

未经授权的人员绝不允许进入储藏设施。

必须书面拟定登记人员和陪同观众进出储藏区域的步骤。

必须书面拟定按照时间表的规定维护湿度调节器或温度调节器之类设备的实施步骤。

储藏架系统和柜橱的大小应适合放置藏品，并有可调节的搁架。

储藏架/搁架系统可以是独立的单元，也可用滚轴系统连接，将有限的空间最大化，并确保安全

在任何一个储物设备-盒子、搁架、柜橱、接轴架-的外侧贴上该设备所容纳或装载的物品的列表，以方便查找和进行安全检查。此举还有助于防止不必要的查找所可能导致的设备损坏，并可成为藏品进入、存放和移出登记系统的一部分，在藏品清点工作中发挥作用。

（二）库房中藏品的开放

越来越多的博物馆正在探索新的方式，在符合博物馆访问和参与政策的情况下，为观众创造接触库房中藏品的机会。不同国家的博物馆正在使用不同的方法，例如：

推动藏品数字化建设，以不同的方式将藏品的数字化信息放到网上。

开展各种各样的活动项目，为观众提供有限制地参观藏品库房的机会，让他们看到博物馆是如何保管其收藏的，并了解库房中的藏品是如何为学习、研究和展览服务的。

设计新的储藏室，通过"开放参观"活动，将库房里的一部分藏品呈现给观众。储藏室的设计和呈现方式与展厅陈列和临时展览形成对比。储藏室展示给观众的是用于设计陈列和展览的"原始材料"，有助于他们了解藏品，满足研究、参考等不同用途。从库房中挑选出一些藏品，放置在"富余物品"学习中心。在正式或非正式的教育项目或一般的博物馆参观中，观众可以学习并触摸这些物品

以更为密集的布展方式陈列从库房中取出的物品，并使用计算机将物品的信息诠释给观众。

在重新考虑常设陈列和临时展览区域之间的平衡时，博物馆越来越重视临时展览，以使库房中的藏品可以定期轮换展出。

从库房中选取物品包装后放入"学习箱"或"回忆箱"，提供给馆外机构用于研究和回忆。这些机构包括学校、"老人之家"和医院，以帮助博物馆发展新的观众。通过馆际合作，以各自库房里的藏品为基础设计巡回展览。有时，可以邀请公众进入库房考察藏品，挑选他们认为有意义且可用于展览的物品。

所有这些方法反映出博物馆正在努力让观众接触到库房中的藏品。博物馆要始终能够证明自己合理使用了藏品的管理与维护费用。以上这些促进公众使用藏品的方法能够提供有力的证明，并充分展现了收藏的价值和积极管理藏品的重要性。

二、储藏：实践

（一）储藏大件和重型物品

一处为储藏目的专门建造或经改造而成的、安全的、可持续使用的合适建筑：设计利布局能确保实际使用访问；能够控制和监测环境状况；建立关于物品进入、存放、移出的登记档案，设计藏品清点的系统和步骤；制定操作步骤，提供合适的起重设备；定明进行文保评估。

但是，大件和重型物品有一系列需要考虑的特殊因素，将在下面进行讨论。

1.用作储藏的建筑

用于存放大件或重型物品，如工农业藏品、交通藏品、纪念碑或建筑物，或是用于储藏考古发掘出的骨骼、陶瓷等大批藏品的建筑物一定要安全、不受天气影响、由电力供给良好而适度的光照博物馆中的大多数藏品可存放在净高 5 米或 6 米的建筑内，能在起重机或叉车帮助下将物品从货车上卸下。如果建筑内有柱子，可接受的最小整体空间是大约 4 米见方。进出的主门必须与建筑完全等高，宽不能少于 4 米出于卸载和移动的需要，主要通道之外一定要有与地面平齐的混凝土平台或车辆停靠台。这样更重的物品可以在建筑外面卸下，然后通过纹车车移动或牵引至内部。在地面固定系缚点连接牵引装置很顶用。只能存放在户外的大件物品必须有防水油布或罩子保护。无论何种天气，最好尽可能将所有物品存放在建筑物内。如果放置在户外，即便是在露天工作的大型机械，其各部件也会遭到损坏。沿着建筑边沿搭建的遮蔽披棚或许可以保护那些不得不存放在户外的大件物品。

2.环境状况

为存放大件物品的库房创造合适的环境是十分复杂的工作。一定要提供足够的供暖或除湿设备来确保避免冷凝，否则即使用了防锈剂，金属制品还是会生锈。湿度过低或相对湿度不稳定会破坏大件木质或其他混合材料物品。稳定的环境条件应当是相对湿度保持在 50%至 55%之间。

藏品库房自始至终都要尽可能保持干净。混凝土地面需要密封，以避免产生混凝土粉尘。物品应盖有防尘罩。

但是，不可使用聚乙烯薄膜，因为它很容易造成冷凝现象。

3.藏品保管

储藏大件和重型物品所需的设备包括各种各样的机械操作系统。有可能的情况下，物品应该放置在木质托板上，储存在载重架上，并可以通过叉车或液压升降器移动。应当始终强调健康和安全。在举起和移动重型物品时，一定要非常仔细地计划和实施，以避免博物馆员工受到伤害。

尽可能将工业物品或机械装配起来。机器部件很容易放错地方或损坏。因此，比起许多散落的部件，机器整体存放更容易。许多大件和重型物品因为错误的操作会遭到严重的破坏。又大又重的物品并不意味着结实！尤其是大件的石质和木质物品，要比看起来更容易破碎。操作和储藏的每一步都要非常小心，以避免不牢固的部分受压。

在博物馆建筑中存放或移动大件和重型物品时，如机械、石头、雕塑、绘画、装木乃伊的箱子、家具等，操作要非常仔细，并要有稳固的支撑。

（二）储藏小件和轻型物品

在储藏小件和轻型物品方面，需要遵循以下要点：一处特别建造或经改造而成的安全、合适的建筑；设计和布局能确保实际使用和便于访问；提供合适的移动设备，如手推车；制定操作步骤，并按要求培训员工；监测环境状况，并将其控制在合适的标准之内；定期进行文保评估；制定关于物品进入、存放、移出的登记档案，设计藏品清点的系统和步骤。

1.金属物品

铁制品理想的储藏环境是 40%或更低的相对湿度，然而对于混合材料的物品或混合藏品，50%至 55%的相对湿度可以接受。如果相对湿度过高，铁将被腐蚀，因此一定要在普通的储藏区域中提供合适的小环境，为其存放创造良好的条件。

地面或水下考古发掘出的铁制品通常会无法辨认，只有通过 X 射线，其功能或形态才会变得明确。所以关键在于谨慎对待所有的铁制品。铁制品必须存放在惰性材质的容器中，并用不含酸的棉布或惰性泡沫之类的包装材料包好，以防止其在储藏容器中发生移动。

与铁制品一样，为了避免腐蚀，铜合金或青铜制品必须保存在相对湿度较低的环境中。相对湿度应尽可能为 40%或更低。其他金属物品，如银、铅、金，一定要存放在惰性塑料或金属的盒子或容器中。干硅胶是一种干燥剂，可以放在储藏容器中，有助于小范围内相对湿度的控制。它吸收空气中的湿气，帮助实现环境的平衡。为了对物品提供良好的保护，制造商应提供所需硅胶量的具体细节。

2.陶瓷物品

应尽可能少触碰所有的陶瓷物品，操作时要特别谨慎。陶瓷物品应以正常的竖立姿态摆放在安全、无尘的柜橱中，每个搁架只可放置一排。如果空间不允许，可将小一些的物品放在大一些物品的前面。不要拥挤地存放瓷器，在松手或关闭柜门时应始终保证有足够的空隙。绝不能将一个杯子或碗垒在另一个上面，同时不能将太多的盘子垒成一摞。在堆叠盘子的时候，在盘子之间使用折叠的保护薄棉纸或惰性泡沫或纸。要尽可能将陶瓷存放在有轻薄材料垫衬的搁架上，将任何摆动或震动最小化，并固定衬垫，使其几乎不会横向移动。

3.民族学收藏

民族学收藏的物品很复杂，通常由有机材料制成，例如皮革、兽皮、皮毛、玻璃、木头、毛皮、羽毛或贝壳等。这些物品除了都对相对湿度的变化敏感外，还容易受到有害动植物的侵害。相对湿度应尽可能保持在50%至55%之间。物品如果存放在搁板上，应尽量保证空气自由流通，以抑制真菌的滋生，同时力求周围的环境无尘。对于大多数民族学藏品而言，最好的包装材料是不含酸的保护薄棉纸。这些物品应置于不含酸的储藏盒里。不要试图强行将物品放入过小的容器中。

4.绘画

储藏绘画最常见的问题是拥挤地堆放、叠放，以及较小的移动空间。

坚固安全的木质或金属置物架应当垫衬惰性材料，以减少画框破碎或损坏的风险。需要小心处理，确保绘画表面没有与玻璃或有机玻璃接触。绘画或者画框可以挂在有滑动功能的储藏架上。这样的储藏架虽然昂贵，但只要绘画安全地固定在架子上，并有良好的支撑，那就是一种上佳的储藏解决方案。将绘画挂在架子上或从架子上取下来的时候需要特别小心，因为绘画连同画框和玻璃的分量会重得出平你的意料水彩、版画和素描对环境的变化和光线特别敏感。最好将它们平放在盒子或抽屉里储藏，并用不含酸的棉纸垫衬。一定要使用专门为这些物品设计的不含酸的储藏盒。在可能的情况下，应当先将水彩、版画和素描的画框剥离，然后再进行存放。

5.自然历史收藏

与绘画一样，必须避免将此类藏品过于拥挤地放置或叠放在储藏容器里、搁架上或者橱柜中，以防藏品受损。因此，鸟类或兽类标本要放置在搁板上，且要留有足够的空间。同时，在储藏这些标本的盒子中必须填充足够的、不含酸的薄棉纸。

昆虫、蝴蝶或蛾子之类供研究用的藏品需要专门进行储藏，应征询经过专门训练的文保人员的建议。特别要注意在储藏区域定期检查有害动植物，以防它们侵害自然历史标本。

6.纺织品

纺织品可以分为两类——平面的和立体的。平面的纺织品包括织锦、挂毯、地毯、家用亚麻织品、床罩、窗帘、旗帜和横幅、刺绣和饰带。立体的纺织品包括服装、配饰和室内装潢平面纺织品应当在托盘或不含酸的盒子中平放，每件物品之间用不含酸的棉纸间隔开。如果物品过大，可以将其卷在硬纸管或塑料管上。硬纸管是酸性的，必须先用铝箔和不含酸的棉纸包裹。卷好后，纺织品要用预先洗过的白棉布或质地细密的棉织物包裹起来，用宽的带子扎好。各卷应当在架子上悬挂存放，而非一个个地叠放。

立体纺织物应当挂在预先准备好的、垫衬过的衣架上，且罩上棉质保护罩，放置在柜橱中，四周留有足够的空间。更为脆弱的物品，以及鞋帽之类的服饰配件，建议存放在用不含酸的薄棉纸垫衬的盒子中。室内装潢物品，例如椅子、沙发、屏风，应当用质地细密、预先洗过的棉布罩好，以防污垢和灰尘。纺织类藏品的保护非常耗时，因此保护费用高昂，但好的储藏将有助于防止损害的发生和减少所需的抢救性保护。

7.摄影收藏

摄影照片和底片必须封入优质的、不含酸的纸袋、封套或包装中，放在盒子里，置于搁架上或收入储藏柜。幻灯片最好放在不含酸的纸袋里，然后收入柜中纵向排列的文件夹内。玻璃板底片一定要单张装入中性纸材质的封套，然后纵向放在坚固的、不含酸的盒子内。不要在一个盒子里装太多的玻璃板底片，因为它们特别重。

8.电子信息物品

计算机磁盘、录音带和录像带的存放之处必须远离电磁辐射源。

9.玻璃收藏

与陶瓷一样，玻璃物品不宜过于拥挤地摆放在搁架上，并且不能相碰。不要将小物品放在较大物品的内侧，当搁板上摆放了一排以上的物品时，必须始终确保小物品放在前端。玻璃断片必须用不含酸的薄棉纸或泡沫塑料支撑垫衬好，存放在盒子里。在处理或移动玻璃尤其是断片的时候，一定要特别小心。

10.地质标本

存放地质藏品的容器所用的材料必须事先经过测试。人们普遍误以为地质藏品稳固而耐久，其实不然。橡木柜橱会释放有机酸性气体，对碳酸盐类的标本产生影响。石墨标本会被复合板和盒子里散发的乙酸和甲酸腐蚀。因此在存放标本时，一定要注意包装和收藏中使用的材料。

不当的操作或不合适的包装通常会损害地质标本。标本应当放置在托盘中或超过其高度的醋酸纤维盒内，这样就能轻柔而稳当地固定好标本，不会相互碰撞或摩擦。不含酸的薄棉纸可以用作补充包装材料。柜橱中抽屉的尺寸应当保证即便在装满标本时也可以轻易地抽出拿起。

第二节 操作、包装和移动物品

博物馆物品受到的伤害大多来自不当的操作、运输或储藏，这是令人遗憾的事实。除了操作不当会损害物品，在操作和移动的过程中，物品暴露在更多的危险之下。因此，自始至终应尽可能少地操作或移动馆藏的各种类型、尺寸的人工制品或标本。

1.在操作、包装和移动物品之前，需要进行评估和计划。

需要记住的一般要点：

在操作或移动不同类型的物品之前，了解其特点和特殊要求。因研究、运输、重新存放、陈列等需求接触一件物品时，只允许指定人员操作。

任何时候均不得允许其他人员，如志愿者、学生或研究人员，在没有明确指导和监督的情况下接触藏品。

移动物品时，必须遵守博物馆的档案登记管理流程。

接触人工制品时，操作人员必须佩戴合适的手套，避免手指或双手留下残余物，同时避免受到物品上化学残留物的伤害。

操作或移动物品时注意力必须集中：不要交谈，不要用一只手写字、打字或接电话。

在操作特定类型物品时需要特别小心，例如古老的鸟类或兽类标本，因为它们可能用含有砷或放射性物质的危险材料处理过。操作时需要穿戴合适的手套、面具、护目镜和防护服。

在操作或移动物品时必须穿防护服和防护鞋，比如棉质实验服、工装裤、有钢铁护趾的工作靴，并佩戴质地坚硬的帽子。

在靠近人工制品或自然历史标本的地方，坚持使用铅笔而不是墨水笔

在靠近人工制品或自然历史标本的地方，绝不饮食或抽烟。

了解并执行相关的健康和安全规定。

2.研究中

应在干净整洁的工作台、办公桌或区域使用物品。使用特定类型的人工制品，应在工作台表面加上衬垫。

确保合适的光照亮度和光源。

为避免发生事故，绝不越过一件人工制品去触碰或拿取另一件。

绝不将一件物品或标本堆放在另一件的上面。

质量轻的物品很容易被碰翻，例如玻璃或陶瓷，所以必须采取预防措施，需要时可以用垫子缓冲。

绝不在无人照看的情况下将物品留在储藏容器之外，例如工作台上，即使时间再短也不行。

在拿起易碎品的时候，绝不能只抓住边缘或把手等不牢固的地方，而是要使用双手紧抱住物品。

对光敏感的物品不要使用闪光灯拍照。

3.储藏中

保持储藏空间的整洁有序，避免搬运或移动物品时发生事故。确保在需要时有人为你开门，而不是在搬运物品时试图自己开门，或者临时将物品放在地上后开门。

绝不把物品放在一处通常不放藏品的地方。

确保有足够的人手，或者有合适的可以提供帮助的设备，例如手推车、液压升降装置、运送带或玻璃升降机。

在可能或可行的情况下使用手推车，避免徒手搬运。

不要将抽屉、存储盒或容器装得过满：过多的重量难以提起或会造成滑动。

保证物品放置在有足够空间的搁架上或盒子、容器中，避免物品之间发生摩擦。

物品在研究或陈列之后归还库房时，一定要放回正确的位置。

使用双手提举物品。

一次搬运一件物品、一个抽屉、一只盒子。

不要将物品相互堆叠着搬运。

搬运较小的物品时，使用垫衬好的容器或篮子。

4.包装和运输

为了运输而包装意味着物品会移动、摆动和震动，因此要仔细保护，减缓震动。尽可能让有经验和受过训练的技术人员来包装和运输物品，在不确定的情况下应征询专家意见。

在可能的情况下使用检测过的惰性材料，例如不含酸的薄棉纸或储藏盒包装、存放物品。

在移动一件立体的人工制品时，保证其后面和侧面拥有良好的防护。

在移动物品时，确认物品边角已做好保护。

运输中将所有物品附上"易碎品"/"此面朝上"的标识，并在容易受伤害的部分附上红色警示。

在博物馆物品运输和特殊包装方面，可以找到不少有用的信息。博物馆管理者应当充分认识到操作、移动和运输物品时可能要面对的全部风险。

只有提前做好周密的计划和充分的准备，才能将风险降至最低程度。如果没有悉心的保管，在操作或移动物品时缺乏深思熟虑和小心谨慎，那么物品将很容易受到损害。博物馆管理者必须确保物品操作人员充分了解操作的步骤和面临的风险，这方面至关重要，一定要对员工进行定期的培训。

第三节 抢救性保护原则与实践

一、抢救性保护：原则

抢救性保护是制止物品状况恶化、确保其以稳定状态留存下来的方法。文保人员拥有特殊专长，他们已经掌握或者通过培训详尽了解一件物品的制作过程及其物理状况。他们的工作是运用所有可行的方法分析一件物品是否需要处理，如果需要，则以正确、适当的方法加以处理。文保人员会尽可能使用可替换的材料和可逆的方法。

不同材质的物品要使用不同的文保处理方法，而且抢救性保护会耗费大量的时间和资金。如今，在进行处理之前，文保人员会使用非常复杂的新技术、新设备检查和分析物品。经过昂贵的抢救性保护处理之后，物品必须恢复到支持其长期陈列或储藏的健康状态。因此，需要同时进行抢救性保护和预防性保护

当一个抢救性保护项目立项时，文保人员应向博物馆提交执行该项目的时间进度表和资金预算表。实验室工作启动之后，文保人员在合适的条件下对物品进行检测，此时

可能需要在项目申报阶段的数据基础上，调整时间进度和资金预算。

文保人员开展的所有抢救性工作都必须留下详细的记录，包括照片，而且记录副本应与保护过的物品一同归还博物馆。如果将来需要开展进一步的保护工作，这些记录保留了物品"文保历史"上重要的环节。博物馆的藏品档案系统中必须建立前后参照的部分，这样在必要时可以方便地找到一件物品的全部工作记录。

藏品管理员和文保人员必须在抢救性保护的整个过程中紧密合作。文保人员有必要掌握待处理物品的详细信息，而物品保护工作也非常值得藏品管理者加以关注。抢救性保护过程中的每个步骤或许都会揭示出很多关于物品制作的特征和物品使用的历史信息，可以大大加强藏品管理保护方面的工作。

博物馆员工必须理解"保护"和"修复"这两个术语之间的差别。在有些国家，保护与修复的过程基本无法区分。但是区别很重要。抢救性保护的目的是力图中止物品状况的恶化并将其稳定下来，而修复的目的是将一件物品尽可能复原至其本来面貌。在博物馆工作中，如果确有必要且达成共识，例如为了陈列某件重要的物品，那么在完成保护工作之后会接着对物品加以修复。

不同物品采取不同方法。如果需要修复，与抢救性保护一样，必须关注细节。过度修复一件物品会破坏其历史和审美价值。修复通常需要藏品管理人员和文保人员仔细比较研究相似类型的其他物品，而且修复所使用的方法必须始终是可逆的，以便将来出现新技术或新的研究发现时，可以对修复的物品进行修正或改变。在修复过程中，必须详细记录并完整登记、保存使用的方法和步骤，待到工作完成时将记录副本提交博物馆。

保护和修复之间的关系通常难以平衡。比如说，一些交通工具或农业机械类物品，如果需要陈列或演示其工作状态，可能需要进行全面的修复。文保人员、修复师和博物馆都应该明白一件物品需要修复到什么程度，并告知公众。

在职业道德规范的框架内，文保人员接受了高强度的专业训练，承担了大量的工作。在未经监督的情况下，博物馆员工不得进行任何抢救性保护工作，因为这样做总是会给藏品带来损害。记住：始终要向专业的文保人员寻求指导。

如果博物馆没有聘用专职的文保人员，而又希望开展专业的抢救性保护，那么在挑选馆外专家时，要以其经历、资质和从事的工作类型为基础。要咨询其他博物馆，了解他们得到的服务质量如何，并去文保专家的工作地点拜访，与他们讨论工作和可以提供的档案记录或照片。

在开展保护项目时，最关键的是要与文保人员建立良好的工作关系。

二、抢救性保护：实践

概括地说，只有经过专门训练、经验丰富的文保人员才能对博物馆藏品进行抢救性保护。如果由未经训练或未经监督的个人进行抢救性保护，所有的物品，无论种类或大小，都会遭受很大程度的损害。博物馆管理者必须防止此类事件的发生。实践中往往会出现这样一种情况，即明明是良好的意图，却导致博物馆物品无法挽回的损坏。例如，清洁方法或材料可能使用不当，黏合剂中的化学成分对材料产生有害的影响，或者造成不可逆转的物理上的损坏。

博物馆藏品的范围极其广泛，在实践中，不同类型的物品和材料有不同类型的保护需求。如此大范围的保护需要大量的专业知识，而几乎没有哪位文保人员能拥有涵盖所有专业领域的知识储备。但是，文保人员能在大体上给出关于不可做事项的建议，或者帮助建立一个项目。在该项目中，从事专项保护工作的文保人员能够进行抢救性保护。

技术是一个关键因素。在很多领域中，比如那些在生产和制造纺织品、木器、机械或交通工具方面技艺高超的工人可能是保护或修复此类物品的最佳人选，但修复工作必须始终在文保人员和博物馆管理者的监督之下进行。

没有接受过文保训练的人员可以从事有限的、基础性的藏品保护、维修和修复工作。博物馆管理者必须始终与文保人员一起，明确规定这些人可以做什么和不可以做什么。当然，必须事先让他们充分了解到此类工作存在哪些限制，打消他们的疑虑，使他们明白：向博物馆管理者咨询意见比在处理藏品时犯错要好。一旦博物馆出台相关程序的指导方针，他们就可以在专业人员的监督指导下，完成更多有价值的工作。

即便有好的过程方案，使用未经训练的员工和志愿者还是会存在风险。尤其是在处理容易损坏的物品时，例如纺织品、陶瓷、玻璃制品、钟表或绘画，如果方式失当，可能会造成不可挽回的损坏。很多"业余"文保人员不一定清楚他们会造成怎样的破坏。有些工序表面上看起来简单明了，比如清洁和抛光，但是受过训练的人知道，除非坚持使用合适的材料和方法，否则藏品会遭受到长期的损害。因此，专业的帮助和指导是必不可少的，同时应该定期开展讨论，因为新方法总是层出不穷，而人们需要不断了解这些信息。

文保技术、方法和材料一直在发展。文保专家将会提出与博物馆藏品管理计划相吻合的可行性建议，帮助博物馆妥善地处理藏品，跟上时代前进的步伐。

博物馆肩负着藏品保管的主要责任。如果得不到受过专业训练的文保专家的指导，决不要去尝试保护或修复一件物品。

第四节 灾难应对计划

无论何时何地，灾难都可能发生。正如近期历史所显示的，博物馆并不能免于遭受火灾、洪水、地震、爆炸、平民骚乱、恶意破坏或战争毁坏。受忽视、失误、人为或自然因素影响，灾难的范围可大可小。博物馆应如何应对灾难？

首先，为了减少灾难对藏品、建筑、设备或人员的伤害，需要迅速做出反应。只有在实施了经过试验和检测侧的减灾系统和程序后，灾难才能得到有效的防范和控制。就是说，要针对有可能发生的不测，提前制定博物馆的灾难防控规划。博物馆应当确保此规划与当地或国家的控灾计划保持一致。

灾难防控规划简明预防灾难的步骤（这是博物馆可控的）和应对灾难的快速有效的反应步骤。博物馆员工应当定期接受应对灾难的培训。博物馆应当拥有灾难防控设施和储备物资，并制定应对不同类型灾难的措施。这些措施需要与博物馆的保险和安全政策一起考虑。

1.灾难应对小组

灾难应对小组由拥有救灾能力的人员组成，人数在六名左右，他们不必都是博物馆工作人员。灾难发生时，他们应当能够迅速到达现场。许多灾难发生在博物馆闭馆之后，现场可能没有熟悉情况的员工，因此小组成员中必须包括掌握藏品管理和保护技术的人员，且至少有一人了解博物馆的藏品。小组组长必须充分理解藏品保护的相关要求。

灾难应对小组必须熟悉博物馆建筑的格局和紧急情况应对设施的位置，例如灭火器、灾难应急箱、电话、报警器和防控服务点，并就如何使用这些设施进行训练。每名小组成员的手边都必须有一份博物馆灾难防控规划手册，而且需要进行定期更新。灾难应对小组的数量由博物馆的规模决定。

2.灾难防控设施

在灾难发生时，基本的防控设施和储备物资应该可以随手取用。博物馆必须准备灾难应急箱，箱内装有防护服、应急设备、清洁和包装设备、储藏容器和破坏情况记录装置。灾难应急箱一定要有明显的标识，放置在无法替代的重要藏品附近，而且任何时候都不可另作他用。在博物馆外也应当放置一些灾难应急箱，以防灾难发生时无法接近到馆内救灾设施。

记住：快捷畅通的通讯对于有效的灾难应对和防控来说相当重要。

灾难中可能无法使用电话系统，需要选择其他的备用通讯渠道，例如移动电话、电子邮件或通讯员。移动电话必须存有灾难应对小组成员的电话号码。支援服务

在制定灾难防控规划或当灾难发生时，博物馆可能需要其他专业机构提供支援，例如图书馆或档案室。灾难防控规划中一定要包含专业服务机构（含文保服务机构）和个人的名单，并附有紧急情况下需要用到的电话号码，同时这些信息也要存入每一名应对小组成员的手机内。记住：水泵、软管或中转箱之类应急设施的供应商很有可能会对其所提供的服务收取费用。

不过，有些大型跨国公司肩负着为当地社区服务的职责，有可能会愿意与博物馆一起制定灾难防控规划，并且迅速提供设施或通讯系统。玻璃安装工、水管工和建筑工等应急服务人员也有可能会这样做。在灾难发生之后应尽快联系保险公司。

3.灾难应对程序

如果灾难在工作时间内袭击博物馆，报警的步骤必须包括联系灾难应对小组组长。如果灾难发生在工作时间之外，需要提供相关的应急服务以及所需联系人的全部联系方式。博物馆一定要定期与应急服务机构保持联络，以确保相互了解对方的责任

灾难应对小组组长必须确保小组成员与博物馆受损、受威胁藏品的主要负责人在合适的地点集合。煤气、水电之类的服务设备要及时切断。

4.灾情评估

在受灾区域恢复安全并可以抵达的时候，相关负责人应当对受灾情况进行调查，并尽可能拍照。只有在详细调查之后才能拟定抢救方案。然后，向每位小组成员分配任务，发放合适的防护服，投入救灾工作。受灾区域内的所有行动听组长指挥。应当指定安全区域，对受灾物品进行分拣、清洁、标识和包装。

记住：在常规安全程序可能无法正常运行的情况下，安全是至关重要的。必须充分考虑如何让博物馆安全系统和工作程序在紧急状况下和灾难发生时发挥作用。

5.物品的搬移

将物品从受灾区域中撤出，是灾难应对程序中最重要的部分。救灾时，必须抢速度，更必须小心谨慎。可以采用"治疗类选法"，优先抢救最重要的物品。物品一定要搬移、清洁、包装和运送到安全区域和文保设施中。在灾难现场，一开始就应当使用专门的文保设施，以保证物品得到妥善处理。

需要关注以下要点：搬移物品时，应当尽可能少造成损害；应当确认物品，并统计受损情况；如果条件允许，应当给物品拍照；如果条件合适，应当清洁物品；物品应当有标签，并尽可能包装好；所有包装应当有清楚的标识；应当进行适当的文保评估和抢救性保护。

6.受灾区域

受灾区域恢复正常的速度取决于灾难造成的破坏情况。因消防灭火造成的淹水（一个普遍问题），受灾区域需要完全干透并通风。必须注意使用杀真菌剂，以抑制真菌滋生。一定要定期监测相对湿度。

第五节 保险

保险是一个复杂的话题，因为各国保险的要求和方式差别很大。博物馆要向声誉好的保险经纪人征询专业意见。原则上，保险为财产或人员提供针对比如遗失、损坏或伤害之类特定突发事件的经济保护。博物馆定期缴纳保险费用，保险公司承担相应的保险责任。保险并不能防止突发事件的发生，但是可以为其造成的损害提供经济上的全部或部分补偿。鉴于保险所覆盖的范围一藏品、建筑物、建筑内部设施和人员一保险费用可能很昂贵。因此，需要仔细比较不同保险公司的保险产品和价格，确保博物馆获得最具价值的保险。

1.藏品保险

给博物馆藏品投保是一件复杂的事情，一方面因为博物馆藏品包罗万象，另一方面因为它们非常稀有、独特，很难或不可能被替代。可以采取的方法之一是将博物馆藏品分成若干个独立类别，然后以赔偿数额的基数或以双方同意的估价基数分别投保。博物馆会将许多未指明的物品和一些指明的物品集中起来按类别投保，也会将一些物品按保险公司同意的估价单独投保。这样的保险方式可以涵盖博物馆的全都收藏。如果出现破损或者发生灾难，那么收藏中的珍稀物品可以由品质相近、价值相当的物品代替。鉴于全球艺术品与文物市场上的交易价格总是在变化，博物馆需要定期评估藏品的价值，更新藏品的保险金额。

博物馆可能需要花很多钱给待投保的藏品估价。一些经营艺术品和文物保险业务的公司倾向于按博物馆藏品价值的百分比收费，而不是按估价工作所花费的专业时间！博物馆应当雇佣声誉好的公司进行估价，而且一定要清楚其收费标准，双方事先须达成一致。与所有的外部服务一样，最好向多家公司了解估价服务所需的费用。

博物馆必须为借展物品单独投保。通常出借给博物馆的物品要以出借者（其他机构或个人）认可的价值投保。博物馆借出的物品也需要由借用方投保。记住：运输中的物品，如巡展和借展物品，也需要投保规避其在途风险。

有些博物馆完全放弃为藏品投保，其理由是每一件藏品都是不可替代的，所以与缴纳保险费相比，最好还是将资金用于安保和预防损坏上。

2.建筑保险

必须为博物馆建筑投保。如果建筑物归博物馆所有，最好投保范围能够全部覆盖而不是有限覆盖赔偿金或修复金。这样，博物馆在遭受火灾或水灾等灾难后，将有能力重建建筑物的整体或受损部分。

建筑物所有者也需要为公众投保意外伤害险，以防因建筑物年久失修，如屋顶材料掉落或台阶不平给公众造成伤害。如果公众受到此类伤害，博物馆的主管机构通常难辞其咎。

如果博物馆建筑是租借来的，通常由建筑物所有者投保，再向博物馆收取租金。博物馆必须检查建筑物的投保范围，尤其当它需要承担维修责任的时候。如果建筑物所有者没有投保足够的损坏险，那么将不得不由博物馆来支付维修费用当灾难造成建筑物受损时，博物馆可能需要暂停开放。如果博物馆是依赖门票、零售和餐饮服务收入运营的，那么此时其现金流会受到严重影响，员工工资和各类账单的支付会出现困难。虽然覆盖停业风险的保险费用可能相当高昂，但将有助于弥补收入的损失。

3.建筑内部保险：家具、装置和设备

灾后对博物馆内部进行复原时，所有内部物品的价值往往让人感到惊讶。这些内部物品包括家具和装置，电脑、复印机、照相机和田野调查工具之类的设备，参考书和期刊，以及零售和餐饮库存等。保险应当涵盖"所有风险"，以弥补遗失或破坏造成的损失。应当保存一份所有家具和设备物品的登记表，同时保存购买价格的记录，以备博物馆保险索赔之需，而且需将一份副本放在安全可靠的地方。

4.员工和访问者保险

博物馆作为雇主有责任确保其所有雇员在安全的环境里工作。作为雇主的博物馆应为雇员提供合理的保险，以应对任何因馆方的疏忽给雇员带来的伤害或造成的疾病。

但是，法律中雇员的概念是复杂的。雇主/雇员关系可能不同，例如有人只是兼职或临时为博物馆工作。志愿者可能也会引起特殊的保险问题，因为他们通常不被认为是雇员。必须要明确了解这些情况，并且在需要时征询专业人士的意见，因为保险必须同时满足博物馆的需求并保护其员工。博物馆还可能会考虑针对员工和志愿者的其他保险形式，包括健康和医疗保险计划，以及养老和人寿保险计划。

博物馆同样有责任确保所有观众和其他访问者拥有一个安全的内部环境。因此博物馆需要采取合适的第三方保险，防止公众在博物馆内进行参观或业务访问时受到任何伤害。在没有投保的情况下，针对博物馆的索赔可能会令其蒙受巨大的损失。

第六节 藏品安保

一、藏品安保：物理与电子

（一）物理安保

博物馆对公众开放时，所有藏品，包括玻璃展柜中的和开放陈列的，都存在失窃或受损的风险。由于博物馆中各类物品的市场价格不断增长，受其影响，全球范围内博物馆的失窃率持续上升。此外，博物馆还需要防范因蓄意破坏或火灾、水灾等灾难造成的藏品损坏，记住：物理安保、安保系统与程序并不仅仅是为了保护博物馆的藏品而存在，其存在的目的之一也是为了保护博物馆的声誉-作为公共文化遗产的庇护所。藏品安保依赖于：有效的保护措施；正确的安保程序；良好的建筑物安保。

1.陈列柜

绝不要以为无论何种材质的陈列柜都能提供全面的保护——做不到！

陈列柜有两方面的弱点：可以用强力击碎或破坏的玻璃和框架，以及也许能轻易打开的锁闭系统。博物馆管理者必须检查展柜的薄弱环节并定期进行监测。要注意以下问题：

柜锁的位置显眼吗？容易打开吗？

框架有多牢固？

吊柜安全地装在墙上了吗？

陈列柜能够轻易地移动或摇晃吗？

接缝处的空隙可以插入起子或金属条吗？

独立柜装有报警器吗？

安保人员定期检查柜子吗？

藏品管理人员定期检查柜中物品吗？

2.加框的绘画

绘画容易失窃和受损。加框的绘画一定要使用镜板和螺钉固定在墙上或隔板上。螺钉必须牢固且长度合适，需要遮掩住螺钉头，以防螺钉的类型被轻易识别出来。可以通过使用不同种类的螺钉头来增加安全度。杆状悬挂系统通常用安全螺钉或安全紧固件进行高度调节。必要时，单独放置的绘画可以使用便携式报警系统，或者将其与博物馆报警系统连接。

3.开放陈列

在开放陈列藏品的区域，设置障碍阻止触摸和移动物品，例如拉隔离绳或竖立信息牌，并且将物品放置在手臂无法碰触到的地方。使用心理方面的遏制元素，比如用不同的地板或地面装饰显示参观路线，在宣传单上提出注意事项和要求。绝不将损害行为"展示出来"，比如展板上的涂鸦，因为这会引起模仿

有些开放陈列的展品或许可供触摸，如雕塑。在此情况下，要向观众明确指出允许和禁止的行为分别有哪些，尤其是如果开放陈列中的某些展品是不能触摸的。

（二）电子安保

许多小型博物馆可能无法承受电子安保的费用。值得注意的是，警报系统本身并不能遏制盗窃行为或者抓住小偷。警报系统是全面安保系统的重要组成部分。全面安保系统包括：有效的建筑物安保、物理安保和安保程序。警报设备向博物馆的安保人员以及/或者向警报设备公司的工作站发出警报。

在提醒安保人员注意安全漏洞时，手摇铃或哨子往往与昂贵的电子设备一样有效。只有对警报反应迅速，且物理或建筑物安保有效阻止了逃跑行为，才有可能抓住窃贼和破坏者。

警报系统应当尽可能与警报设备公司的工作站连接，以确保能迅速做出反应，特别是当博物馆闭馆的时候。该系统应由一家声誉良好的警报设备公司安装，并进行定期检查和维护。控制面板必须设置在博物馆内的安全区域，只允许数量有限的指定人员接触。

必须定期维护警报系统，警报设备公司通常会在与博物馆共同认可的合同规定下，为博物馆提供维护服务。

电子探测系统包括：

磁性接触器。如果安装在门窗或陈列柜上的磁性接触器损坏，警报器会发出警报声。

线路。警报线路嵌入门或百叶窗内，如果门百叶窗被打开，会触发警报。

振动探测器。这些探测器安装在门窗或陈列柜上，非正常水平的振动会触发警报。

玻璃破损探测器。这些探测器安装在窗户、陈列柜或顶灯之类的地方，探测打破玻璃时的频率震动。

红外线被动传感器。设计这类传感器是用来探测人体热量的，并为走廊或展厅的部分区域提供警报屏障。

行动探测传感器。微波或超音速传感器探测锁定区域内的变化，可以与红外线被动传感器共同使用，提供交叉检查的安全守卫，以防其中一套系统发出错误警报

烟雾探测器。传感器在探测到烟雾时触发警报，如果需要，可以微活洒水装置或气体阻燃系统。

闭路电视。闭路电视监控不能取代安保人员。值班人员必须不间断地观看闭路电视，以确保能够及时对安全威胁做出反应。发现情况时，应立即与现场安保人员联系，比如借助双声道无线电通讯设备。一些闭路电视系统可以与红外线被动传感器或行动探测传感器相连，能够提醒值班人员注意某些替在的威胁，并提示启动录相系统。

警报系统的选择取决于博物馆的规模、风险等级和可以利用的财政资源。每年，微电子学方面都会取得不小的发展，因此需要定期对电子安保系统进行重新评估。

二、藏品安保：系统与程序

1.安保人员

安保人员是博物馆安保系统中必不可少的组成部分。他们制止博物馆中的犯罪或反社会行为，在发生安保问题时能够立即采取行动。安保人员必须经过适当培训，定期学习博物馆的安保程序，且不断更新应对突发事件的相关知识。在小型博物馆，出于个人安全考虑，应尽可能保证任何时间都有至少两名安保人员当班。安保人员必须随时可以使用应急警报系统，比如接待处的报警按钮、双声道无线电通讯，以及固定或移动的应急报警电话。应急报警电话号码一定要在手边，随时可用。

在紧急情况下，便宜的手摇铃和哨子也能迅速引起注意。

安保人员的职责范围应当涵盖：检查门窗的完整性和是否安全上锁；定期巡视博物馆的展厅和其他公共区域；定期检查陈列品和陈列柜；汇报破损或其他问题，比如需要更换灯泡或清洁；警惕观众可能出现的问题，如吵闹、混乱或可疑的行为。

在许多小型博物馆，安保人员通常不仅需要执行安保任务，还要承担一些其他工作，如回答电话问询或在博物馆商店销售商品。

博物馆馆长需要仔细考虑如何在落实安保工作与服务观众之间保持平衡，同时需要确保安保人员完全服从管理。

很多博物馆都发生过安保人员监守自盗的情况，究其原因，通常是因为他们收入低且缺乏培训和管理。在与安保人员签订劳务合同时，在国家法律允许的范围内，务必审查他们的个人履历中有无犯罪记录。

安保人员应当得到重视。在有些国家，他们也是优秀的博物馆向导。

安保人员需要慎重地平衡自己的安保职责和所承担的讲解任务，以确保不会妨碍履

行首要的安保职责。

2.安保程序

博物馆必须建立自己的安保程序，将其纳入员工工作手册，由全体员工遵照执行。该程序主要包括：

进出博物馆时，所有员工都必须在每日登记簿上签入和签出。万一出现火灾或其他紧急情况，可根据登记簿上的人员名单安排疏散。所有员工必须从正式通道进出博物馆。

博物馆办公区域的访客也必须签人和签出，必须佩戴身份牌，并由一名工作人员陪同。在办公区域，看到任何没有佩戴身份牌的人员，都要进行盘问。

钥匙的管控在安保程序中不可或缺。绝不能将任何内部钥匙带离博物馆，而且每天在闭馆之前，一定要提交并检查钥匙。应当由专职人员负责日常的钥匙管控，在记录簿上登记发放和检查是否归还。钥匙必须一直放在上锁的柜橱中，绝不能无人看管或借给没有权限使用的人员。

对学生和研究者进行监督。坚持要求研究者向博物馆提出书面申请进行预约，并在允许使用藏品前检查研究者的证件。研究者必须列出所需分析的物品及其辅助资料档案的清单。研究工作启动时，此清单需要由研究者和监督他/她的员工签名；研究工作结束后，对照清单检查物品。一定不能让未受监督的研究者或访问者单独待在某个地方，尤其是在可接触到藏品的区域在承包商或运输公司人员进入博物馆时，必须采取严密的安保措施。博物馆管理者和安保人员一定要了解他们的抵达时间和出现在博物馆的理由。很多情况下，承包商将在博物馆的敏感区域作业，因此必须确保他们没有绕过安保系统和程序，没有将危险或易燃材料遗留在容易出问题的区域（如屋顶上），同时必须给梯子等设备上锁，并将其放置在不易拿到的地方。

必须由专人负责警报系统及其维护和测试。博物馆通常在开馆和闭馆两个时间段最容易出现安全问题，因此必须按要求每日履行开馆和闭馆程序，设置警报系统，相关工作交由指定人员负责。

万一发生火灾或其他灾难，必须有完备的紧急疏散程序。必须定期进行演习，锻炼员工的有效执行能力。

博物馆馆长和安保管理者的职责是：保证有效的安保程序准备就绪，并在需要的时候进行监测和更新；确保员工得到充分的培训，风险得到有效的管理和控制。

第八章 博物馆藏品保护工作新进展

随着互联网时代的到来，人们获取信息的手段和方式迎来了新的变革，促进了全球化的进一步发展，当我们要在现代社会中追求自我，延续本国文化的完整，从传统社会保留下来的文物就会成为民族特殊性的来源。信息传递高速的今天，在博物馆文物管理过程中，对于文物保护所探索出的创新性路径。本章将对博物馆藏品保护工作新进展进行论述。

第一节 博物馆藏品创新保护思路

文物作为最能体现国家性和民族性的历史产物，有着重要的研究价值、文化价值、审美价值，因此对文物进行保护具有十分重要的意义。在互联网时代，信息传递方便快捷，对文物的保养和修复能够得到更加专业的指导和监督，使文物的美感和承载的历史文化能够呈现在大众视野之中，从而提高对文物的保护程度，为保护中华民族历史悠久的文化做出贡献。

一、建立网络指导与共享体系

（一）网络指导体系

由于文物年代久远，遭受破坏之后，修复文物所需要的原材料难以获取，文物制作原工艺难以传承，而文物的修复原则是不改变文物原状，最大程度上保留文物的历史、艺术、社会等价值，在修复时要做到最小介入，最大兼容。

因此文物修复工作主要对照现存的同类型器物并查阅古籍记载，使其尽量恢复最多的历史信息，以最小干预的方式达到"修旧如旧"的目的。历史文物在经历腐蚀、风化等自然环境的侵蚀后保留至今，而现代社会的科技运用使得环境条件与过去相比有更大的不同，为了防止现存文物被进一步破坏，需要结合现代科技使用更为有效的物理方式和化学药剂对文物进行保存。但是任何原材料的使用都要经过时间的检验，保护和修复材料在老化后有可能给文物带来更大的破坏或影响，因此文物保护材料的选择已经陆续有一些标准，其物理性能和化学性能都有着更加严苛的要求。

连接各个博物馆的内部网络，统一上传需要修复的文物资料，由文物修复专家组成研究讨论小组，对各个博物馆的存储文物进行审查，通过远程网络连接，对需要修复的文物进行修复难度等级划分，选出修复工艺难度较低的文物，通过网络视频连接对博物馆内的文物修复人员进行实时指导，同时达到人员培训和文物修复的目的，提高了工作效率。对于修复工艺难度较大的文物，在专家小组派出人员进行文物修复时，以直播的方式将修复工艺流程转播到其他博物馆内，将传统工艺展示给更多的普通人群并为专业的文物修复者提供更多的修复案例。由于文物修复和保存难度大，需要丰富的历史知识、娴熟的工艺手法、专业的物理化学应用，在网络指导体系的建立下，不同学科之间的交流联系更加便捷，对文物的修复和保存工作也将更加完善。

（二）网络共享体系

文物有可移动和不可移动之分，为了有效地保护文物，各个博物馆之间极少进行文物转移，所以各个地区的博物馆所收藏的文物多为代表本地区域的历史文化，展现出了区域特色。在互联网时代，人们通过网络所了解的信息更多，而博物馆在展现本地文化特色的同时也应该为人们提供更多的文化历史信息，在寻找本地重点文物的同时，使用网络共享的方式将更大范围内的重点保护文物展现出来，通过提高人们对重点文物的关注度，实现对类似文物和区域内文物的裙带保护。以大熊猫保护为例，大熊猫自然生活环境内生活着许多比大熊猫更加濒危的物种，通过宣传大熊猫憨态可掬的形象和濒危物种保护意识，使人们为了保护大熊猫的生存环境做出具体有效的措施，在对大熊猫的保护下，使得和大熊猫共同生存的其他物种也得到了保护，这就是由大熊猫产生的生物裙带保护伞。通过借鉴成功的生物保护案例，合理应用到文物保护上，使用网络共享体系建立文物联系和文化联系，扼制文物走私和文物盗取。

二、博物馆手机软件的制作与宣传

在互联网时代，手机成为更加重要的信息传递工具，手机上也装有各式各样的商业推广软件，在博取大众关注的同时引导人们以经济利益为主进行商品选择。近些年来电视媒体的鉴宝类节目以及新推出的鉴宝类手机软件，虽然在一定程度上提高了人们对于文物的认知程度，使得散落在大众之间的文物能够被重新收集，得到国家的统一保护，但是也进一步引导了人们对于文物的思考模式，更加偏向于经济利益而非文物本身所具有的文化价值和历史意义。这样的思考模式对于文物的长远保护是不健康的，有可能出现文物保护的两极化和利益化，不利于文物保护的初衷和民族文化的传承。因此博物馆手机软件的制作目的和宣传方式绝不能是商业化的，不适合将文物贴上价格的标签来博取人们的关注。

博物馆手机软件的制作和宣传方式，应该以公益模式进行，增加大众对于文物的相关知识，在功能上除了拥有博物馆收藏文物的基本信息还应该具有文物检索功能，使人们在查询某一历史时期时，能够展示出文物不同时期的工艺特点，伴随着时代的发展，体现出工艺的进步和文化的传承，加强文化价值的认可和引导。

综上所述，文物的保护不仅需要通过互联网进行文物修复的技术交流，更加需要通过网络传递着文物的文化价值，文物本就经历了数百年的历史，在这数百年里保存完好本就不易，每一件文物是将当时的历史背景、工艺手法、文化传承下来，让后人得以了解，所以每一件文物都是独一无二的，即使被现代人赋予了价值属性，但是不代表文物是可以被现代的金钱衡量。

第二节 博物馆藏品的数字化保护

一、博物馆藏品展陈的防震保护与措施

博物馆展陈文物的地震损害主要来自三个方面：博物馆建筑结构的破坏、文物展柜（台）的破坏和文物自身的破坏。故目前对展陈文物防震保护的研究主要针对博物馆的主体建筑、展厅所使用的展柜（台）及所展出的文物三方面入手。

（一）博物馆建筑的防震保护

当博物馆建筑在地震作用下产生破坏时，保管于其中的文物也会遭受破坏，因此，对博物馆采取防震保护措施是避免文物受损最有效的手段。美国加强了对博物馆建筑防震措施的研究与应用。如美国加利福尼亚科学馆部分墙体使用钢骨架和钢筋进行交错而增加其强度，旧金山近代美术馆将墙体厚度增加到 60 厘米。日本地震频发，自阪神大地震之后在新建博物馆时都对其建筑增加防震措施，如岐阜县现代陶艺美术馆，该馆共四层，展厅面积 1000 平方米，为减小展馆的摇晃幅度，其整个建筑是由 32 根钢柱从四层大梁上倒挂着吊下来。九州国立博物馆，为降低该馆的地震反应，其在建筑物的一层采用抗震构造措施，并在一二层之间配置叠层橡胶隔震支座对二层以上的建筑楼层进行了有效隔震。日本 POLA 艺术博物馆在建筑楼层上方安装了调频质量阻尼器，又在建筑楼层的最下方，安装了可以追随水平位移的带有轨道的粘滞型阻尼器。

我国的博物馆建筑防震技术研究，过去多针对古建筑的抗震性能和抗震加固技术等方面，仅少数博物馆在新建或改造过程中使用了建筑结构防震措施，如山西省博物院新院，在其主体建筑的 2-4 层安装了 92 个液体粘滞阻尼器，以提高主体建筑结构的抗震能力。汕头博物馆新馆，则在主体建筑第二层梁底安装了 137 块夹层橡胶垫用于防震保护。新建成的茂县羌族博物馆为提高其主体建筑的抗震性能，特别设置了 170 个橡胶隔震支座。2016 年 6 月建成并开放的成都博物馆新馆在基底采用多个叠层橡胶隔震支座，提高了主体建筑结构的抗震性能，以确保文物的安全。

（二）展柜（台）的防震保护

1.展柜（台）防震保护的意义

减轻文物震害的另一个重要手段就是对文物展柜（台）的防震保护。对展示文物的展柜（台）防震保护主要是在展柜（台）底座安装控制设备，该控制设备能在地震作用下起到一定的减隔震作用，从而达到减轻或避免展柜（台）上文物损毁的目的。

展陈文物传统防震措施仅限于文物与展柜（台）座的固定连接，当展柜（台）座被破坏时，文物不可避免要受到损伤。为保证展柜（台）上的文物免受震害，应对一些不适合采用传统防震措施的展陈文物或者采取传统防震措施达不到良好防震效果的展陈文物采用展柜（台）隔震技术。展柜（台）隔震技术是指在文物展柜底座或展台底座安装隔震装置，使得在地震作用下，隔震装置能发挥减隔震作用，达到减轻或避免展柜（台）上文物的震害。展柜（台）隔震是减轻文物震害的又一种重要手段。

2.展柜（台）的防震措施

相比较于传统文物防震措施，文物展柜（台）隔震技术主要是通过隔震装置的基本周期错开地震波卓越周期来实现，使文物受到的地震力迅速减小，而不产生明显摇晃（或滑移）的状态。特别是对于自身胎体比较脆弱或有裂痕破损的文物，展柜（台）隔震技术相比传统防震措施加固文物要安全许多。此外，隔震装置一般安装在文物展柜或展台底部，对展柜、展台及文物三者同时起到保护作用，隔震效果明显、使用较方便、且不影响展示效果。日本、美国、意大利等国家现已研制出了不少展柜（台）隔震装置，文物展柜（台）隔震装置在国外博物馆展陈文物中都已普遍应用，目前已开发研制出水平隔震装置、竖向隔震装置及三维隔震装置。

水平隔震装置包括滚轮式、滚珠式、滚轴式、滑块式、线性弹簧式、磁石式、SMA丝弹簧式、恒力弹簧式、叠层橡胶式等不同类型文物隔震装置。竖向隔震装置则包括空气弹簧隔震装置、负刚度机构隔震装置、弹簧+线性导杆隔震装置、平行四边形链杆机构隔震装置恒力弹簧隔震装置及扭簧隔震装置等。三维隔震装置包括双线性弹簧-滚珠导杆隔震装置及弹簧-线性导杆隔震装置等。故对有破损的、高宽比较大的、强度较差的、多层浮置的等防震安全隐患较大、地震易损的展陈文物，可通过"隔震+传统防震"相结合的方式进行防震。对独立展柜则采用文物展柜隔震或展台隔震方案并辅以传统措施，即在文物展柜底部或展台底部设隔震装置，降低地震作用，满足文物防震安全性能指标要求。

故宫博物院课题研究小组研制出独立式平行连杆三维文物隔震装置、带限位保护系统三维文物隔震装置、磁力悬空三维文物隔震装置并获得国家专利。试验数据证明弹性隔震装置对雕塑馆文物在地震作用下的减震率达到90%以上，部分装置的减震率达到了97%。

我国近几年虽然对文物隔震技术有了一定的研究，但应用实例则很少。如改建完工后的上海博物馆玉器馆，对一些重要展品安装了由日本制造的避震设备，这种避震设施的使用在国内博物馆系统尚属首次。西安碑林博物馆在14件文物安装了由日本隔震技术公司研发的隔震装置。四川雅安市博物馆安装了由中国航空规划建设发展有限公司等单位联合研发的具有我国自主知识产权防震装置，并在四川乐山金口河5.0级地震中，自动打开了防震保险锁，有效保护了展柜内文物安全。

（三）藏品自身的防震保护

对藏品自身的防震保护主要是利用文物自身的强度、刚度或柔性，采取一定的方法来抵抗地震作用下的破坏，达到防震保护的目的。国外博物馆对藏品自身采取抗震措施的研究及应用比较普遍。如美国盖蒂保护研究所根据当地可能发生的地震情况，对规则浮放物系统的基本稳定性进行分析，并绘制出可用于该馆文物的稳定、摇晃、倾覆倾向查对表。该研究所还研发了可用于大型雕塑防震的隔震台，内部应用滚珠和弹簧结构进行隔震，美国的博物馆在馆藏文物的防震保护中经常出现一些高强度的新材料，美国旧金山亚洲艺术馆用特制的金属支架等材料对每件展出的文物进行固定，加利福尼亚科学馆则用质量轻、强度高的金属线固定天花板上悬吊的物体，这种金属线的承载力达到物体重量的 7 倍。日本京都国立博物馆用透明尼龙线将部分展柜里的陶瓷器与底托牢牢固定，且用透明塑料软管套在尼龙线与文物接触的部位。日本还有些博物馆使用一种聚氨酯凝胶片（橡皮）黏接固定瓷器与底座，这种聚氨酯凝胶片（橡皮）对自由取下和重复使用，具有抗 7 级地震的粘附力。国内许多单位及专家学者对展陈文物防震措施也进行了相关研究及应用，由故宫博物院、中国历史博物馆、中国建筑科学研究院工程抗震研究所等单位人员组成的文物抗震研究小组，对故宫博物院的 41 件文物采取了重心下降法、粘固法、尼龙搭扣、磁铁法、内支法等 10 种抗震措施，并在震动台上进行了试验，这些措施使得故宫博物院文物在 1976 年唐山大地震中几乎无损。

展陈文物既要考虑文物安全，还要考虑其展览效果，故展陈文物的防震相比于库房文物的防震难度更大，所采取的防震措施也有限。

（四）展陈藏品的防震措施

1.科学改进传统防震措施

在充分分析展陈文物各楼层文物防震安全性的基础上，博物馆的展陈文物防震应首先考虑传统防震措施。对本身无破损且高宽比较小的文物，可以直接通过传统防震措施对展陈文物进行保护。传统防震措施作为目前我国博物馆展陈文物防震预防性保护的主要技术手段，在一定程度能够减轻或者避免地震对展陈文物的损坏，提高展陈文物的抗震性能，但对一些防震效果不佳或影响文物陈列效果的传统防震措施需进行改进。如：传统的文物防震措施大多采取"抗"的方法来防震，就是着眼于文物自身的强度、刚度和柔性，采取固定、降低重心、增大接触面摩擦系数等方法来抵抗地震的破坏。但大多数博物馆所使用的传统防震措施都是依靠布展的经验，认为只要在布展后文物不发生摇晃或固定在展柜台上就满足了防震保护的要求，而不是立足于对文物陈列地点、楼层或者文物本身进行地震危害性分析的基础上。

传统防震措施所采用的材料的性质、使用数量、加固位置等都没有相应的参考标准。所采用的防震措施具体能抵抗几度地震，或者在不同烈度地震作用下的震害形式如何，尚未经理论或实验论证。故面对强度较大的地震时，有些措施往往达不到较好的防震效果，不能满足文物防震安全的需求。传统文物防震措施对于单件的展陈文物有一定的防震作用，但是对于多件或者是组合文物、多层浮放文物及有镶嵌物的文物而言，则有一定的局限性。文物震害形式多种多样，地震作用的方向具有多维性，而传统的文物防震措施不能从整体角度减轻文物震害。传统的文物防震措施偏向于文物与展台的固定连接，而没有考虑展台的损害。在大多数博物馆展厅中，很多展台就直接浮放于展厅楼面，当地震发生时，展台与文物可能同时产生运动，展台上放置的文物就会因展台滑移或倾覆而损坏。如果因展台过高、展台台面材料摩擦系数较低及展台所使用的材料强度过低等原因会造成展台在地震作用下产生破坏，那么展台上的文物就不可避免地遭到损坏。

故对展陈文物采取防震措施时，应根据实际情况对展陈文物的地震危害性进行分析或进行相关试验论证，在分析试验的基础上采取合适的文物传统防震措施或对现有的，不合理的文物传统防震措施加以改进。防震措施的使用应全面考虑地震的破坏作用，尽量避免破坏文物本身或影响文物陈列展览效果，确保展陈文物能达到预期的防震效果。

2.建立数字化防震管理机制

在中国这样：一个地震多发的国家，如何加强博物馆展陈文物的防震预防性保护，降低地震对展陈文物的损坏程度，应该是博物馆日常工作之一。博物馆应在本单位现有管理体系基础上，借鉴国内外博物馆在展陈文物防震方面的先进理念，建立具有本单位特点的博物馆展陈文物防震保护及风险评估的数字化管理体系，逐步探索展厅的防震管理、监测、分析、处理、优化、预案等一系列风险预控机制，博物馆展陈文物预防性保护水平，加强博物馆展陈文物防震研究。把展陈文物的防震作为布展时的一项重要工作，切实可靠的保护文物安全。同时加强对博物馆员工的防震教育及防震安全演练，做到一旦地震发生不慌不乱，及时发现和解决问题。

二、博物馆藏品的数字化保护与管理

博物馆当中以数字化对文物进行保护工作和管理的方案，依照的是数字化的应用信息系统的建设。随着经济的发展，人们越来越追求高质量的生活水平，从原来的追求吃饱穿暖逐渐转为追求更高的精神文化。而博物馆又是一个增长文化知识的好去处，这就需要不断对博物馆当中所展览文物的保护工作进行更好的规划，让图书馆能够在有计划保障的情况下运行下去，实现长久发展的目的。

（一）藏品的数字化保护

1.数字化保护是发挥文物价值的前提条件

在计算机文化不断发展的推动之下，博物馆数字化管理以及文物保护已经成为这个领域的新鲜事物，博物馆的数字化文化建设正随着当今信息技术的发展而发展。数字化在当今博物馆当中的应用是文物的保护工作以及发挥文物价值的前提条件，这也是博物馆工作的重中之重。近些年以来，博物馆公共开放力度逐渐加强，进入博物馆游览的游客日益增长，这就给文物的保护工作带来了一些难题，在博物馆当中人为损坏文物的事件已经成为一种常态。然而想要解决这样的问题，就必须实施文物的数字化保护工作。

在展览文物时进行三维的激光扫描、远近景拍摄和纹理方面的测量以及虚拟投屏，将文物虚拟地呈现在展览的观众眼前，减少了游客与文物的接触，从而达到文物保护的目的。

2.数字化保护是发挥文物价值的客观条件

文物可以作为历史文化的载体，在科学研究及公共教育方面都具有非常重要的价值。文物的价值非常之高，能够根据相应的文物来考察一个时代发生的事件。发挥出文物的价值是博物馆内展开各项工作的重点，而对文物实行科学的研究并进行对外开放的展览是实现文物价值的必经之路。数字化的文物保护工作在很大程度上提升了文物对外开放展览的便捷程度，博物馆在进行文物展览时可以采用一些数字化产品，这样就能够两全其美，既不损害文物还能够供人们参考研究。博物馆借助数字化文物保护工作，使文物能够被拿到别的地方展览，有效地降低了在外展览当中的成本问题，更加提高了对外展览的水平及宣传教育的效果。

3.数字化保护是传播中国文化的重要举措

新兴的数字技术是可持续地为广大观众保护和传播文化遗产的关键因素，并且是在中国创造价值活动的核心，这些活动对创意经济有贡献。中国自上而下的政策，例如"文化技术创新计划"旨在"充分促进科学技术融入文化部门"，旨在"建设文化产业，作为国家支柱产业"。博物馆中正在采用越来越多的新兴数字技术，这些数字技术是以对象为中心的，设计时并没有考虑到用户。也就是说，数字展品的设计是自上而下的，并且重点放在物品上，而不是访客的需求上，我们与博物馆代表进行的非正式采访和讨论证实了用户研究的缺乏。因此，评估中国文化机构中数字技术的采用和使用已成为当务之急，以此来了解其数字化福祉，以及成功实现中国为其制定的宏伟计划。在西方，大多数评估都是在单个博物馆内进行的设备级评估，这些研究旨在深入了解内容以及用户如何通过用户界面与他们互动。我们认为需要对采用和使用进行评估的广度，以了解和确定数字技术采用和使用的整体状况。了解博物馆采用数字技术的广度和用途将揭示与中国的战略性国家计划和文化创意产业以及中国在全球范围内的地位相关的挑战和机遇。

（二）藏品的数字化管理

1.创新保护方式

随着岁月的不断流逝，文物可能在其形态上发生一些改变。文物数字化保护的目的就是为了能够让文物通过数字化创新的形式来进行文物保护。在这当中文物的修复工作又是文物保护工作当中非常重要的一件事情，而传统的文物修复工作既费时间又费人力，更容易让文物出现二次损伤，因此就具有很大的不确定性。博物馆当中利用数字化对文物进行保护的主要目标之一就是能够充分发挥现代化信息技术的作用，对文物的修复工作提供一种保障，让其能够自动还原，自动匹配大小从而提高了文物修复工作当中的工作效率，以及创新了文物藏品保护的方式，从而以创新的文物保护方式来加强对博物馆当中的文物保护工作，能够很好地实现博物馆可持续发展的战略。并且还能够将博物馆逐渐地推向大众的事业当中，让博物馆成为一个大的公共教育设施。

2.建立审查模板

在博物馆进行数字化管理时，需要馆内的工作人员物数字化管理的系统融入文物的出入库管理模板当中。对馆内的藏品进行藏品的现状、数量和摆放位置等进行审查。然后记录藏品在馆内进出库的时间以及去向和出库的理由等。还有在藏品归还馆内时进行相应的审查工作确保其没有被损坏。这项流程的主要作用就是能够让工作人员清晰地知道藏品在馆内的什么位置，并且能够让文物在外出展览时不必要将文物的本身直接带走，从而就减少了文物在运输当中由于各种原因对文物造成损坏的情况，还能够直接地避免人为造成的损坏，从而就让博物馆当中的文物能够长久地保存下去，从而让图书馆中的文物数量以及质量能够有一份保障。

3.信息数据系统化管理

利用多媒体来将馆内文物的资料和图形以及视频等信息进行整理，从而实现多角度的保存和备份，能为游客提供一个准确的查询服务。通过这项工作还能够实现博物馆的自动化办公，管理的现代化，以及提高馆内工作人员的工作效率。对馆内文物进行数字化管理，不仅仅能够很好地了解库存当中文物的种类以及其相应的资料还能够为博物馆提供出一种可持续发展的能源。而且博物馆再进行数字化管理时还可以与图书馆的防盗、防火系统相结合起来，从而形成一套完全的管理体系，从而将博物馆的信息资源与互联网相互结合，建立一个数字化的博物馆，这就成为博物馆能够与时俱进以及开拓和创新的必然选择。

4.提高博物馆科技水平

在博物馆当中对文物施行数字化管理，能够促进科学研究视野的发展。通过依靠计算机的统计功能，能够在几秒之内就完成了馆员几天才能够完成的统计工作，从而使一些研究人员对文物研究的时间得到节省，并且让研究更加深入、更加便利。在文物展览时还可与多媒体结合起来从而能够让展览的场地变得非常丰富、更加生动。

5.定期进行状况调查

对博物馆文物定期进行状况调查，旨在为文物的存储和展示制定最佳策略，是博物馆和保护工作室的重要工作。为了有效地保护易受伤害的文物或艺术品，需要采用无损高度敏感和定量的方法来检测和记录初期的损坏情况。在缓慢进展、环境引起的表面劣化的情况下，早期损坏检测尤为重要，因为这种检测可以在物体的结构完整性受到威胁之前很早就采取预防措施。监视方法只要足够灵敏且足够准确，就可以用作"预警"系统，从而有助于检测在展览品存储或运输过程环境中的有害影响、振动或气候波动。通过散斑干涉法可以适当地满足上述要求，散斑干涉法是公认的并且广泛用于测量亚微米位移分量、应变、变形和扩散散射表面的振动。干涉技术提供了高速和实时的测量，因此对于分析文物的表面完整性特别有吸引力。迄今为止，散斑干涉法在检测各种遗产物体中的断裂和表面缺陷方面特别成功。尽管与标准的状态调查方法（例如，宏观摄影或敲击方法）相比，散斑干涉测量法具有无可争议的优势，但实际上也存在两个严重的问题，严重阻碍了该方法在更大范围的表面诊断中的应用：第一个难题是对斑点干涉图的定量分析，同时又要自动进行解释；第二个难题是在实验室外（在画廊或保护工作室中）进行的状况调查过程中要达到很高的精度。

自动解释测量值的问题至关重要，为了满足保存者和策展人处理艺术品的期望，任何表面分析方法都必须灵敏，而且必须对所记录干涉图像上的条纹局部所代表的特征提供明确的解释，仅当解释过程完全自动化时才有可能。

三、博物馆藏品保护中的 VR 技术

VR 技术在社会各界广泛的运用，是计算机技术与通信技术不断发展的成果。作为博物馆文物保护工作而言，要不断地优化现有工作技术，吸纳社会发展的技术成果，提升文物保护工作效率与品质，满足现代人不断增高的社会需求。

（一）VR 技术的特点

VR 技术全称为虚拟现实技术，通过三维图像等计算机技术、音频、影像、人工智能、传感、测量以及微电子等多种技术结合而产生的一种现代化的智能技术。可以通过有关技术的辅助来达到有关内容的模拟，从而让整个计算机设计出虚拟现实环境。由此进行对象的交互性操作，让人们在其虚拟操作的情境中感受到如同现实环境、事物一般的逼真场景。由于该技术通过计算机生成有关环境模拟现场，通过有关设备的辅助来提升人们视觉、听觉与触觉的感受。让人们通过虚拟成像的方式感知有关实际社会与事物的情境，参与到与环境、具体文物的有关交互活动中，减少现实情境中交互状态的高成本消耗。通过该技术可以呈现出不能够在现实中找到的情景。在线状况减少情境化感受的成本，提升环境模拟感受的可能性。相比于传统单纯的三维模拟技术，VR 技术的真实感受更为强烈，由此让参与其中的人有更强的环境沉浸感，由此产生更为真实的互动反应。在该技术的环境相互作用中需要充分调动人自身的感知能力，才能更好地获取更为逼真的信息，由此让 VR 技术更符合现实状况所需。其技术的实现仍旧需要依托于现实人们对环境事物的了解程度，人们了解程度越深，所呈现出来的效果就越逼真。

（二）VR 技术在博物馆藏品保护中的应用目的

我国历史文化悠久，上下五千年，以往所保存的文物，无论是在数量上，还是品类丰富性以及品质程度上都有巨大的历史价值。而要做好这些文物保护工作，不是一日之功，需要考虑长远。但现实情况之中，较多的文物保护，一方面要进行整体状况的维持；另一方面又要做好现代人学习参观的诉求开发。要做好文物的展示工作，就面临着文物保护的更大风险。尤其是较为珍贵的文物，更容易受到品质的损坏，甚至会遭到盗窃等风险。为了更好地保护以及陈列，让其发挥更大的价值，让人们可以更好地欣赏文物成果，VR技术的价值就越来越受重视。

人们在感知外部事物环境以及有关文物信息中，更大程度上是通过视觉功能来获取，而VR技术就是视觉技术的集大成者。它可以更好的还原有关文物的外观形态，甚至模拟有关情境。而这种技术的应用最初源于20世纪信息时代的到来，计算机与互联网技术的快速发展，给有关技术的发展提供了更大的机遇。虚拟现实与增强现实技术也越来越被人们所熟知，随着技术的成熟，有关成像交互技术也越来越受人们的关注，营造出更为真实的场景感观。有关头戴式的显示设备也更大程度的结合有关软件运用，提升了VR技术的真切感。随着国家整体经济形势增强，人们对文化等软实力的关注度也不断攀升。VR技术在一定程度上推动了文化产业的发展，提升了博物馆文物保护与展示工作的开发价值，让悠久的历史文化被人们所熟知，推动了整个国家的文化知识产业。

博物馆文物保护中VR技术可以展现多种内容，例如，文物不仅仅是单纯的一个古老的物件，更大程度上还可以涉及整个历史环境建筑等多方面内容。而VR技术可以将有关文物所使用的时代呈现出来，通过虚拟技术模拟还原一个真实场景去感受文物本身，提升整体文物等文化活动的感染力。而常规在博物馆中进行文物的单独呈现，往往只能关注到单个文物作品的本身，不能够有更强的沉浸感，也不能够更为直观地感受到文物所处年代的实际环境，这样对文物所展现的功能价值缺乏更为直观的感受。过去博物馆文物呈现工作上面，更多地采用实物陈列或者替代品陈列方式，在一定程度上满足了人们对文物了解的需求，但随着人们对整体文化体系了解诉求的不断攀升，缺乏感染力的文物呈现方式已经不能够吸引人们。而VR技术因为提供更具有感染力的环境渲染场景，通过更为直观的感受来刺激人体综合感官，尤其是视觉感官，有关声音的配合等，都极大地提升了文物呈现方式的趣味性，让人们对博物馆有关文物活动，有更为浓厚的参与兴趣。通过VR技术模拟可以减少贵重文物呈现的风险，尤其是有关整个大场景的陈列风险更大，这种情况下可以通过VR技术来模拟，给予人们一定的了解。一般这种情况下还原真实场景的成本高，现实意义较低，这时就可以运用VR技术来替代，减少后期管理工作的压力，同时提升人们对有关事物了解的需求。VR可以配合现实场景中文物现实呈现来互相辅助，满足更多人不同文物学习参观的需求，同时也减少博物馆有关单位在文物保护工作上面的压力。

（三）VR技术在博物馆藏品保护中的应用形式

1.在线或异地展示

在线展示、异地参观的VR技术应用，在现在疫情之下的环境下更具有推广价值。新冠肺炎的出现让人们对于室内参观活动有更强的畏惧心理，博物馆活动的开展也受到了一定的限制。面对这种情况，VR技术可以更好地异地参观，在线展览可以通过虚拟实景技术呈现出实体博物馆内参观路径与参观效果。可以通过图像视频、语音、文字等多种内容呈现博物馆参观的效果，让公众有更为便捷的信息查询体验，更为真实的游览服务辅助。让人们足不出户就可以体验到犹如在博物馆实景参观的感受。

当下计算机技术普及运用，通信技术成本越来越低，与现实情况有较好的融合。一般情况下，在线参观博物馆方式灵活便捷，整体用户方操作没有较难的技术门槛，一般各年龄层人员都可以轻易获取。尤其是这种在线看展览的方式可以更大程度上复原已经不复存在的文化遗址与建筑，进行场景的复原，而后通过 VR 技术做对应的环境布局，配合有关声光电来提升人们的感官感受，可以模拟从前古人具体生产生活环境，让参观者在线预览时犹如身临其境，穿越到古时候。尤其是当下人们对于穿越剧的喜好，这种身临其境的体验古代生活的活动，更吸引人们的关注。而 VR 技术可以让人们身临其境的去感受古代生活细节，还可以配合有关手游软件的开发利用，来提升整体博物馆文化活动的推广。

2.数字化修复处理

除了常规的虚拟现实场景的复原以及在线参观，VR 技术对于文物修复工作也有较好的辅助作用，可以通过较多碎片式的文物经过人工复原来减少有关文物修复所投入的时间与精力，确保其整体的拼接更为准确。VR 技术可以整理现有的文物碎片，进行自动拼接指引，节省了有关人与时间，文物工作者较为推崇。尤其是文物容易损坏，有掉色与剥脱等问题，需要做好人工修复来复原呈现的效果。而 VR 技术可以预先的将修复之后的效果呈现出来，让修复工作者做不同情况的选择判断，保证修复工作顺利展开，以及获得最终相对理想的修复效果。这种预见性的 VR 人工修复工作，提升了整体博物馆文物修复保护工作的技术水平。同时 VR 技术还可以更为全方位、多角度的展现文物，对其文物存放管理工作进行预见性的判断。尤其是博物馆文物中较多文物是孤品、单品的情况，其唯一性的状况下如果产生修复偏差，则难以弥补其损失。而运用 VR 技术进行数字化修复处理，可以综合性判断不同修复办法之后的可行性与效果，而后选择其中最优的办法来处理应对。

3.藏品虚拟化展示

在实际博物馆文物工作中，为了有关文化交流以及有关工作的开展，需要进行文物展示工作，VR 技术的应用可以避免实体文物展示中的运输以及多种损坏问题。采用技术还原逼真的文物效果，为有关文物的收藏与处理提供一定辅助。尤其是博物馆在进行有关文物的收回以及交易活动中，通过 VR 技术来还原其实际状况，避免实物交易处理中导致的风险问题。同时 VR 技术可以通过实际情况进行作品影像的旋转、放大或者缩小，对交互式参观等工作也提供了较大的辅助。尤其是文物触碰中容易有脱色与剥脱等问题，通过数字化的展示可以有效地减少不必要的损伤。

（四）VR 技术在博物馆文物保护中的应用价值

对于专业的文物鉴赏人员而言，VR 虚拟技术与实物呈现方式的价值有本质的差别。VR 技术更大程度上是呈现一种多样化的形式，满足不同程度需求，但是并不能完全替代博物馆文物呈现中的实物实际呈现价值。对于博物馆文化没有较高要求的人员，VR 技术可以更好地满足其感受力。例如可以通过 VR 虚拟技术程序，让人们更近距离的去感受文物所展现的具体时代环境、场景，甚至配合有关游戏元素来提升与文物互动的效果。但对于专业的文物鉴赏人员而言，他们的兴趣更多地集中在文物真实的本身细节，这种细节甚至会因为不同环境变化产生改变，有更强烈的真实感，而 VR 技术设置的程序固定，缺乏真实性的物品与环境的互动状况。因此对于该技术的应用，只能满足部分人群的需求，并不能够满足所有文物鉴赏与工作人员的诉求。在此方面也不可以过度的夸大 VR 技术的价值，真实与虚拟之间仍旧有各种感官上面的差异。

VR 技术应用在博物馆文物保护中发挥了一定辅助作用，要意识到新时代技术对文物工作的支持，避免资源技术的闲置。要辩证地看待技术带来的价值，充分利用优势，补充其劣势不足。

第三节 博物馆藏品信息资源开发与动态管理

一、博物馆藏品信息资源的开发

市场经济条件下，博物馆要针对藏品开发与利用存在的问题，采取相应的措施，建立健全藏品开发机构，增强陈列展览吸引力，提高藏品利用率，同时拓宽利用渠道，积极开展藏品信息开发与利用，培养人才梯队，开展藏品研究，增强自营创收能力，解决部分资金困难。

（一）健全藏品开发机构

市场经济条件下，博物馆需要建立健全藏品征集机构和藏品信息开发机构。为杜绝藏品征集工作存在的盲目性、随机性，各级博物馆要建立健全藏品征集机构，配备专业人员，尤其是热爱藏品征集工作，熟悉本馆藏品情况，具备一定的藏品鉴定水平，了解市场运行规则和征集渠道的专业人员，掌握藏品征集的专项经费，专款专用已势在必行，将博物馆有限的藏品征集经费用到刀刃上。

当前，很多博物馆的藏品信息开发还没有落到实处，博物馆要抽调既熟悉本馆藏品又熟悉信息采集、计算机网络等新技术的工作人员组成专业的藏品信息开发机构，逐步对本馆藏品信息进行统计整理，录入数据库，这样既便于日后的藏品管理，又能与其他博物馆共享藏品信息。

（二）加强陈列展览工作

举办陈列展览是博物馆藏品利用的主要方式之一，对于一些博物馆而言，甚至是唯一的利用方式，在我国尤其如此。那么，市场经济条件下，通过举办陈列展览提高藏品的利用率，吸引更多观众，发挥博物馆职能，可从考虑从以下方面去努力：

1.重视观众的娱乐需求

市场经济条件下，博物馆的陈列展览工作要重视观众的娱乐需求。当前，人们物质生活极大丰富，开始有更多的时间投入到休闲娱乐中去，但吸引人们的休闲娱乐的方式很多，博物馆要想吸引观众，利用陈列展览开展教育活动，就必须重视观众的娱乐需求，人们在繁忙的学习工作之余走入博物馆，在获得知识的同时，追求高层次的文化娱乐是可以理解的。

国外博物馆的观众调查工作也证实了观众的娱乐性要求是参观博物馆的主要目的之一。在欧美一些国家，人们提出了博物馆功能的"三E"原则，即Educate（教育），Entertain（娱乐供给），Enrich（充实生活）；在澳大利亚，博物馆界则较普遍地把"娱乐消遣"与维护和保存社会文化遗产、通过研究提高知识水平、通过陈列教育公众列为博物馆的四大社会功能；在日本，一些博物馆学者开始赋予博物馆传统职能RICE（调研、收集、保管、展览）以新的内涵，即娱乐、信息、传播和鼓励，而且还把文化娱乐功能写入了博物馆法规之中，认为博物馆是在具有教育意义的前提下，供民众利用，进行有利于社会教育、调查研究、观赏娱乐等方面所必须的事业。

市场经济条件下，我国博物馆的藏品陈列展览工作也要重视观众的娱乐性要求，兼顾陈列展览的知识性、参与性与娱乐性。天津自然博物馆在这方面进行了有益的探索。天津自然博物馆基本陈列改造后，设有40多项多媒体、机械、触摸、连线问答等参与项目，生态景观15个，仿真动植物模型165件。6400平方米的展厅里，根据馆藏藏品分为序厅、古生物一厅、古生物二厅、水生物厅、两栖爬行厅、海洋贝类厅、世界昆虫厅、热带植物园等，展示标本达4000余件，内容极为丰富。陈列展览动静结合，增强趣味性和观赏性，调动青少年和广大观众的参与意识和视觉、听觉、触觉等感官，深入浅出地传播科学信息，启发观察与思考，学到课堂上、书刊上学不到的知识。在展览设计中，努力为观众营造舒适愉快的环境，完善了残疾人设施及为老年人服务的项目。专业人员还特意留出了部分空间作为观众休闲的场地。讲解人员一改过去"观者自观，讲者自讲"的枯燥说教方式，热情大方，既注意宜人施讲，又较好地把握信息传播的准确性，使观众在休闲娱乐中陶冶身心，增长知识。

2.陈列展览要定位准确

市场经济条件下，博物馆的陈列展览要定位准确。博物馆要对自己的办展实力和服务范围有清醒的认识，结合自身优势，办出社会效益与经济效益俱佳的陈列展览。

精品陈列被博物馆界人士广泛推崇，这体现了市场经济条件下，人们品牌意识，市场观念的增强。形式固然是一方面，但陈列展览的内涵的现代化才是更有意义的。因此，各级博物馆只要结合自身的优势，选择恰当的形式，都能推出优秀的陈列展览。

另外，各级博物馆要对自己陈列展览的服务范围有清醒的认识。博物馆自身想要面向世界，服务全人类的想法是非常好的，但从实际情况来看，很多博物馆的影响力是非常有限的。因此，实力雄厚的大型馆要在服务全国人民的同时，积极参与国际文化交流。中小型博物馆要结合自身优势，积极为辖区内的人民群众服务。

临时展览是适合中小型博物馆开展宣传教育活动的有效手段。临时展览由于形式灵活多变，选题时代感强，陈列周期短，所需资金少，成为各级博物馆提高藏品资源利用率，发挥教育职能，服务社会发展的好方法，尤其是适合中小型博物馆开展教育活动。

3.创新陈列展览的形式

市场经济条件下，随着人们文化水平的提高，经济实力的增强，收藏文物和搞藏品研究的人越来越多，而且其中不乏专业人才。博物馆的基本陈列和临时展览要考虑到普通观众的接受能力，办展时要兼顾知识性与观赏性、娱乐性，往往难以满足为研究目的而来的观众的需要。为满足这一部分较为专业的观众的需要，可以考虑采用仓储式陈列的模式。

仓储式陈列虽然还没有正式出现在博物馆学的陈列方法中，但它并非一种全新的事物。例如在法国巴黎塞纳河畔的卢浮宫，就是把其宫中所有的藏品，按不同的质地，以长期储存和便于观众观赏的形式陈列，这种陈列就是博物馆仓储陈列。另外在埃及意大利等国，这种陈列方式也被广泛使用。它的特点是在接近库房的条件下对藏品进行展示，有利于藏品的保护，同时简化了陈列设计，提高了藏品的利用率，使大批长期闲置的藏品得到了利用。但它有其特殊的要求，如果不能保证，无疑对藏品保护是极其不利的，这种陈列方式应该首先保证藏品的安全和可持续利用，不然就违背了博物馆收藏和保护文物的基本职能。首先要具备丰富的藏品和足够大的场地，而且这种场地应该同时具备陈列室和库房的特点，另外这也给保护藏品的安全带来了极大的挑战。

4.加大陈列展览宣传力度

市场条件经济下，博物馆面临着行业内外的激烈竞争，如博物馆与娱乐业、旅游业等的竞争；各博物馆之间的竞争，如北京，上海等地多家博物馆与本地和外地多家博物馆之间的竞争。因此，博物馆的陈列展览想要吸引更多的观众，扩大社会影响力，真正发挥宣传教育职能，积极进行陈列展览的广告宣传工作。

在陈列展览的宣传方面，各级博物馆积累了可以借鉴的经验。如四川省博物馆在展览开幕前都要发布展览预告，印发和张贴有关的宣传材料，并向省内外的报社递送宣传稿件，使展览的消息广为人知。中国革命博物馆的主要做法是：在展览开幕以前，编辑、印制展览简介（包括展览前言、单元说明及讲解等）；组织有关同志撰写介绍展览文物、宣传展览内容的文章，在《中国文物报》《中国教育报》《中国档案报》《中国文化报》

等报刊上发表；邀请一些报刊、电台、电视台的记者召开新闻发布会，开幕当天，由新华社播发通稿，各新闻媒体也发报道。许多中小型博物馆，也应积极利用当地的媒体加大陈列展览的宣传力度，如地方电视台、晚报等。

（三）拓宽藏品利用渠道

博物馆藏品利用不能仅限于陈列展览，博物馆要积极拓宽藏品利用的渠道，博物馆之间的藏品借用和博物馆与其他单位之间的藏品借用是提高藏品利用率，发挥藏品作用的好方法。

藏品借用业务既可克服藏品紧张和使用需求增加的矛盾，也可充分利用博物馆藏品。小型馆苦于没有成系统的藏品，难以举办陈列展览，而一些大型馆却因展出场地有限，使一些藏品长年得不到利用。这样一些博物馆将其他博物馆长期闲置于库房中的藏品借来展出，既满足了当地观众的兴趣，活跃了博物馆工作，又因借用品不是很珍稀的物品，从而还可节省博物馆的经费开支。博物馆借用特定的藏品，组织专题展览，向观众介绍异域文化，促进不同文化传统的人民相互了解，从而收到良好的社会效果，充分发挥博物馆的社会教育职能。

藏品借用不仅限于博物馆之间，还可以将藏品借给高校等研究机构，为科学研究服务，发挥藏品的作用，当然借用双方应保证藏品使用过程中的安全。这样既为科学研究提供了依据，又提高了博物馆藏品的利用率。另外，根据目前社会上流行的"收藏热"，博物馆可以用实物为"教具"，举办一些关于文物鉴赏的讲座或有偿培训，这既提高了藏品利用率，又是自营创收的好办法。

（四）培养专业学术梯队

市场经济条件下，藏品研究仍然是博物馆日常业务的重要内容，这不仅是专业水平的体现，也是藏品利用的基础，没有对现有藏品细致深入的认识，是不可能做好藏品开发与利用工作的。这项工作归根结底要靠人来完成，培养专业人才，建设学术梯队，才是做好藏品研究，开发藏品信息的根本。培养专业人才，建设学术梯队是一项需要长期坚持的工作。首先，博物馆要对自己当前所拥有的专业人才数量和构成有一个清晰的了解，这样才能确定人才培养和引进的努力方向。例如，经过统计发现馆内缺乏研究某一方向的专业人才，而馆内又拥有大量的这类藏品，那就要博物馆根据自己的规模和实力，提供合理的待遇条件，引进该方向的专业研究人员。

博物馆除引进人才外，还可以在馆内培养良好的学术氛围，自己培养人才。例如，很多在博物馆工作多年的老同志，具有丰富的实际工作经验，这对博物馆来说是一个财富，要充分利用起来，可以老中青相结合，利用结对子的形式，进行传帮带，帮助刚刚进入博物馆的年轻人，快速的熟悉博物馆业务，逐步培养起合理的人才梯队。再比如，博物馆进行藏品信息开发需要大批既有专业背景又熟悉现代信息技术的复合型人才，而博物馆内很多文博背景的工作人员对信息采集、计算机网络技术不熟悉，不能胜任这项工作，那么可以考虑引进一两个计算机网络方面的专业人才，在日常的工作之余，对这些只具备文博知识的人员进行培训，使他们逐步掌握现代信息技术，从而能够胜任藏品信息开发这项工作。

在馆内培养良好的学术氛围，注重学术梯队建设，是博物馆做好藏品研究和藏品信息开发的重要经验。上海博物馆在中华人民共和国成立以来在藏品研究方面取得了一系列的成就，先后出版了《上海博物馆藏画》《上海博物馆藏法书》《上海博物馆藏明清扇面选集》《上海博物馆藏青铜器》《上海博物馆藏瓷选》《上海博物馆藏印》《上海博物馆藏品选》《商周青铜器纹饰》等大型图录，以及《上海碑刻资料选辑》《上海博物馆集刊》《上海博物馆藏战国楚竹书》等，获得国内外学术界、出版界的好评。之所以取得如此丰硕的研究成果是与上海博物馆良好的学术氛围和学术梯队建设是分不开的，已故上海博物馆馆长马承源老先生就是一位资深的学者，不仅著作等身，还是一位著名的青铜器鉴定专家，他非常重视馆内的藏品信息开发工作，使上海博物馆形成了重视学术的良好传统。在学术梯队建设方面，上海博物馆的年轻工作者一般都由老专家来带领，结合个人兴趣和项目需要分配任务，在实践中不断进步，另外对研究人员，包括业务馆长等，每年都要求发表具有一定水平的学术论文若干篇，规定连续两年没有研究成果和工作成果的，将不根据专业职称给予调动工作，逐步培养起来较为健全的学术梯队。这对博物馆培养学术氛围，建设学术开展藏品信息开发是一个值得借鉴的例子。

（五）多样化自营创收工作

市场经济条件下，无论是藏品的开发，还是藏品的利用，都需要资金支持，没有良好的资金支持，这些工作是难以开展的。为解决博物馆藏品开发与利用中经费短缺的问题，博物馆在争取政府资金支持的同时，要积极的自营创收，自己解决一部分经费问题。当然，这种创收工作是在博物馆做好本职工作，做好主业的前提下的，这样的自营创收才能真正具有意义。如果博物馆没有做好藏品征集、研究，陈列展览等工作，没有发挥宣传教育的社会职能，那创收工作不但没有意义，反而会影响博物馆在公众中的形象。

博物馆自营创收的途径是多样化的。例如，市场经济条件下，兴起了收藏热，收藏者很多都缺乏专业知识，难辨文物真伪。博物馆可以发挥专业优势，积极开展有关文物复制、仿制、鉴定的工作和举办各种专业知识讲座、培训等活动。在完成本馆本职工作以外，还可以同时承接其他单位有关文物的拍照、洗印、修整、复制以及书画的装裱、陈列展览的设计制作等各项业务，尤其是对市场需求较大的展览项目提供有偿服务。这些活动得到的报酬可以用来支持藏品开发与利用工作。博物馆制作与本馆藏品和陈列展览相关的明信片、纪念品等一直都是博物馆用来增加收入的好办法。市场经济条件下，博物馆不单是知识的殿堂，也应该是休闲娱乐的好去处。因此，博物馆应该建立一系列配套服务措施来方便观众的参观。如设置停车设施、物件寄存设施、电信通信设施、餐饮设施及休息设施。尤其是餐饮休息娱乐设施，满足观众的需求的同时，又增加了博物馆的收入，是一举两得的好办法。

二、博物馆藏品的动态管理

（一）藏品管理的主要内容

管理是指通过计划工作、组织工作、领导工作和控制工作的诸过程来协调所有的资源，以便达到既定的目标。博物馆藏品管理是博物馆事业发展中的一个重要问题，藏品管理的好坏一定程度上决定博物馆的发展前景和工作的优劣。我国博物馆事业经过一百多年的发展，在藏品管理上不断的积累总结和吸收经验，逐渐形成具有中国特色的藏品管理方式。现阶段我国博物馆藏品管理明确要求做到"鉴定明确，账目清楚，编目详明，保管妥善，制度健全，查用方便"，主要是以传统的成熟的管理方式为基础，并且结合新兴技术手段对藏品进行管理。目前藏品管理的主要内容分为以下部分：

1.藏品的征集管理

藏品征集是指博物馆根据其自身的性质、特点的需要，通过各种途径，有目的地不断补充文物或标本的基本业务工作。藏品的征集工作是博物馆藏品管理的基本工作内容之一，博物馆不仅在建立时需要积累一定数量的藏品，而且在建成后还需要不断的补充和丰富藏品的种类数量，只有这样做才能保证博物馆各项业务的顺利开展和业务水平的不断提高，这就是要求博物馆进行有效的藏品征集工作。藏品征集之所以成为藏品管理的基本内容之一，是因为博物馆藏品的数量和质量直接影响博物馆的业务水平和社会效益，藏品征集为藏品管理提供了物质基础。

藏品征集工作并非是盲目随意进行，它要求藏品征集要具有明确的目的性、科学的计划性和超前的预见性。明确的目的性是指对藏品的征集要根据博物馆的性质，从展览陈列的需要和保护国家科学文化财富的角度出发，有目的地展开藏品征集，逐步建立完整的藏品体系。科学的计划性是指藏品的征集计划应该建立在调查研究的基础上，主要是指博物馆馆藏品现状的调查、展览陈列和研究需求的调查以及有无征集对象和途径的调查。加强预见性是指博物馆对藏品的征集要具有超前意识，藏品的征集范围不应局限于历史时期的文物，现代物品也应该在藏品的征集计划之内，为了未来而征集藏品。

博物馆藏品征集的主要途径包括：考古发掘、民族学调查征集、社会调查征集、购买、接受捐赠、交换、调拨、接受移交等方式。无论是通过哪一种途径征集来的藏品都要对与其有关的情况加以详细的记录，记录要求真实、详细和准确，同时与藏品有关的文件、资料，要完整的保存，随同藏品作为第一手资料一同移交保管部门，这是建立藏品档案的基本内容，也是藏品管理的开始。藏品的原始记录应包含：名称、质地、时代、保存状况、用途、地点、流传经过、征集者和征集时间等，这些记录是下一步展开藏品管理的基础，如果这些原始记录可靠翔实就为藏品的入库准备阶段准备了十分有利的条件。藏品征集是藏品管理的第一步，它为后续工作提供物质基础。

2.藏品的入库管理

藏品的入库管理是指藏品征集完成后对藏品的鉴定、定名和定级。通过对藏品鉴定、定名和定级后可以确定藏品在入库后采取何种的管理方式和保存标准。藏品征集来后，在入藏前的第一项工作就是进行鉴定，鉴定是博物馆藏品研究的首要内容，鉴定的主要任务是辨明藏品真伪，考证藏品内涵，评定藏品价值，且包括藏品的定名和定级。藏品鉴定为博物馆藏品的科学管理、展览陈列和研究利用提供了藏品的价值、名称、年代、级别等鉴定成果。一般而言，藏品鉴定的重点是传世文物，当然自然标本、革命文物、民族文物等也都需要进行科学的鉴定。我国对文物藏品进行鉴定的方法主要有传统的凭借经验鉴定方法，调查研究和考证方法以及通过运用现代先进的技术设备检测等方法。

现阶段藏品定名，国家已经出台了统一的基本规定。自然标本的定名标准是按照国际通用的有关动植物、矿物和岩石的命名法规定名。历史文物的定名标准一般应包括三个基本部分组成，首先是时代、款识和作者；其次是特征、纹饰或颜色；最后是类别、器形或用途。同时在定名时应注意对于有历史、艺术价值的而本身有残缺的藏品，定名时应注明"残"；文物不能进行分割的定名时应该标在一起；对于成组的、完整无缺的，要定一集体名称，失群文物应在单体名称前标集体名称；凡属于文物的附属部分，不标在名称之内，但应在注中说明；文物的质地一般在定名是可不标明。

藏品定级是根据藏品本身的价值，划分等级，区别对待，对于珍贵文物，重点保护。根据《中华人民共和国文物保护法》和《中华人民共和国文物保护法实施细则》的相关规定。我国将文物藏品分为珍贵文物和一般文物两种。珍贵文物划分分为三个等级：具有特别重要历史、艺术、科学价值的历史遗存为一级文物；具有重要历史、艺术、科学价值的历史遗存为二级文物；具有比较重要历史、艺术、科学价值的历史遗存为三级文物。一般文物是指具有一定历史艺术、科学价值的历史遗存。此外在藏品和非文物之间还有参考品，参考品大体包括：对研究器物的质地、器形、铭文或纹饰有参考价值的各种器物残片；对鉴定研究上具有参考价值的近、现代作伪的文物。文物藏品在划分完等级之后，应该将一级藏品编印简目和建立藏品档案，并且上报有关国家文物行政管理部门；同时藏品的定级不是一成不变的，随着人们对文物内涵价值认识的提高，藏品的原定等级就会发生变动。

最后应注意，在藏品鉴定中形成的各个结论，是后续的藏品登记、藏品编目和藏品建档各个项目填写的主要依据，所以藏品鉴定又是藏品科学管理、科学保护和整理研究的前提和基础。

3.藏品的库内管理

藏品库内管理是指与博物馆藏品相关的登记、分类、入库排架、编目、统计、建档、检查和清点。该阶段是藏品管理的核心阶段，也是藏品管理中的最重要阶段。藏品管理的目标主要有两个方面：一是保障藏品的安全，防止藏的丢失与损毁；二是方便藏品的研究、利用，使藏品的各方面价值得到最大效用的发挥。

藏品登记是检查藏品数量和藏品管理质量的依据，藏品登记就要建立起一整套完整、准确、详明的藏品登记账簿。藏品登记账簿主要包含有藏品总登记簿、藏品分类登记簿、藏品出入库账簿、藏品修复登记簿、参考品登记簿、借出品登记簿等，其中最重要的是藏品总登记簿。博物馆藏品总登记簿必须由专人负责，永久保存。总登记簿在登记时要按照严格的格式，逐条，逐项填写。具体格式内容包括：藏品登记号、藏品年代、藏品名称、藏品数量、藏品现状、藏品的来源、藏品登记凭证等。藏品总登记簿是博物馆藏品管理的依据，博物馆的每一件藏品都必须依据入馆凭证，核对藏品及时登入藏品总登记簿。

藏品分类是藏品管理、研究和保护的中心环节。藏品分类是按一定的标准，把具有相同特征的藏品聚合在一起，不具有这一特征的藏品区别出去，并另行分类，以便于藏品的科学管理、整理研究和提供使用。博物馆藏品分类目前无论国内还是国外都没有统一的分类法。因此藏品的分类需要先制定分类标准，确定了标准，根据藏品的自然属性或社会属性的不同，才能制定分类方法和标准。藏品的分类方法比较多目前国内主要分类方法有时代分类法、地域分类法、工艺分类法、质地分类法、属性分类法、来源分类法、价值分类法等方法。藏品分类是为藏品的入库排架做必要的准备工作。

藏品排架是在藏品分类后，按类入库排架，同一类别的藏品放在一起，原则上按登记号的顺序依次排架或入柜。但由于藏品的繁多复杂、形状多样、重量体积相差悬殊，这也就使得一些特殊的藏品必须存放单独的位置，不可能按顺序号对号入库。藏品在入库排架后应经常检查，发现问题及时处理，以保障库房内每一件藏品的安全。预防藏品发生丢失、损坏，是每一位库管人员的责任，也是藏品管理的基本要求。藏品排架是为了实现对藏品科学有序的管理。

藏品编目就是编制藏品目录。藏品目录就是按一定的分类标准将藏品分为若干类，并且按照一定的次序排号，说明藏品所具有的基本特点，鉴别藏品所具有的价值，同时考证藏品源流，使使用者可以按照类目查询到所需的藏品，以便进行藏品本身和有关问题的研究。我国藏品目录形式主要为书本式目录和卡片式目录两种。藏品目录按使用对象分为公用目录和工作目录两种。公用目录是博物馆藏品管理部门对外提供使用的能够检索藏品的使用目录。工作目录是供博物馆藏品保管部门内部人员工作使用的目录。藏品目录应包括前言、目次、正文、辅助资料四个部分。每一个博物馆都应有自己的藏品目录，同时在各个博物馆藏品目录的基础上形成全国的藏品目录，这将大大促进藏品的综合研究，推动博物馆事业的发展。

藏品统计是对博物馆库房藏品实行精细化管理，通过精确的数字来反映藏品各个方面的实际情况。藏品统计要制定统一的统计表格，按要求收集和积累原始数据，查证核实后再逐项填写，统计的数字要求准确无误。统计的基本内容包括：藏品年度综合统计、藏品变动分别统计、藏品动态统计、藏品保护统计、藏品损坏统计等。藏品建档是指为藏品建立档案，其内容应包括与藏品有关的研究资料，鉴定、修复和使用记录，以及藏品的照片、拓片影像等资料。藏品档案是一个逐渐积累的过程，因此自藏品入藏之日起就应该对与藏品有关的资料进行收集，这些资料是对藏品进行科学管理、保护、研究和展览陈列的依据和保障。

藏品检查和清点又称为盘库，即对库房内的所有藏品，按藏品总登记簿记录，逐一清点核对，以保证藏品的安全，达到账物一致。盘库是博物馆保证藏品安全采取的必须手段，每一个博物馆都要定期对库房内的藏品进行盘查。藏品清点是藏品管理中最为艰巨的一项任务，因需对库房内的所有藏品进行逐一的清点，对于藏品丰富的博物馆而言这将是一项工作量非常巨大的任务，因此藏品仓库要提前准备，有计划有步骤地进行。藏品盘库通常采取的是分库、分类、分批次进行，按排架目录逐一清点。

4.藏品的展陈管理

藏品的展陈管理是在整个藏品管理过程中最为密集的阶段，由于展览和陈列是博物馆的基本职能，而展览和陈列是以藏品为依托的。在这一阶段中，藏品会产生，存放位置、运输、保存环境等诸多因素的变化，这也就导致了这一阶段对藏品管理的频率上升。藏品的展览和陈列是以藏品为基础的，是藏品价值的表现形式。博物馆展览和陈列是在一定空间内，以文物标本为基础，配合适当的辅助展品，按照一定的主题、序列和艺术形式组合而成的，进行直观教育、传播文化科学信息和提供审美欣赏的展品群体。对藏品进行展览和陈列使得藏品从库房排架上走入了大众的视野里，这是藏品管理的目的之一。在藏品展陈阶段的管理主要包含：藏品库房提取、藏品出入库、藏品的运输、藏品展览陈列等内容。

藏品的库房提取是指藏品保管部门根据展陈部门制定的展陈大纲，在库房内核实提取展陈大纲上所需的文物，根据藏品存量的实际情况给予展陈部门以反馈，对于不在库房内的藏品告知展陈部门改换其他藏品以代替。对于库房核实存在的藏品，在提取的过程应填写藏品提用凭证，该凭证应包含以下内容：提取部门、提用目的、提用藏品的具体信息，以及提取人和时间等必要信息。这是藏品出库的准备阶段。藏品在存放库提取完成后进入中转库，等待进行出库点交。

藏品的出入库管理是指藏品的使用部门与藏品管理部门对藏品进行移交的过程，在此过程必须要对藏品的数量和现状认真核对，点交清楚。藏品的出入库必须办理出入库手续，对于一级藏品、保密性藏品、经济价值贵重的藏品需经主管副馆长或馆长批准，其他藏品经藏品保管部门负责人批准，藏品在用毕后应及时归库，以保障藏品安全。藏品的出库手续根据藏品的用途的不同，由藏品提借人填写不同的出库单据，所有的单据都必须仔细填写，保证准确无误，在填写完成后将所填单据送交主管领导签署意见，藏品在提借出馆时，要在藏品出库单上加盖博物馆馆章，藏品出库单包含藏品出库通知单、藏品出库清单、藏品出库回执单以及藏品出库存根四个部分。库房保管人员在仔细审核出库单无误确认签字后，方可将藏品点交给提借人。库房藏品保管人员必须妥善保存藏品出库单据，在接受藏品归库时，要严格按照藏品出库单据记录内容逐一核验，以保障藏品的安全。藏品的出入库手续办理虽然烦琐，但是这也是保障藏品安全的有效手段。

藏品运输是藏品在由库房转移到展厅这一过程中，为保障藏品的安全而采取的管理手段。藏品管理的第一要务就是保障藏品的安全，在藏品的运输过程由于各种不确定的因素，会对藏品产生威胁，这就需要藏品的管理人员采取措施，应对各种情况的产生，保证藏品的安全。运输中的藏品的首先要有囊匣的保护；其次在管理运送中要选用经验丰富的藏品保管人员进行，在长途运输中要选用有信誉保证的公司进行；最后，对于藏品运输的过程中应提前考察好路线，对于各种可能产生的情况加以预见，使对藏品安全的威胁因素降至最低。

藏品展厅管理是指在展厅内为藏品提供一个适宜藏品保存的环境，同时确保藏品在展厅内没有被盗和游人损坏危险。藏品在展厅内管理不同于库房内的管理，库房的环境是相对封闭的，而展厅内是一个开放的环境，同时藏品由库房移动至展厅藏品保存的环境也发生了变化，这就对藏品的保护和管理提出更高的要求，这就要求藏品管理人员在保障藏品安全的前提下，藏品能够正常的展出。藏品展厅是一个开放的环境，需要接待参观者，而参观者的素质也参差不齐，这就对藏品的安全构成了威胁，因此在藏品展厅管理和保护的过程中应充分考虑游人对藏品安全的威胁。保障藏品在展厅没有被盗和认为损坏的情况产生。

（二）博物馆的信息化

1.博物馆信息化的概念

博物馆信息化程度的高低，是衡量博物馆发展状况的重要表现，是博物馆现代化的标志。信息化是充分利用信息技术，开发利用信息资源，促进信息交流和知识共享，提高经济增长质量，推动经济社会发展转型的历史进程。信息化是以信息资源为核心，以信息技术为手段，促使信息资源的开发利用和交流更加高效，进而推动经济和社会的发展达到一个新的水平。

博物馆信息化就是要充分利用信息资源，不断地推动博物馆各项事业的蓬勃发展。博物馆信息化是指现行的博物馆工作的各个部门和一切职能都能够利用电脑成为日常工具，并且构成一个以藏品信息数据为核心的一个网络平台。博物馆信息化应该涵盖收藏保管、研究、陈列、教育和行政管理等博物馆工作的各个方面。博物馆信息化是一个涉及技术、管理、服务、理念等多个方面、多个领域的长期系统工程，不是买几台计算机，开发几个信息系统就可以实现的。因此在博物馆信息化的实施过程中应该树立全面系统的观念，从整个社会发展的角度，全面的思考博物馆信息化，要清楚博物馆信息化不是一朝一夕能够实现的，更不可能一步到位，而是一个渐进的发展过程。博物馆在信息化的过程中不仅要吸收借鉴其他行业信息化建设积累的成功经验，使自己在建设的过程中事半功倍，而且还要总结自己在信息化建设道路上的经验与教训，加深对博物馆信息化的认识，从而推动博物馆信息化发展水平的提高。

2.博物馆信息化的内容

信息化就是通过数字技术将文化遗产转化成数据。博物馆信息化是一个渐进的，不断完善和发展的过程，在这个过程中应注意以下内容：

首先，数据库的建设。由于藏品是博物馆赖以存在和发展的基础，博物馆数据的建设应以藏品信息数据为核心。数据库应是存储文字、图片、音频、视频等多媒体类信息的多媒体数据库。博物馆数据库不仅包含藏品档案数据、古建筑和古遗址数据、古文献数据等基础型数据库，而且还应包括各门类藏品研究的专业型数据库。数据库的建设是博物馆信息化的基础。由于藏品、古建筑、古遗址和古文献等具有形式多样，形态复杂的特性，外加藏品管理的特殊操作规定，因此博物馆数据库的建设是一个长期性，持续性的工作。数据库的建立是博物馆藏品动态化管理的基础。

其次，通用网络平台的建设。网络平台的建设是博物馆信息化的重要内容之一，只有建立起方便简洁的网络平台，才能够满足博物馆工作人员在不同条件下办公需要，方便各个部门之间的沟通，提高办事效率。网络平台的建设，能够使博物馆数据库发挥最大的效用。在博物馆通用网络平台的建设过程中应充分考虑到博物馆是一个内部部门较多，专业区别较大的特性，在网络平台的构筑过程中从各个部门的性质出发，采用分布式服务器和分布式数据库的拓扑结构，这样不仅有利于信息的传输和处理，也有利网络的分阶段实施和扩充。同时也应该考虑到馆内网络平台与外部连接的问题，这样不仅能够满足公众查询的需求，又能满足馆内人员移动办公的需要。

再次，人才的引进与培养。人才是博物馆各项事业发展的源动力。博物馆信息化的过程中对博物馆管理人员提出了更高的要求，不仅要具有丰富文物保管与修复，陈列展览、文物研究、社会教育等方面的专业知识，而且还要具有现代信息技术知识。在博物馆信息化的发展浪潮下，博物馆应该结合自身实际，加强人才的培养。在对馆内员工进行深造的同时，与社会教育部门和高校合作，共同培养信息化中需要的高层次人才，是博物馆信息化的必然要求。只有充分的重视人才的培养与引进，才能对信息的加工更专业，科学，有效，推动博物馆信息化也是蓬勃发展。

最后，管理理念与模式的改变。博物馆信息化在提高博物馆行政效率、管理效果的同时，也改变着博物馆旧有的管理理念与管理模式。例如在传统的管理模式下，博物馆对藏品管理需要大量的人力物力，在盘点藏品的过程中不仅耗时耗力，对藏品安全构成了威胁。在博物馆信息化条件下对藏品管理中，通过信息化手段能够实现快速有效准确的盘点，既省时又省力，与藏品的零接触，保障了藏品安全。博物馆信息化不是单纯的添置新设备和技术组合，它还涉及了管理理念与管理模式的改变，同时伴随着博物馆工作体系、管理机制、规章制度的改革和提高。在信息化的潮流下，博物馆要抓住机遇转变管理理念与模式，增强创新意识，使博物馆走向更加辉煌的发展道路。

（三）博物馆藏品动态管理

1.藏品动态管理的概念界定

博物馆藏品动态管理是指有关藏品的保护管理、整理研究、展览陈列和提供使用等工作，藏品管理人员不必深入库房，可以利用现代信息技术，通过计算机对藏品的保管、使用和研究等状况进行远距离的实时动态的管理。藏品管理人员的基本工作内容就是对藏品的保护、管理和研究。在传统的管理模式下，藏品管理人员经常要深入库房一线从事这些工作，不仅费时费力，还会出现差错，有时还会对藏品造成损坏，管理人员大部分深陷于藏品管理中根本无从谈对藏品的研究。藏品动态化管理模式在博物馆信息化的基础上，充分利用物联网技术，实现了在不进入库房，不接触藏品的条件下，对藏品的年代、质地、完残、存放位置、使用状况等各项信息一目了然，同时能够对藏品的保存环境进行实时监测，这不仅能够将管理人员从藏品管理琐碎繁重的工作中解脱出来，还能够提高藏品管理效率，保障藏品安全。

藏品动态化管理是以物联网技术为支撑，以藏品信息资源的开发利用为重点保障藏品安全为核心，在节省人力物力的基础上，增强管理效率为目的的新型藏品管理理念，是博物馆信息化现代化的重要体现。在博物馆信息化的要求下，推动藏品信息化，藏品的信息化又为实现藏品的动态化管理提供了便利条件。藏品动态化管理的根本目的是在节省人力资源的基础上，通过运用现代信息技术，提高博物馆藏品的保护、管理和使用效率。

2.藏品动态管理的工作内容

博物馆藏品动态化管理的目的就是利用物联网技术，实现对藏品实时、动态的管理，而实现这一目的就需要完成以下方面的工作：首先，藏品档案数据库的建设。藏品动态化管理的核心是信息资源，通过对藏品各种信息的搜集建立藏品档案数据库，利用动态管理系统加以整合，为藏品管理人员提供管理决策的信息。藏品的信息采集是进行藏品动态管理的基础性工作，这些信息应是以文字、图片、视频等多媒体信息反映藏品的实际状况。在采集藏品信息中应该注意的是，由于事物是不断变化发展的，藏品的信息也是处于不断的变化过程中，因此对藏品信息的采集要注意信息的有效性。藏品信息数据库的建设是实施藏品动态化管理至关重要的一步，只有做好这一步的工作，才能保证动态化管理的有效性。

其次，动态化管理系统。动态化管理系统是在藏品档案数据库的基础上，结合物联网技术而开发出来的，对藏品进行实时动态管理的系统。它包含两个部分软件设计和硬件架设，软件设计就是动态化管理系统的操作界面设计，硬件架设主要是在库房内进行，通过对库房架设无线网络、对藏品分配不同的电子标签等工作实现对藏品的实时监测。该系统会改变博物馆藏品管理上各自为政的局面，如库房的安保系统、环境监测系统等，都是藏品动态管理系统的一部分。动态化管理系统是动态化管理的中枢，该系统将藏品管理与藏品信息融为一体，在藏品管理中不断积累藏品信息，再通过藏品信息标准化的要求不断规范促进藏品的管理工作。为充分保障藏品的信息资源安全，藏品动态化管理系统必须设立多重层次、多种手段的安全措施。如对于不同的使用者提供不同的权限，不允许非藏品管理用户随意的查询藏品的详细信息，在藏品检索时也只提供浏览信息。

再次，管理组织结构的创新。藏品动态化管理是一个系统工程，它不仅是技术创新，而且更代表着一种先进的开放的藏品管理理念。不能简单地认为藏品动态化管理是在原有组织结构下进行的计算机化和网络化组织创新是管理创新的基础，所以博物馆在藏品动态管理建设过程中，必须根据动态管理的要求对组织结构进行重新设计，使其符合要求。

最后，新技术手段的应用。由于物联网技术的成熟与发展，使得博物馆藏品动态化管理由理念走向现实。物联网是以感知为核心的物物互联的综合信息系统，是继计算机、互联网之后信息产业的第三次浪潮。在此次信息产业浪潮中博物馆为推动博物馆事业的不断向前发展，充分把握机遇，大胆地在藏品管理中运用新技术，使得博物馆藏品管理事业出现跨越式的发展。博物馆藏品动态化管理就是新技术手段应用的成果。科技是不断进步发展的，在未来的日子里，为了保证藏品管理事业的蓬勃发展，藏品管理人时刻关注新技术的产生与应用，在条件成熟之时，将其应用与藏品管理之中。

3.藏品动态管理的技术条件

博物馆藏品动态化管理能够实现的根本技术条件是物联网技术的成熟与发展。物联网是以感知为核心的物物互联的综合信息系统，其创造性的继承和发展传感器网络、泛在网络、普适计算、云计算、RFID（Radio FrequencyIdentification）等信息技术的优点，涵盖形式多样的应用领域，提供打破不同行业各自发展的现状的方式，创造不同产业相互结合的机遇，反映了人们对物物互联、感知世界的普遍的共同的需求。物联网在电力、农业和物流等对国民经济发展起基础和重要作用的行业，已有许多较为成熟的基于物联网技术的解决方案用于优化生产、提高企业的生产力和竞争力，物联网服务生产企业可以有效地提高企业的生产效率和管理水平。在藏品管理中应用物联网技术，可以利用温度、湿度、光照多种传感器对藏品的保存环境进行实时的监控和管理，提高藏品保管安全效率。

物联网是以感知为目的，实现人与人，人与物，物与物全面互联的网络。其突出特征是通过各种感知方式获取物理世界的各种信息，结合互联网、移动通信网等进行信息的传递与交互，采用智能计算技术对信息进行分析处理，从而提升对物质世界的感知能力，实现智能化的决策和控制。物联网的核心能力是全面感知、可靠传输和智能处理三个方面。全面感知就是通过利用感知技术手段能有随时随地物体进行信息采集和获取；可靠传输是指通过各种通信网络进行可靠的物体信息交互和共享；智能处理就是利用各种智能计算技术进行海量的信息分析和处理，进而实现智能化的决策和控制。藏品动态化管理只是应用物联网技术初级阶段，随着物联网不断发展和完善，藏品管理也必然由动态化走向智能化。未来的物联网将真正实现从任何时间、任何地点的互联到任何物间的互联的扩展。

第九章　非物质农业遗产的保护技术与传承手段

随着现代化进程的加速推进，传统的生产生活方式发生了巨大变化，人们精神需求不断提高，非物质农业遗产所具有的社会价值、审美价值和经济价值日益显现。本章将对非物质农业遗产的保护技术与传承手段进行论述。

第一节 非物质农业遗产的概念、内涵

非物质农业遗产的研究工作尚处于起步阶段，其基本概念和内涵也需要进一步廓清，目前还没有一个大家共同认可的定义。我们试图从物质农业遗产与非物质农业遗产出发，探讨两者之间的区别和关系，从而廓清非物质农业遗产的概念和内涵。

1.文化遗产

文化遗产是指各族民众千百年来传统的物质生活、精神生活和社会生活三个领域内的所有文化事项。

物质生活方面：土地和村落、房屋和建筑、生产渔猎、畜牧、农业、林业、手工和生活服饰、器物、工具、饮食、医药、交通运输。

精神生活方面：认识和观念、祭祀和礼仪、巫术和信仰、伦理和道德以及习惯法、语言民俗、民间文学、民间艺术等。

社会生活方面：家族亲朋、民间组织、交际活动、人生仪礼、天象历法、岁时风俗、科学技术、吉庆娱乐、游戏竞技等。

2.非物质遗产

非物质遗产是指来自某一文化社区的全部创作，这些创作以传统为依据，有某一群体或一些个体所表达并被认为是符合社区期望的作为其文化和社会特性的表达形式、准则和价值，通过模仿或其他方式口头相传。它的形式包括：语言、口头文学、音乐、舞蹈、游戏。竞技、神话、礼仪、风俗习惯、手工艺、建筑及其他艺术。非物质文化遗产的载体是人。属于口头表达的非物质遗产，属于表演形式的非物质遗产。都是以人作为载体的。但是，某些艺术。观念、知识，技术形态的非物质遗产也需要依托于"物质"而存在，如有关工具、实物、工艺品等。

3.农业遗产

农业遗产包括物质性遗产和非物质性遗产（或称之为有形文化遗产和无形文化遗产）两大部分。农业遗产直接和有机地将物质部分、非物质部分结合起来，广泛地存在于社会土壤中。

4.全球重要农业遗产

全球重要农业遗产是指按照联合国粮农组织的定义，"农村与其所处环境长期协同

进化和动态适应下所形成的独特的土地利用系统和农业景观，这种系统与景观具有丰富的生物多样性，而且可以满足当地社会经济与文化发展的需要，有利于促进区域可持续发展"。

5.物质农业遗产和非物质农业遗产的区别

物质农业遗产包括传统作物品种、农耕器具、渔猎工具、加工工具、运输工具、储藏工具、餐饮用具、生活用品、重要遗址、水利工程和名人故居，以及历代典章制度、田契账册、票据文书和著作与民间艺术，其他相关物品等。非物质农业遗产包括与农耕活动相关的节庆娱乐、礼仪、禁忌习俗、工艺、技术等。有形文化遗产一般具有单一性、排他性以及在另一时空的不可再生、不可复制的特点，但农业遗产除具有一般性外还具有特殊性，就传统农具而言，它是古人的发明且其制造技术历代延续不断，因而就有了与"不可复制"截然相反的性质，所以对这些历史上发明，后人延续不断地制作的农具称之为传统农具而不是文物。从文化遗产的角度看，它确实是遗产之一。

6.物质农业遗产与非物质农业遗产的关系

农业遗产包括物质文化遗产和非物质文化遗产两个部分。物质文化和非物质文化密不可分，它们广泛植根于社会生活之中，构成了中华民族的价值取向、行为方式、生活习俗和饮食消费习惯。我国过去对农业遗产研究，多偏重于文献层面的学术研究和物质层面的农业文物标本的征集，对于传统农业文化如民间的农业习俗、生活情趣、价值取向等方面则重视不够。只有把物质文化与非物质文化结合起来，把文献研究与实地田野调查结合起来，才能准确把握我国丰富的文化农业遗产的精髓，才能全方位地进行有效的保护。

农业文物是物质遗产，保护研究是博物馆的职能，但从博物馆工作惯例看对非物质方面的研究略显欠缺，揭示其非物质内涵不够充分，研究缺乏人文氛围，展示缺乏灵气。例如，作为藏品征集的犁，如果没有同时记录它的加工制作过程、使用状况以及与之相关的习俗，就会使犁显得有些残缺，我们所保护的只是一个犁，而不是丰厚的文化遗产。又如"哈尼族"的梯田文化，他们的梯田可以建成几千级，而他们做梯田的时候，也把他们的习俗、祭扫、仪式等风俗融入梯田文化里面。所以，不能只看到梯田而看不到梯田里丰富多彩的哈尼族活态文化。因此，一些农业遗产作为一种象征、隐喻的载体，其所包含的信息、价值、意义，不仅保存完整，而且还具有活跃的生命力，这正是文化的魅力。

第二节 非物质农业遗产的特点

一、非物质文化特征

非物质文化遗产具有活态性、多样性、多元性和延续性等特征。非物质农业遗产作为非物质文化遗产的一个分支同样具备这些共性。然而，非物质农业遗产还具有明显的个性。

1.地区性：中国地域辽阔，各地的地形地貌、气候环境，千变万化。各地农业生产生活构成具有明显地域特征的农业文化，形成稻作文化、旱作文化、丘陵梯田文化、渔猎文化、高原牧业文化，并有着较大差异。中国的农业文化圈比现今的行政区域反映的历史还要古老、真实。如山西麦作文化的面花与山西相关民俗、地域文化特征及早期的彩陶文化都是一脉相承的，面花中的"盘蛇"纹样和早期彩陶中的盘蛇纹样，在文化上的传承是非常鲜明的。

2.民族性：中国是56个民族多元文化的国家，有相当丰富多彩的农业文化资源。各民族在其繁衍生息过程中，都依据其环境资源特点，因地制宜地创造了自己的农业文化。同时在文化的传播和传承中，各民族之间、各地区之间，通过连绵不断的文化交流，相互借鉴，相互学习，在动植物品种、生产工具、农牧技术乃至生活习俗方面，都具有多元文化融合的特点。

3.生态性：中国上下五千年的农业文明从未中断过，农业遗产的积淀深厚。这种不间断的延续，说明传统农业基本符合大自然的生态系统。为了顺应自然适度利用自然，先人们创造了各种符合生态系统的生产模式、生活方式。集中表现为，生产方式具有明显的历史阶段性，生产结构流变性、农田物种传递性、遗传资源与基因的多样性；每一个区域文化类型或生态系统都包括耕作文化、饮食文化、民俗文化、民间艺术、古建文化等内容，伴随着农耕经济长期延续，至今还在影响着人们的生活。这种数千年的绵延不绝本身也说明了其特有的生态性。

当然，这里所说的个性特点并非非物质农业遗产独有，在一般"非物质文化遗产"中也可能存在，但作为农业"非物质文化遗产"自有其特殊的内容和特殊的表现。

非物质农业遗产保护的核心是人类与环境和谐相处的思想。作为一种新的遗产类型，农业文化遗产渗透了几千年来人与自然和谐共处的知识和技术，是自然与人的结晶，对人类未来的生存和发展具有重要影响。对农业文化遗产的保护，不仅是要保留这种生产生活方式，更要找出这种生产生活方式对今天农业发展的借鉴意义。李文华研究员说："现在是到了用现代技术武装传统农业，用传统农业思想反思现代农业发展的时候了。"保护农业遗产，就是要保护农业文化遗产中的人与自然和谐相处的思想和方法，并通过与现代农业技术的结合而加以推广。

非物质农业遗产不仅表现在"天、地、人"和谐统一的思想观念、农业生产和知识及农业生产工具上，也反映在乡村宗教礼仪、风俗习惯、民间文艺及饮食文化等社会生活的各个方面。中国传统农业实践经验有一个世界上少有的。连续的文化传承基础，我们的祖先摸索出了很多很有意义的生产方法，比如桑基鱼塘、间作套种技术、农林复合技术、梯田种植技术等。

二、保护非物质农业文化遗产包括的内容

1.传统的生态农业系统和景观

"农牧结合""农桑结合"和"基塘生产"等生态农业模式，不仅具有悠久历史，而且在国际上产生很大影响。梯田种植、桑基鱼塘、坎儿井、淤地坝和稻-鱼-鸭、猪-沼-果等在传统模式基础上，在结构上有新发展的系统类型。

（1）梯田景观：云南哈尼族的梯田文化。哈尼人利用亚热带山区气候垂直分布的特点建构选择了与之适应的良性农业生态系统，气候温和的中半山作为村寨理想居住地，而把村寨之上的高山森林奉为神山"寨母"，而村寨直至山脚河谷的整个下半山，则是层层梯田。神山森林产生的泉水被哈尼人引入水沟，流入村寨，再进入保水的层层梯田。这样，森林-村寨-梯田组成和谐的农业生态系统，山有多高，林有多高，水有多高，形成一种良性循环。"哈尼族"的梯田文化从儿童的"梯田游戏"到成人和梯田相关的礼俗十分丰富，反映了丰富多彩的哈尼族活态文化。

（2）珠江三角洲的"蔗基鱼塘"农作系统景观遗产。中国珠江三角洲和太湖流域地区地势低洼，水患严重，当地农民通过长期的生产实践，总结出把低洼地挖深为塘，挖出涨土覆于四周成基，塘内养鱼，基上植桑，从而使水体与耕地合理布局。由于它把桑、蚕、鱼有机地联系起来，桑叶喂蚕、蚕沙养鱼、鱼粪肥塘、塘泥肥基、基肥促桑，形成了高效益的良性循环持续发展模式。随着经济水平及科学技术的发展，又由桑基鱼塘发展成蔗基鱼塘、果基鱼塘、菜基鱼塘、稻基鱼塘等多种基塘系统。清代的《广东新语》中有如下记载："广州诸大县村落中，往往弃肥田以为基，以树果木。荔枝最多，茶、桑次之，柑、橙次之，龙眼多树宅旁，亦树于基。基下为池以畜鱼。岁暮涸之，至春以播稻秧，大者至数十亩。"《高明县志》中的记载则更为明确："将洼地挖深，泥复四周为基，中凹下为塘，基六塘四，基种桑，塘蓄鱼，桑叶饲蚕，蚕粪饲鱼，两利俱全，十倍禾稼。"

（3）稻田养鱼的生态农业系统，"种稻养鱼"的生产方式和"饭稻羹鱼"的生活方式是中国传统农耕文化的重要组成部分。青田稻田养鱼生态农业系统已有1200余年的历史。当初，农民引溪水灌溉稻田，溪水中的鱼种在稻田中土生土长，后经过长期选种驯化，逐渐形成了今天的稻鱼共生、互惠互利的良性生态系统，这种鱼被称为田鱼。我们不仅要保护"稻鱼共生"的生产方式，而且要保护系统内部生物物种和文化的多样性，更重要的是保护和发展人类与环境和谐相处的思想。

2.传统农耕种植技术经验

开荒垦地技术经验、土地轮种技术经验、育种播种技术经验、间套种技术经验（禾本科和豆科间套种、棉麦套种、水稻不同品种间作、粮肥套种、粮草混种）、灌溉技术经验、施肥技术经验、防治病虫害技术经验（如养鸭治蝗）、收割储藏的技术经验。传统农耕种植技术在千百年的传承和发展中，形成了丰富多彩的农业文化。

此外，与农耕种植技术密切相关的农业生产工具的制作工艺及其使用方法、民间工匠的特殊手艺与制作过程等传统工艺技术经验也是保护的重要内容。我国的农具与农业是同步产生的，至今已有上万年的历史，具有简而不陋、轻巧灵便、就地取材、形式多样的特点。这些质朴无华的农业生产工具，是先人留给我们的一笔宝贵遗产，创造出了一系列农业生产工具和器具，到元代种类已达180种以上，现在传统农具的数量更加丰富。对我国的农业发展、对世界农具的进步产生过深远的影响，可谓千古流韵。

3.传统名特优产品的农业原产地保护

这一模式是指利用对某种农产品原产地认定，进一步发挥其在民间形成的知名度，或利用其独特的品形、风味、色泽进行品牌塑造。这实质上是对传统农业的保护。我国几千年农业发展形成了许多独具特色的农产品品牌、农业模式。如东北的"响水大米"，宁夏的枸杞、杭州的"龙井茶"、广东的"石峡龙眼"，我国丰富的农业遗产亟须保存并发扬。像日本稻米文化一样，我国几千年传统农业文化及其乡土民俗，也是我国文化的根基，传统的乡村景观，农耕方式更是宝贵的遗产。对农业的多功能性探讨更激励我们对传统农业遗产的保护。对农业多功能性探讨，我们认识到农业系统可以通过维护自然景观，保护生物多样性，防止自然灾害，保护历史文化遗产等，在环境和文化方面对人类社会做出贡献。

4.农产品传统加工技艺

醋、酒、酱菜、咸肉、涪陵榨菜、松花蛋、咸鸭蛋、火腿、香肠、豆腐乳、臭豆腐、腊肉、泡菜、葡萄干、果脯、板鸭、茶叶等农产品传统加工技艺是中华民族五千多年农耕文化文明的结晶。

（1）食醋文化产生得较早，酿醋历史已有4000余年。作为一项传统工艺，采用的酸醋方法，选用的水质，选用的谷物做原料，经过的工序，陈放的过程等都是珍贵的文化遗产。如第一批国家级非物质文化遗产名录，恒顺醋业的香醋酿制技艺具有三大特点：一是原料考究严格。镇江恒顺香醋选用出产于"鱼米之乡"的绿色糯米为原料，粒大、品亮、润白、饱满的优质糯米淀粉含量高，糖化力极强，是理想的做醋原料。二是发酵工艺独特。恒顺香醋的发酵工艺分制酒、制酪、淋醋三大过程，大小40多道工序，从前至后大约需要60天时间。三是储存方式不同于一般。恒顺醋的储存不仅时间长，而且对容器和储存环境均有特殊的要求。煎煮过的熟醋被倒进特制的陶罐中，置于通风透气或者露天的环境下，经过风吹、日晒、雨淋，至少存放半年以上。经过数代人的传承和发展，恒顺香醋的生产技艺已形成了极高的历史价值、科研价值、社会价值和文化价值。

（2）人类在远古时代已经懂得酿造多种不同的酒类来作为8常生活中的饮料。根据历史考证，在公元前20-前15世纪，中国古人类已经掌握了简单的酿造技术，并可用五谷、各种果子及不同的原料来酿制不同味道的酒类。随着农业生产的发展，酿酒有了充足的原材料，如广为种植的谷物、水果和牲畜的奶汁、蜂蜜等。而经济的发展，使酿酒技术得以规模化并不断创新。随着奴隶社会和封建社会的形成和发展，人类的酿酒技术也越来越完善。在中国古代的许多书中都有"琼浆玉液"和"陈年佳酿"等词语。"琼浆玉液"表明人类已经懂得酿制许多种类的酒，从中鉴别挑出质量最佳的酒，称之为"琼浆玉液"；"陈年佳酿"则说明了人类已经掌握把酒陈化这种优良技术，懂得了酒经过陈化会使其味道越发香醇。例如，贵州茅台的酿酒业始于秦汉，先后传承两千多年从未间断，其独特的酿造技术和独特的地理环境，特有的红缨子高粱原料，通过茅台工艺发酵使其形成儿茶酸、香草醛、阿魏酸等茅台酒香味的前体物质，最后形成茅台酒特殊的芳香化合物和多酚类物质等。这些有机物的形成与茅台酒高粱及地域微生物群系密切相关，也是茅台酒幽雅细腻、酒体丰满醇厚、回味悠长的重要因素，特别值得一提的是茅台酒富含一定的多酚类物质，适量饮用，不伤肝，能治疗糖尿病、感冒等疾病，造就了茅台酒举世无双和独有奇特的风格，使得茅台酒成了名满天下的中国名酒。

（3）茶叶的加工技艺，千百年来经历了从生煮羹饮到晒干收藏、从燕青造形到龙团凤饼、从团饼茶到散叶茶、从蒸青到炒青、从绿茶发展至其他茶类、从素茶到花香茶的过程。最早的用蒸热、捣碎、造形、烘干等办法制成团茶或饼茶。现在的饼茶、沱茶、普洱茶就是继承古老的方法制成的。唐代以后，发展成为现在的散茶。散茶因制作方法不同又可分为绿茶、红茶、花茶、乌龙茶等。制绿茶，又因杀青方法不同，分为炒青、蒸青、晒青、烘青等几种。红茶的特点是汤色深黄而淡红。花茶是加鲜花窨制而成的，既有花香，又有茶香。乌龙茶既有红茶之香醇，又有绿茶之清香。各种茶叶的加工技艺是一笔丰厚的文化遗产，部分已经列为国家级和省级非物质文化遗产予以保护。

5.古村镇村寨民居保护

我国广大地区的古村镇村寨，是中华多民族国家的基础，也是我国悠久历史文化发展的基础，几千年上万年的古国文明就是从这些村镇村寨中发展起来的，体现了中华悠久历史文化的内涵，是中华悠久历史文化的根基。中国古村落有优美的山水环境，有数百年的建村历史，有丰富的人文景观，体现了中国传统文化中人与自然和谐相处。村中的街巷、民居、祠堂、公堂、寺庙、坊、墙、楼阁、市井、庭园等各种类型的建筑也无所不备，从家庭、邻里、街坊到基层管理的保安、公益、医疗卫生等，一应俱全，特别是邻里和睦、互帮互助、勤劳俭朴等传统美德，更值得现代城市借鉴。许多古村落还保存了山川林木、鸟兽虫鱼的自然生态环境，一些村镇的名木古树堪称活的文物珍宝，如能把一些自然生态加上传统文化古村保存下来，将是一种绝妙的自然与文化遗产的珍品，是我们祖先和谐思想的典范。所以说，保护住现在已经很有限的古村寨和古民居，就是保护我们自己文化的根基；保护农村的文化遗产，就是保护我们传统文化的源头。

6.传统农业生产制度与农耕信仰及文化

传统农业生产制度与农耕信仰及文化包括历代鼓励推动农业生产的典章制度，有关农业生产的历法节气和农谚，行之有效的乡规民约，伦理道德规范和相关的民间禁忌与祭祀仪式等。与农业文化有关的信仰、仪式、传统节庆和与农业文化有关的饮食习俗、穿衣习俗、居住习俗（生活居住地及其环境）。许多古老的民俗仪式也都和早期农业文化有着直接的联系，如南方的傩戏、北方的社火、淮阳的人祖庙会、陕北的"转九曲"以及少数民族诸多的习俗节日和祭祀节日。

7.民间艺术与图案纹样

在陕北的民间剪纸样式中，古史记载黄帝族最早崇拜的"龟、蛇、鱼、蛙"，现在依然存活且相当流行。陇东的"鹿头花"剪纸，反映了早期狩猎、农业采集时代"鹿角崇拜""物候立法"的文化内涵，今天陕北、山西、河北等黄河流域乡村大量的"瓶里插花"剪纸纹样，即是"鹿头花"原型的变体，其中传承着早期农业文化的信息。另外，民间艺术的创作过程是手工艺人运用前人或自己的经验，利用掌握的技巧，熟练地支配灵巧的双手创制工艺的实践。从这个意义上讲，传统手工艺不仅是重要文化遗产，而且应该属于重要无形文化遗产的范畴。

三、保护原则

非物质农业遗产的保护要比自然遗产和物质遗产的保护难得多。与世界自然遗产、物质遗产相比，非物质农业遗产的最大不同在于它保护的是一种农民仍在使用并且赖以生存的生产方式、生活方式，是一种"活态"的文化遗产。因此要坚持以下保护原则。

1.以人为本的原则

当某一特定事项需要及时保护甚至抢救时，可能会与所在地民众对于经济利益的追求发生矛盾，这时候，就需要遵循以人为本的原则。一是必须关注和尊重人（相关民众）的现实需求。二是必须明白，只有（特定民族社区的）人，才是（特定）非物质文化遗产保护的无可替代的能动主体，要相信他们的聪明智慧和守护民族文化的责任感。一种非物质文化的全部生机活力，实际上存在于生它养它的民族（社区）民众之中。一个特定的社会群体，作为一种非物质文化遗产的创造、享用和传承主体，绝不会在满足经济物质生活需求的时候，忘记自己的传统文化。在《保护公约》中明确强调要"努力确保创造、保养和承传这种遗产的群体、团体，有时是个人的最大限度的参与，并吸收他们积极地参与有关的管理"。如果让农民继续采用传统的农业生产方式，则必须能够让他们能够从中获益，才可以在保护生态系统服务功能的前提下有所发展。

2.动态保护的原则

农业文化不是静止的，而是流动的、活态的。在农业文化遗产保护中，应该坚持动态保护。农业文化遗产保护的也是一种农业生产方式，一种充分反映人与自然协调的生态系统，因此，没有生产劳作是不可能保护这些传统农业系统的。当然，我们还得让农民的生产方式有所发展，因为没有发展的保护是不可持续的。任何非物质文化遗产作为人类特殊的精神创造，都是一种生命的存在，有自己的基因、要素、结构、能量和生命链，在这里蕴含着生命的全部秘密。因此，要确实维持和增强一种非物质文化遗产的生命力，首先必须借助调研，探寻它的基因谱系和生命之根，找到它的灵魂和脉搏，即贯穿其中由特定民族精神（心理）凝铸的核心价值观，从而在源头和根本上准确认识，精心保护。

3.整体保护原则

既要保护非物质文化本身，也要保护它的生命之源。不仅是就空间向度而言，也表现在时间向度上。既要重视非物质文化的价值观，又不能忽视其背景和环境保护。一是生态整体。这是由非物质文化遗产的生态性特征决定的。它要求在对某一具体事项进行保护时，不能只顾及该事物本身，而必须连同与它的生命休戚与共的生态环境一起加以保护。当然，这个环境也是在不断发展变化之中的，但那只是自然选择的结果，依然保持着自身的生态平衡。二是文化整体。一个具有悠久历史的民族（社群），它所创造的非物质文化，都是多种多样丰富多彩的。必须深深扎根于一个地方的传统文化历史中，才可以使众多局部的有机整合，但任何局部（即便是最能够作为一种手段，来体现一个地区的文化特质和价值的杰出代表）都不可能完全代替整体。如果存在条块分割、点面断裂、缺乏整体规划与筹划的情况，则难以形成整体联动的局面。

我们不能只保护农业文化遗产中的某个要素或某几个要素，而是应该把农业遗产系统及其赖以存在的自然和人文环境作为一个整体加以保护，形成文化生态区。不仅要保护传统农具、农耕技术和农业生物物种，还要保护赖以生存的人文环境和自然环境，包括地形地貌、土壤植被、生物景观、村落风貌、民居建筑、民间信仰、礼仪习俗等。

4.原地保护原则

在非物质农业遗产中，有些遗产或者说多数遗产在空间上具有不可移动性，这就要坚持原地保护的原则。在一般情况下，农业文化遗产地不能在空间上发生大的迁移，遗产系统不能脱离其形成的原生自然环境和人文环境。当然，遗产的就地保护原则并不意味着传统农业技术不能在其他地区得到推广，相反，农业文化遗产保护的目的就是为各地农业生物多样性和生态系统保护提供知识的积累。但就农业文化遗产地本身来说，在空间上具有不可移动性（如都江堰、坎儿井、大运河等），只能就地保护。

第三节　如何进行非物质农业遗产保护

作为一个具有一万多年农业历史的大国，对自己本民族的传统文化重新整理和认识不仅仅是为了申遗，更是在为整个人类社会文化多样性的发展做贡献。面对丰厚的遗产，如何开展保护工作？保护哪些内容？怎样保护？就非物质文化遗产而言，有两个传承主体：一个是"物"，一个是"人"。博物馆开展非物质农业文化遗产保护首先应侧重于"物"，其次是"人"。"物"的保护有两个方面：其一，保护非物质农业文化遗产的"基因"；其二，保护非物质农业文化遗产的形式并赋予其新的内容。作为一种进化现象，任何一种事物都会消亡、再生和转型。传统文化也一样，一部分必定会消亡，一部分发生转型得到再生。针对这两种情况，分别采取不同的保护方法，必定消亡的保护其基因，在需要的时候通过对其"DNA"的提取，恢复其原貌；再生者看起来其形式依然存在，但内容却发生了变化，成为当代人普遍接受并成为生活中的一部分，对此要积极促进其发展，以人们喜闻乐见的方式推波助澜。

1.保护"基因"

随着现代化进程的加速，人们的生活方式和生产方式正在迅速地改变。在农村，变化最大的是生产方式。拖拉机代替了耕牛，除草机、播种机代替了锄头，粉碎机代替了石磨、石碾子，等等。这些传统的农具，可以说与人类相伴了几千年，几乎没有太大的改变。但在工业化迅速发展的今天，它们正在逐步退出人类生产的历史舞台。人们正在迅速地丢弃那些传统的、过时的老式家具，丢弃那些粗糙的陶制的坛坛罐罐，丢弃那些用土布做成的一点也不时髦的侗布服饰。电视的普及，大量进城打工的流动人口，使寨民们知道了什么叫城里人的生活，他们要奋起直追，追求城里人的时髦、城里人的消费方式。他们甚至开始鄙视自己传统的审美方式，传统的艺术表现形式，包括他们热爱的大歌、曾热爱过的侗戏。

甚至认为这是一种太土的传统艺术，他们在家里贴上明星照，哼唱流行歌曲，有机会也到城里唱卡拉 OK，甚至蹦迪、跳交际舞。这里流失的不仅是一种生产方式。一种生活方式及一种娱乐审美的方式，实际上还包括了一种传统的民族文化和艺术。

那些用手工创造和制作了整个村寨生活的手艺人们，他们的技术，他们的经验，他们的智慧，开始成了过时的知识，连同他们本身，也成了过时的人，从生活舞台的中心开始退到了生活舞台的边缘。这是一段即将要从我们眼前飞驰而过的历史，是大趋势，谁也无法改变，我们只能抓紧时间考察、搜集、记录，尤其是传统农耕技术、传统农业生产工具、农作物品种、传统农业耕作制度、农耕信仰、民间文学、表演艺术和民间美术等，对这一切进行基因保护。就像国家种质基因资源库，把我们能够知道的种质资源都保存起来并保证它的发芽率，一旦需要可以随时提取其"DNA"。

目的是让它们永久地"存活"，我们的后人不仅能看到死的物，同时也能随时看到活的物。因此，就要花大力气做基因采集工作，把农业时代的劳动图景、生活场景如实记录下来，使这些人类文化中人与自然联系的重要一环，不产生割裂。把那些被丢弃、被淡忘、正在消亡的传统民间文化遗产基因有效地保存起来，一旦我们的后人需要，随时可以提取其"DNA"并培养起来，使沉睡的过去苏醒过来。因为，这些文化遗产中有我们先人的思想和行为，目前的认识水平还不足以完全解释清楚这些思想和行为，简单地抛弃，会失掉无法估量的智慧和财富。例如，随着高产杂交水稻的出现，解决了广大人民的吃饭问题，为人类做出了卓越的贡献，但同时也带来了品种单一的问题。我国是水稻原产地，通过万年的培育，水稻品种十分丰富，有着适合各地气候、土壤和人们口味的品种，高产杂交水稻的种植使得水稻品种单一，一些人们喜欢吃的品种越来越少，不仅如此，单一品种的广泛种植还潜藏着很大的风险，一旦出现虫害将是灾难性的。又如过去有些黄瓜的品种是"苦"的，相声大师侯宝林曾有一段相声中就描写北京老太太买黄瓜，先尝尝苦不苦再买，当时人们觉得"苦"味黄瓜不好，花了很大的气力进行"科研"，改良了品种，黄瓜"苦"味没有了。

但随着人们对物种认识的深入，发现"苦"黄瓜对一些疾病具有很好的疗效，只好花更大资源来恢复这种"苦"黄瓜的品种。实例告诉我们对待过去的一切应尊重，不要盲目地否定或简单地丢弃。

另外，随着人们环境意识、生态意识的提高，一些传统技艺不可能再一成不变地的流传下去。比如：象牙雕刻艺术、虎骨酒的制作工艺、鱼皮衣的制作手艺等，都面临着原料的替代问题。原料的改变必然导致传统技艺的异化或消失，所以对这些必须采取基因保护，为后人留下永久的记忆。博物馆在这方面有着明显的技术和人员优势，它保护文物的历史源远流长，对文物的征集、收录、整理、保护，具有完备的操作程序，可以便捷地移植到非物质农业文化遗产的保护工作中；以博物馆专业人员队伍为依托，对那些濒危的非物质农业文化遗产实施抢救性的调查、搜集、记录，使非物质农业文化遗产的基因得到永久的保存，成为子孙后代随时可以共享的财富。

2.保护形式赋予新的内容

所谓"保护形式"是指名目还在，但其内容有了很大的变化，或者说"名存实亡"。以传统节日为例，尽管春节至今仍然是中国人最重要的节日，但是"年"的本来意义越来越被人们所淡忘，"年"的内容越来越单调，"年"的味道越来越淡，现在的"年"与过去的"年"虽然都是"年"，变化却是巨大的，就是内心的那种慷慨与期盼也大相径庭。比起春节，其他同样延续了几千年的中国传统节日就更显颓落了。

中国重要的传统节日，其中大部分的形成和历法有关。历法主要是农业文明的产物，由历法而起源的节日，无论性质还是形式，自然也是主要为农业生产服务的。也就是说，中国传统节日之产生乃至传承发展的根源在于千年的农耕文明。中国社会、经济、文化发展，以及经济全球化对传统节日文化构成了强势冲击。人们在节庆期间衣、食、住、行等消费生活观念、方式上的具体改变，直接反映了中国民众正经历一场世界观的巨大转变。传统文化开始"礼崩乐坏"，导致节日礼俗逐渐丧失精神基础。新中国成立后自觉地要向建设现代工业国家迈进，这是符合历史发展的客观规律的，但同时也使农业生产不再是社会生产的主导形式，传统节日文化的社会基础也开始大规模沦陷。

现代文明高度发展的今天，继续坚持遵循古老的传统民俗生活方式，或不能改变固有的生活方式和观念，对文化的急剧变迁持某种排斥态度，是不可思议的，也是不可能的。文明是人创造的，必然是可以传播的。处于优势或强势地位的文明的影响比较大，比较能够反映自然规律，因而能促进社会进步的文明产生的影响也比较深远。而且"文明必定有优胜劣汰"。人们对待传统节日的态度已不在意节日的内容，关注的只是家人团聚、亲朋交往，调适生活的这种形式。大家都牢牢地记着春节、清明、端午、中秋及其他传统节日，但同时也忘记了这些节日的内涵。因为，对当代人来说那些内涵太遥远，几乎与现代生活没有关系，人们不可能花费精力去弄通弄懂这些东西，即使想了解也只限泛泛而已。这种情形在许多国家、许多民族都存在，这不是数典忘祖，是历史的必然。

最为典型的就是奥林匹克运动会，"奥林匹克运动会"原是古希腊人的一种祭祀仪式，随着时间的推移，人们已经不记得这种祭祀仪式了，但"奥林匹克运动会"却成为世界的共同节日。

了解才会喜欢，这一点非常重要，如韩剧《大长今》的风靡，让不少中国人对韩国的传统服饰、饮食和传统习俗津津乐道。韩剧掀起的"韩流"也让连续剧布景地仁川成为观光旅游胜地，韩服和泡菜成为外国游客喜爱购买的产品。一些年轻人对传统文化不喜欢，是因为他们不了解，缺乏系统的认识，所以教育非常重要。要让他们从小就体会到传统的服饰很美丽，民族音乐很高雅，对祖国优秀的传统文化感到自豪。近期在广东民间工艺博物馆展出的《广州百年风情——万兆泉雕塑作品展》，用泥塑艺术手段再现了老广州的生活场景、风俗民情，配上通俗易懂、朗朗上口的方言竹枝诗，收到了非常好的展览效果，展览相继在澳门、香港、佛山等地展出，受到当地群众的欢迎。博物馆的这种保护不是靠政府的力度，也不是靠学者的疾呼，更不是靠企业捐助，它只是业务范围内利用社会资源和擅长的技术手段，使传统文化在人们生活中再现，既是收藏的保护方式，也是活态的保护方式，借以达到"合理利用、传承发展"的目的。

3.非物质农业文化遗产普查

开展非物质农业文化遗产保护，首先要摸清家底。这就要求对全国的农业文化遗产进行全面的普查和研究。重点是：对传统农业耕作技术与经验实施的普查研究；对传统农业生产工具的普查研究；对传统农业生产制度的普查研究；对当地特有农作物品种的普查与研究；对传统农耕信仰，民间文学艺术等的普查与研究。

普查。对所选地域的自然，人文环境进行全面普查。按照农业文化遗产研究的学科框架，采取田野调查的方法，对个案地的自然、人文环境进行善查。内容包括：地理环境、历史沿革、居民构成、农业生产及工具、农产品加工、饮食和酒文化、棉纺织品加工、畜牧业、手工业及艺术品、交通运输工具、婚姻家庭、与农业有关的民间文学、音乐舞蹈、节日文化、宗教、丧葬习俗等进行全面普查。

对非物质农业文化遗产进行登记、录音、拍摄和整理。内容包括：农耕生产活动的记录，生活环境地的记录，传统农业生产工具的制作工艺及其使用方法的记录，民间工匠特殊手艺制作的记录，食品加工及食用方法的记录，口述史，专题采访，重要遗址，等等。

对有典型性、代表性和濒危性的有关农业文化实物、器具资料进行抢救性保护。内容包括：耕织工具、加工工具、运输工具、储藏用具、渔猎工具、生活用品、纸质资料、民俗艺术品和其他相关实物等。

对个案农业文化传承机制进行调研，提出当地科学保护与可持续利用农业文化遗产的专业性建议。内容包括：建立当地农业文化传承人档案，提出优秀传统农业工艺培训计划，向当地主管部门提出工艺品开发、农业文化旅游等方面的建议等。

（1）普查步骤

1）前期准备。

包括成立项目领导小组和实施小组。进行人员的业务培训和学习；设备购置和技术培训；资料准备和案头研究工作；目标地的联系和资源准备工作。

2）实施阶段。

第一阶段：对缺乏实地工作经验的项目组成员进行田野调查现场培训，初步建立田野工作的基本模式；以个案地为中心，全面掌握该地农业文化的概貌；对该地周边地区开展调研工作，为深入研究寻找参照系。

第二阶段：以农业耕作季节为主线，对个案地非物质农业遗产进行全面、系统调查和影像记录。抢救性保护非物质遗产的载体，建立非物质农业遗产数据库。

第三阶段：起草并完成《个案地非物质农业文化遗产调查报告》；筹备专题展览；提出《个案地非物质农业文化遗产科学保护与可持续利用的建议》和《关于进一步开展中国非物质农业文化遗产保护的建议》。

（2）普查原则

非物质农业文化遗产资料收集是关键。一方面指的是与物质资料相关的一些文化内容，如工具的制作工艺、技术，使用的方法、仪式，等等。

另一方面则主要是指一些精神文化层面的内容，如有关农业文化内容的歌舞、戏剧、仪式、民间故事、口头传说、农谚等。其主要的采集方式是文字记录和影像记录。做田野调查记录的首要原则是内容的写实性，文字记录不需要任何艺术的加工和创造。

必须将具体文物资料的征集纳入整个保护工作。文物资料征集的主要依据就是文物的典型性、代表性和标志性的原则。文物和实物资料的征集主要包括两个方面，首先是进行物质资料生产的一些相关的工具、实物资料，如劳动生产工具等；其次还包括一些与精神文化活动相关的物质载体。例如与农业文化密切相关的祭祀、舞蹈、歌曲的实物、道具、唱本、乐器等。

注意资料的完整系统性，防止缺失和疏漏。反映一个专题的文化内容往往有一些核心载体和资料，此外还有一些辅助性的材料，这些材料往往在具体工作中被忽视，从而导致收集工作的缺项，给今后的研究和陈列展示等带来困难。注意载体背景资料的完整性。载体背景资料是非物质文化遗产的重要组成部分，其制作使用的历史年代、来源、流传经过是否清楚等内容，都直接关系到保护和今后的利用，也是我们确定是否应保护的重要依据。

记录的内容首先有一个总体的把握。对将要记录的内容首先要做全面的调查，对需要记录对象的名称、发生的时间、地点、范围、文化内涵都要有全面了解和把握。

（3）普查预期成果

1）运用"宏观与微观""社区与个案""定性与定量""专题与综合""个别访

问"与"文化遗产资料征集"等民族学的基本调查方法开展调查工作，对目标地农业文化遗产内容采取全方位、立体化的调查、收集、研究和保护，在对目标地全面了解的基础上，确定保护的目标和内容。

2）充分发挥博物馆传统的实物征集方法，对濒临淘汰的文化遗产载体进行抢救性保护，抢救保护处在濒临淘汰的边缘遗产载体。把物质遗产和非物质遗产相结合，对歌舞、工艺、技艺等非物质的文化内容则采取影视人类学的记录方法予以保存、保护。

3）全面记录春种、中管、秋获的作业方式，全面记录纺织印染工艺、铸造工艺、酿制工艺、造纸工艺、编织工艺、建筑工艺以及地理环境、历史沿革、文物古迹、宗教信仰、风俗伦理、婚丧仪式、歌曲戏剧、故事传说等内容。

以普查为基础，紧紧围绕"保护为主、抢救第一、合理利用、传承发展"的原则开展研究工作。为了使上面所提到的具体研究内容能顺利进行，特别需要注意两点：其一，非物质农业遗产各个方面面临着什么威胁，这种威胁有多么严重，多么紧迫；其二，保护非物质农业文化遗产对其他利益产生什么影响。这两点是开展研究的前提，十分重要。

4.以物质的形态保护非物质农业遗产

这个"物质"的概念包括自然界物和人类本身。换一种形式表述为，既要保护非物质农业文化遗产的载体同时更要保护这些遗产的传承人，与物质文化遗产和自然遗产相比，非物质文化遗产更注重以人为载体的知识技能的传承。

（1）对物质载体的保存是非物质文化遗产保护的最基本形式

1）物质文化遗产和非物质文化遗产在存在形式上具有不可分割性，许多情况下非物质文化是与物质文化有机结合而存在的，都脱离不了相互之间的联系。农业的耕作技术、民间的生产制度、生活习俗，都与社会的历史、文化、环境和经济条件，甚至政治力量发生密切联系。无形文化遗产是民族、群体文化个性的具体表现，往往随着社会的变迁而不复存在或在变化中再生。当前，人们越来越重视事与物之间的联系，在各项工作中都不同程度地考虑到，隐藏在物背后的物与事的关系、物与地区地理、历史的关系等。只要掌握了物背后的知识，即使物失传，也可以复制，如果制作技艺不存在了，则很难再现。因此，有形物总是包含在无形文化之中。

非物质农业文化遗产必须通过物化过程有形化，达到无形遗产和物质遗产的保护一体化，进入博物馆得到永久的庇护。克罗地亚著名博物馆学家马约维奇·伊凡在《博物馆学与无形遗产和传统博物馆的对抗，或者说，我们在向原始的博物馆回归吗？》论文中说："无形文化遗产正在逐渐进入博物馆世界。尽管它以前曾经在一定限度内以与物质世界的物品相联系的形式被表现过。但是只有现在它才被有意识地与博物馆的工作联系在一起。无形遗产的保护和对现实产生的影响的前景是更大更多的需求。"保护无形遗产，就像保护有形文化遗产一样，历史证明无形遗产比有形遗产的保护会实现更大更多的经济价值和社会价值。而这一历史价值和现实价值只有通过博物馆的辛勤劳动和精心转化才能实现。

文化遗产对博物馆所要征集和保存的物进行历史和科学的全面研究、对于文化遗产相关内容的征集、展示有了新的要求。例如征集一些反映当地农民民俗方面的文物资料。每一个地方的文化遗产都会自成一个体系，形成各自的特点。如何反映这些特色，就要求我们的征集工作从更广阔的视野去考察、去探索。如二十四节气被列入全国非物质文化遗产名录，除了对有代表性的"物"征集外，还要对习俗活动录音、录像，对民间谚语、气候特点等进行完整、系统的搜集整理，这些都属于保护的内容。

2）最重要的是对人的保护。从根本意义上说，非物质文化遗产的保护，首先应该是对创造、享有和传承者的保护。所以，对擅长非物质文化的人或人群的保护、培养工作十分重要。非物质文化遗产的最大的特点是不脱离民族特殊的生活、生产方式，是民族个性、民族审美习惯的"活"的显现。它依托于人本身而存在，以声音、形象和技艺为表现手段，并以身口相传作为文化链而得以延续，是"活"的文化及其传统中最脆弱的部分。因此，对于非物质文化遗产传承的过程来说，人就显得尤为重要。博物馆要开放陈列思路，将"人"引入博物馆，这些"活"的内容不仅丰富了陈列内涵，更为重要的是使陈列充满了灵性，更具魅力和吸引力。

"非物质文化"，在字面上强调了这类文化形态的精神属性和智慧形态。就"物质性"的遗产而言，非物质文化遗产注重的是知识、情感和技能、手艺及其"活体"传承。讲究"活"性，以"人"为本。

（2）保护的措施、手段和方法

1）措施。

制定遗产继承人从业资格。协助国家主管部门制定该行业的从业资格，在从业资格中明确规定今后从业者必须具备的相关知识和水平，从根本上提高传统技艺的地位。

制定行业规范条例。目前全国一些手工技艺水平参差不齐，没有一个科学的规范条例，主要靠个人对技术的热爱程度和敬业精神。有些方法是科学的，有些方法是不科学的，需要提高全国从业人员的整体水平。在全国选定每类专业技术有特长和绝活的专家开设培训班，普及传授传统技术及规范，使整体行业水平得到提高。并经常性地举办研讨会、高级进修班，介绍和探讨新技术新成果，并注重传统技术与现代科技相结合。

师承制的实施。由国家主管部门选出全国有经验的老师傅、老专家，将他们的特长公布于众，如同报研究生一样。对全国有志于毕生从事这项工作的青年，设一定的报名条件，并经有关部门组织的考试，合格者可作为某某的弟子，举行拜师会，弟子至少在师父处学习二至三年方可出师。

培养专项技术的大学生。将传统技能引入大学课堂，与现代学科相结合，依靠科技进步技术的力量，使其得到传承和发展。首先在博物馆专业内加入相关课程，再开设具体技能专业，起点为本科逐渐发展为硕士、博士。传统技能市场化。成立专业研究所或遗产传承公司或在博物馆中成立个人工作室，使非物质遗产中的一些技能市场化。从业者经过考核可领到主管部门颁发的资格证书。有资格证书者可以承接国家和单位的一些任务。

2）手段。

建立非物质文化遗产的传承人档案。冯骥才曾指出，非物质文化遗产是和人的活动息息相关的，是靠人传承下来的，如果民间艺术和技艺的艺人日益减少，遗产就要断绝了。在这个方面，博物馆可以为某一专项建立传承档案。以民间故事的传承为例，其传承档案内容可以包括以下几点。

传承人信息：姓名、性别、年龄、民族、文化程度、工作单位、职务、身份证号码、使用方言、讲述地点、讲述环境；

搜集者信息：姓名、性别、年龄、民族、文化程度、工作单位、职务、身份证号码；

作品信息：体裁、内容提要、主人公姓名、故事类型、故事流传地、搜集时间、与作品有关的人文知识、自然知识等背景资料；

传承计划：在未来的时间中，将采取何种方式确保对上述作品进行有效的活态传承等。

突出传承人的价值，提高传承人的地位，改善传承人的生活，需要我们政府的政策支持，相关措施的连贯性和持续性，保护传承人的具体措施都需要研究和解决。

3）方法。

借助摄影、摄像、录音、文字描述和绘画将非物质农业遗产物化，是实现长久保存的重要途径。

建立非物质文化遗产文献保存体系，确保档案的完整、真实与安全。博物馆有义务确保档案的完整、真实与安全，开展保管和提供利用等业务，建立非物质文化遗产文献保存体系，将完整安全的非物质文化遗产档案和文献适当地提供利用。

完整记录注意细节。博物馆从事研究的优势在于能够充分利用馆藏资源，系统地了解遗产项目。立档的过程是通过搜集、记录、分类、编目等方式，为项目建立完整的档案；保存是利用文字、录音、录像、数字化多媒体等手段，对保护对象进行真实、全面、系统的记录，并积极搜集有关实物资料，妥善保存并合理利用的过程。

通过物化保留前人的有形和无形文化遗产以至于可以仿真再造，这就是现代的"记载"手段。内容主要包括以下几种。

原始声像带，搜集关于农业非物质文化遗产原始的声音、形象、技艺。这就是通过搜集原有的或自制录音保留前人的声响；通过录像保留前人的形象和技艺。

光碟，采用多媒体的音视信息采集、数字化的保存技术、那些无形文化遗产也能得到良好的、长期的保存。

文稿资料，搜集关于农业非物质文化遗产原始的文字记载资料，许多技艺是身口相传的，只能通过文字记载保留下来。

书籍图集，搜集关于农业非物质文化遗产原始书籍、图集或通过搜集、整理将完整的非物质文化遗产图片、文字汇编成集。

5.动态中传承保护、合理利用非物质农业文化遗产

根据近年来参与多项民间非物质文化遗产保护的实践体验和国际相关的经验，深切地感到，非物质文化遗产虽然有它自己独特的文化形态，但在现实中，非物质文化遗产和物质文化遗产关系密切，是与民众的生活方式紧密联系在一起的。因此，在进行非物质文化遗产的保护中，我们要从民众生活出发，坚持"生活相""生活场""生活流"的立场观念和方法，贯彻原真性、整体性的原则，防止出现片面的文化碎片式的保护性撕裂。

（1）在动态中传承保护非物质文化农业遗产

1）坚持"生活相"立场。所谓"生活相"，就是生活的样子或样式。非物质文化遗产形式上有其独特性，但是就其本质而言，它不是孤立的存在，而是一种生存于生活中，不脱离生活的"生活文化"，一种文化型的"生活相"或生活模式。如七夕、中秋、春节等传统节日，本身又是我们生活的特殊样式。

2）坚持"生活场"观念。一是要注意文化遗产有形和无形地结合。非物质文化遗产虽然有它独特的内涵和文化表现，但是又与物质文化遗产关系密切，不是孤立存在截然分开的，而是相互依存、互相作用构成一个整体的空间一生活场。其中非物质文化促生物质文化，而物质文化中包含了非物质文化遗产。它们不仅仅是口头的和非物质的形态，而是口头与行为、物质与非物质、有形和无形的结合。在保护中，要有科学完整的文化生活场空间理念来指导这些工作。二是要注意防止单纯文化碎片的保护。

所谓文化碎片，就是指原本是一个整体性的文化结构，成了支离破碎的状态。文化遗产的一大特点，就是文化的不单一性。文化遗产的品种或类型不是单一独立，而是混同一体。所以，非物质文化遗产的保护也不应是文化的碎片。缺乏文化整体性的理念，人为地把它撕裂开来，单独将其中一部分作为一种类型的文化遗产保护，形式上实现了保护，实际上却破坏了文化固有的整体风貌和遗产的价值。有的非物质文化遗产在历史的传承中，已成了碎片，而我们在保护时，由于缺乏对其整体性的认识，丝毫不考虑到对其失却的完整性的修复，从而形成了碎片式的保护，如同珍稀动物进入造动物园。这是当前文化遗产保护和开发中颇为常见的问题。三是要关注生产技艺秘诀类非物质文化遗产的保护。就非物质文化遗产的文化空间而言，既有精细复杂的艺术形式，也包括久远传承的生产生活层面的艺术技巧。它的存在、延续和发展，维系着人类社会生生不息。人类生存技艺智慧，是文化遗产生活场空间的重要内涵，是重要的人类记忆遗产。值得注意的是，我们对此的认识和保护显然是不够的。

贵州省人民政府与挪威王国签署了合作建设梭戛生态博物馆的协议。这是中国第

一座生态博物馆。该博物馆的范围包括梭戛乡的 12 个村寨，展示了当地的生活、生产习俗和民间艺术。在生态博物馆理论的指导下，民族民间文化在一个特定的区域内得到了比较完整的保护，当地人民对于本社区文化的重要性有了更高的认识，当地的经济、教育也得到了相应的发展。随后，贵州省相继建立了贵阳市花溪震山布依族生态博物馆、锦屏县隆里古城生态博物馆、黎平县堂安侗族生态博物馆，初步形成了贵州的生态博物馆群。贵州省政府公布了首批 20 个重点建设的民族保护村镇，文化生态村的建设取得了显著成效，民族文化生态村成为现实存在的活文化与孕育产生此文化的生态环境的结合体，实现了民族民间文化的原地保护，建在村中的民族文化博物馆、民居博物馆等成为典型的股现鲜活民族民间文化的展示区，各类形态的原生态文化得到较好的保存。在政府领导下和专家指导下，当地民众自行管理，依靠自身力量运作发展。如梭戛生态博物馆的管理主要以当地社区为主，管理委员会由区级文化文物主管部门的代表、12 个苗寨的公认代表和具有相应资格的管理人员、财会人员组成。另外，还设有科学咨询小组，由相应的专家组成。几年来，民族文化生态村的村容、村貌及水、路、活动场所等基础设施均有大的改观，经济活动特别是旅游业均有较大发展。

云南、广西、四川、新疆等地通过生态博物馆、文化生态保护村（寨）的建设，不仅各类形态的原生态民间文学艺术得以较好的保存和延续，同时也促进了当地教育和经济的发展，在全国范围内产生了深远的影响。在此基础上，继承贵州生态博物馆经验产生了第二代生态博物馆。第二代生态博物馆以广西为代表，突出的特点是加强了生态博物馆的科学研究水平和展示传播水平。广西建立的两座生态博物馆同时成为广西民族博物馆的两座科研基地。广西民族博物馆的专家介入生态博物馆里来，以科学的方法、科学的视野对这个文化活标本进行科学研究，结果不仅直接提升了村民对自己文化的历史价值、艺术价值和科学价值的认识和保护的自觉性，而且在实践上培养着村民自己的科学家。这种结合对科学家、对村民都是有益的。对于巩固生态博物馆的存在和提升，其保护水平也是必要的。

第二代生态博物馆强化了它的文化的展示传播功能。广西把贵州的资料信息中心改称为展览中心，以强调其展示意义。一个村寨拥有独特的文化不向外界展示，没有外界的欣赏，不会实现文化多样化的价值，事实上越是能为外界所欣赏的文化越有生命力。外界的赞叹是激励文化传承的重要动力。广西两座生态博物馆的展览中心的陈列已经相当专业化、博物馆化了。它们的无形文化遗产在外来的强势文化面前，本来是脆弱的，但如果它们对自己文化价值的认识提到了科学的高度，情感上达到了珍惜的程度，无形文化遗产就变得坚固了。它们的表演和展示就是一种自豪。对自己文化有了科学的认识、自豪的情感，就有了自觉传承的基础。这时才真正成了自己文化的主人。

在内地这种保护也有很多成功的先例，如山西"中国民间文化遗产抢救工程古村落示范保护基地"后沟古村和"国家历史文化名村"张壁古堡。尤其后沟古村对非物质农业文化遗产保护得很好，传统生活生产方式在这里几乎完整地保存，原住居民按照传统的方式生产，按照传统的方式生活，并把那些不独有但又很少见到的生产工具、生活用品、加工方法、酿造技术、消遣娱乐的方式、祈福去灾的仪式、寄托灵魂的宗教信仰一一展示出来，而且相当专业化、博物馆化。有形无形文化遗产变得坚固了，它们对自己的文化有了科学的认识和自豪的情感。这些"过去"已经不是维持生计的必需，而是能轻松地给它们带来财富的资本。这样的保护已经有了坚实的基础。

在中国古老村寨中，建立生态博物馆对村民来说是一种超前的行为。对于这些经济落后的地区所有人都希望尽快脱贫致富，因此政府很赞同对民族非物质文化遗产实施利用和开发战略，以尽快实现其经济价值的转换，解决普遍的贫困问题，或直接提升当地居民的经济总量，缩小与发达地区的差距。贵州震山布依族生态博物馆已成为贵阳市居民的休闲娱乐场所，人声鼎沸，叫卖声、搓麻声不绝于耳，原住居民的收入的确增加了，但是不是当初策划者的初衷，只能是仁者见仁智者见智。而一些人文科学工作者则更多地倡导对少数民族的非物质文化遗产实行全面的保护政策，一部分倾向于生态主义的学者甚至不主张对少数民族非物质文化遗产进行过多的干预，主张在少数民族地区的经济建设过程中拒绝引入"发展"的观念。

实际上任何人都阻挡不住经济发展的步伐，提倡完全原生态保护的主张在某种意义上讲并不现实，也不可行。"不能因为保护那些已经不在文化生活中发挥作用的文化因素而破坏社区的社会进程。"（联合国教科文组织文化部国际标准司司长林德尔·普罗特）这应该是一条原则。当地原住居民在对现代化追求过程中，很可能会轻易丢掉自己的传统，而从生态理论出发，则主张尽可能地保留住这些传统，换句话说，原住居民有发展的权利，而我们不能因为要保留"文化的多样性"去牺牲和损害他们的这种权利。这就是"棘手"之所在。

怎样才能既保住传统，又实现地方社会、经济和文化的发展呢？在解决这个问题方面，《六枝原则》做了一些尝试。《六枝原则》包括 9 个方面的内容：村民是其文化的主人，有权认同与解释其文化；文化的含义和价值必须与人联系起来，并应予以加强；生态博物馆的核心是公众参与，必须以民主方式管理；旅游与保护发生冲突时，保护优先，不应出售文物但鼓励以传统工艺制造纪念品出售；避免短期经济行为损害长期利益；对文化遗产进行整体保护，其中传统技术和物质文化资料是核心；观众有义务以尊重的态度遵守一定的行为准则；生态博物馆没有固定的模式，因文化及社会的不同条件而千差万别；促进社区经济发展，改善居民生活。

普罗特也曾说过"实现目标的各种手段方法是截然不同的。在一种情况下，一个小生态圈的生存起到极其重要的作用，会保证提供某种手工艺（如造纸和织布）、传统医疗和传统食物的植物原料。在另一种情况下，我们将苦苦寻觅仍然使用他们母语的极少的幸存者。还有种情况，我们寻找如何在社区中支持居民的传统活动，形式包括授奖、手工艺市场、艺术普及、鼓励民间艺术节，甚至从社区外借入开展传统纪念活动必不可少的物品。有些利益集团希望将现存的法律结构，如专利权和版权法，扩展至传统知识领域。总之，保护遗产的意思应是：使掌握传统文化者能够继续为被竞争型生活方式造就，提供不同的行为方式和成功标准"。既保住传统，又实现地方社会、经济和文化的发展，对于这个问题的看法仍不统一，由于利益的不同所持有的观点也就不同了。在目前的经济发展阶段，在这个问题上很难形成利益共同体，唯一的办法是尊重原住居民的选择。当然对原住居民的"培训、提高"，对自己文化的认同感和历史感，都不能伤害他们的基本权利。其实，当人们意识到要保护这些"缤纷的色彩"的时候，多样化文化就已经面临着危机了。这就是保护与发展的矛盾。从这个问题上也可以说明，非物质遗产保护绝不能只有一种形式，应该是因地而异、因地制宜，实事求是。所以，保护工作绝不是哪一个机构、哪一个部门、哪几个专家的事，只有全社会都来参与，各种力量都来推动，尤其是调动当事人的积极性，保护工作才能真正取得实际效果。

（3）推出陈列展览，进行宣传与介绍，促进传承与发展

在博物馆陈列中，必须坚持有形文物与无形遗产相结合，才能赋予陈列品以更完整、更饱满的文化意义。特别是将民间活态文化搬进博物馆陈列时，可以为过去的文化史做出形象生动的佐证，既有很好的展示效果，又能完整地展示民间、民俗中的无形文化精华。

无形遗产概念宽泛，内涵丰富，在博物馆管理中，只有坚持有形遗产与无形遗产相结合，才能更好地、有效地发挥博物馆保护、传播人类优秀文化遗产的作用。有形遗产与无形遗产的关系是彼此相关的，博物馆应强化对象背后的无形遗产的研究，同时展示与有形遗产相关的无形遗产。在推出专题展时，应做深入的文化研究；设计展出的方式时，应诠释同属于展品的无形文化价值。例如：对文化背景、美学意涵、人文思想、技艺创作过程、生产方式、社会功能作用等方面做交代，各类不同的文化遗产会有各种不同的方式去保护，应该深化研究各类无形资产的特质，去发展适当的保护与呈现的方式。在继承传统的同时，鼓励创新与现代生活结合。

对非物质文化遗产的陈列展示仍应以实物为依托，关键是归纳制作工艺流程、习俗礼仪的主要过程。例如，"西双版纳历史文化陈列"通过对与生态环境相适应的传统手工艺品的展示来表现突出这一内容。这些生产生活用品是物质的、有形的，而制作技艺则是非物质的、无形的。年节习俗、人生礼仪习俗的一些特殊祭品和用具，音乐、舞蹈、戏曲中的乐器和道具是物质的，但表演、演奏是非物质的。

陈列展览应采取动静结合的方式，即以动态表演，辅以静态展示的方式，对各种非物质文化遗产项目进行全方位展示。除了展示非物质文化遗产的图片、实物，还可以通过大屏幕滚动播放非遗资料片。

例如：在旧金山亚洲艺术博物馆展示日本新年春制 Moehi（米糕）仪式。Mochi 是一种日本甜点，它是由白糖、精米制成，糯米团经过反复春击，直到可以形成球为止。它随时能够食用，并具有象征新年繁荣昌盛的特殊意义。美国日裔卡尕幂芥在该博物馆中表演拜祭仪式时，在木白中春击热糯米，唱歌并有节奏地击打僧太鼓。米糕做好后，

请博物馆观众品尝。当他们把这个仪式引入博物馆时，Mochi 不仅仅是一个产品，而且其准备的知识和具体操作、饮食礼仪和与各种食品相关的象征意义都是无形的。又如韩国国立民俗博物馆设计了一个展示泡菜传统制作工艺的场景。展出的原材料、工具及制备方法简单面有效。虽然这种服出可能是基于历史的，而不是现代技术，但是腌制泡菜的传统似乎仍然十分兴盛。即使传承人不在现场演示，展出的泡菜制作方法也让人对其非物质文化方面的内涵一目了然。上述博物馆的每一个案例都展示和描述食物制作方法，尽管手工制作乃至烹煮食物的技术可以用文字记载，但是创造性的操作并没有实物形态，体现在操作者的技能或技艺中的表演和创造性劳作是无形的。

（4）出版著作、画册、录像片，创建网页、网站，扩大传播范围

光盘、编辑系列专题录像片和创办"网上"非物质文化博物馆。对档案文献信息资源进行加工和开发，除开放实物展览外，也可通过出版系列专著、画册、光盘、编辑系列专题录像片等方式向社会各界传播，提高大众对非物质文化遗产的理解和保护意识，弘扬、宣传与振兴非物质文化遗产。现代文化事业机构作为社会的信息中心，积极开展并参与非物质文化遗产的宣传工作，对提高社会公众的非物质文化遗产认知、关注程度和保护意识都将起到非常重要的作用。例如：江西省艺术档案馆建成并开通了"江西省非物质文化保护网"，这是全国"民族民间文化保护工程"即非物质文化遗产保护工程开通的第一网，起到了良好的宣传作用。在此基础上丰富网上内容，开辟相关的"陈列"，这种形式不仅可以扩大传播范围，而且符合网络时代的特点。

（5）合理利用非物质文化农业遗产

文化遗产提出了博物馆陈列工作的新主题。博物馆对文物的展示，长期以来是单一地由艺术史学者的角度去处理，强调以类型学，风格流派为主要分析的方式去陈列，博物馆在向观众传播无形文化信息时，多以讲解员的口头阐述为主，辅以文字说明，属于一种静态的模式，所以显得比较沉闷和单一，缺少人本社会的文化信息与关怀。博物馆如何开发对文化价值的诠释、文化教育，并且做好无形文化遗产的遗传陈列工作，成为博物馆工作的新主题。

非物质文化遗产，就创作主体而言，具有不确定性，许多情况下是某一地区、某一民族的群体作品。从时间上看，具有续展性，是代代相传、世世延续的，每一历史单元都是文化的传播时期，也是再创作时期；从地域讲，具有限制性，一般只在某一特定地域内具有相同生活方式和审美心理的群体中流传，这些特性，不论是物质或非物质的文化遗产，可以说都包含了深刻的历史、文化、科学价值，也就存在着博物馆陈列的价值，存在着展示的必要。在这种情况下，需要我们的陈列设计突破静态展示的模式，营造一种动态的历史文化氛围。这种氛围以文化形象的复原来证明现实中博物馆人对历史的主动阐释，并将这种阐释过程中获得的感动和领悟带给观众，以激发和撞击每一位观众，使文物的展示变为观众与科学、艺术、历史的对话，这是今天博物馆陈列所应追求的完美境界的一种尝试。通过什么办法才能使非物质文化遗产的表现形式达到真切的表达？

第一，把非物质文化遗产物化。第二，开发多媒体数据库或知识库，使非物质文化遗产的展示不受时空限制。这两种方法往往相辅相成，通过静态的陈列型展品、互动的操作型演示、大型动态的原生态场景和原住民、艺人的演出，综合性传递民俗活动、表演艺术、传统知识和技能以及与之相关的器具、实物、手工制品等和文化空间相关的信息。我们看到，随着中外博物馆学理论与实践的飞速发展，陈列中有形文化遗产与无形文化传承相结合的展示形式越来越多样化。在世界各地的博物馆中，陈列已经不仅是单纯的实物展出，更多是带有演示性、参与性的活动，以求给予观众更自由的创造和感知空间，加深观众的理解和兴趣。

第四节 国内外相关研究概况

世界各国对本国非物质文化遗产的保护已有很长的历史，古埃及、古印度早已有之。近现代法国在100多年的文化遗产保护过程中，仅文化遗产立法这一项，便已超过100部。而举国动员的全国性文化遗产大普查就有两次，分别是20世纪初和20世纪60年代后。并设立100多个与文化遗产保护有关的科研单位，专门负责文化遗产的调查、研究、教学及资、料收集等方面的工作。比较著名的有法国文化遗产保护研究实验所、文化遗产保护学院等，把每年6月的第二个星期日设为文化遗产日。之后，40多个欧洲其他国家在每年会举办"文化遗产日"活动，各国越来越重视对非物质文化遗产的研究，推动了非物质文化遗产的保护。

日本于1950年5月30日颁布了《文化财保护法》，并不断修改完善至今。《文化财保护法》包括："有形文化财""无形文化财""民俗文化财""埋藏文化财""重要文化景观"等项目。《文化财保护法》规定在全国不定期选拔重要无形文化财技能保持者，历经半个多世纪，共选出360位。日本文化厅给其技能保持者特别扶助金，约14万元人民币，以鼓励他们不断提高技艺和培养后继传承者。由于韩国民众在非物质文化遗产保护方面的不懈努力，使得韩国传统民间文化得到全面保护。韩国人对非物质文化遗产的偏爱到了"爱财如命"的地步。韩国有众多的民俗博物馆，在那里可以看到韩国的衣、食、住、行，农业、手工业、娱乐、婚丧、祭祀等各种民俗场景和实物。凡是韩国人独有的东西，不仅有实物陈列，还有实际演示。

在这种形式下，亚洲一太平洋地区出现保护非物质文化遗产的热潮，继日本、韩国后，亚洲和太平洋地区很多国家的政府和社会各界开始意识到保护非物质文化遗产的必要性，并迅速兴起了保护非物质文化遗产的热潮。泰国、菲律宾、蒙古国、不丹、柬埔寨等国已开始建立非物质文化遗产保护的电子文献数据库。泰国、越南、菲律宾等国把非物质文化遗产的保护作为一种国家行为，建立了非物质文化保护的各级机构。但从全球来看，人类对非物质文化遗产的传承基本上是在自然状态下进行的，各地区、各国家的发展也不平衡。如果从法国颁布的"共和二年法令"算起，人类有意识地保护文化遗产的历史也只有200多年，如果从1950年日本开始从立法上保护非物质文化遗产算起，也只有 60 多年的历史。法国、意大利、德国等西方国家对非物质文化遗产的保护是放在整体性保护之中进行的，日本、韩国等东方国家把它作为一种单独的文化现象加以保护。美国则在口述史方面做得比较有成绩。

生态博物馆是世界上许多国家和地区普遍利用的保护方式之一，认为是当前非物质文化遗产活态保护的一种方式。目前世界上已有 300 多座生态博物馆。其中，西欧、南欧约 70 座，北欧约 50 座（集中于挪威和丹麦），拉丁美洲约 90 座（集中于巴西和墨西哥），北美洲约 20 座。另外，亚洲地区的日本、韩国、中国台湾等地也有类似的保护文化生态的形式。联合国教科文组织也充分注意到文化的整体环境的保护。在该组织进行"人类口头及非物质文化遗产代表作"的评估时，就将"文化空间"作为人类代表作来加以保护。其中在 200 年评出的代表作《世界非物质文化遗产名录》中，就有 3 项涉及"文化空间"（即亚洲乌兹别克斯坦的"博恩逊区的文化空间"、非洲摩洛哥的 Djamaael-Fna 广场文化空间和几内亚的"尼亚加索'苏苏-巴拉'的文化空间"）。设立文化空间的目的主要是保护当地的宗教礼仪、习俗等民俗传统、社区文化存在的空间和环境，使上述多种文化形式得以流传。

与此同时，人们开始关注世界农业遗产，对全球重要的受到威胁的传统农业文化与技术遗产进行保护。联合国教科文组织已经把部分农业遗产列入世界人类非物质文化遗产名录中，如以下三项。

1.哥斯达黎加的牛车和乡村传统（Oxherding and Oxeart Traditions inCosta Rica）。传统的牛车。又叫"卡尔塔"（earreta），是哥斯达黎加最著名的手工艺形式。从 19 世纪中叶开始，牛车被用来运输咖啡豆。为了防止牛车在泥泞中打滑，牛车装备了无辐条车轮，结合了阿兹特克人的圆盘和西班牙的辐条车轮技术。在哥斯达黎加，牛车是家族唯一的运输工具，象征其主人的社会地位。车轮上有识别驾驶者属地的装饰图案。牛车颠簸行走时，有金属铃铛撞击车轮轴产生的动听声响。掌握制造与装饰牛车知识和技巧的人数在不断减少，年轻工匠对传统工艺的学习和实践越来越不感兴趣，此工艺面临消亡的威胁。

2.扎菲曼尼里的木雕工艺（Wodoranfing Knowledge of the Zafimaniry）。被联合国教科文组织宣布为人类非物质文化遗产代表作。扎菲曼尼里人生活在马达加斯加东南部菲亚纳兰楚瓦省方圆 700 千米的山区中。今天，约有 25000 名扎菲曼尼里人生活在 100 多个村落里。木材在扎菲曼尼里人的生活中有非常重要的作用，他们能够使用 20 个不同的木材品种用于建筑和装饰。在对木材的大量使用中。扎菲曼尼里人积累了实用的知识和技巧，形成了复杂的木雕工艺。所有木制品如木凳、木桶、木箱等表面都精雕细刻，其表面的漂亮图案反映出居民的基本信仰和价值观，是印度尼西亚文化、马达加斯加文化和阿拉伯文化共同影响的完美结合。

3.被联合国教科文组织宣布为人类非物质文化遗产代表作，属传统手工艺技巧类别。手工艺人在雨季时采集 Mutuba 树（一种热带榕树）的内层树皮，用不同类型的木相对其长时间进行猛烈敲打，使树皮柔软并呈现均匀的颜色。树皮布用于制作男女不同款式的 toga（一种宽长袍），国王和首领的树皮布衣被染成白色或黑色，以显示他们的地位。树皮布也被制作成存储物品的器具和床上物品。随着 19 世纪阿拉伯商人带来了棉布，树皮布慢慢走向消亡，但如今，树皮布仍是巴干达族群政治和文化传统的象征。

联合国粮食及农业组织（FAO）、联合国开发计划署（UNDP）和全球环境基金（GEF）开始启动设立全球重要农业文化遗产项目，也被称为"世界农业文化遗产"。全球重要农业文化遗产属于世界遗产的一部分，在概念上等同于世界文化遗产。联合国粮农组织开始在世界范围内陆续选出一些全球重要农业文化遗产地作为试点，计划在未来几年内选出 100-150 项全球重要农业文化遗产。几年来，陆续有包括我国浙江省青田县的"稻鱼共生系统"、伊朗"坎儿井"等全球 30 多个项目提出申请。到目前为止，共确定了 5 个试点项目，包括中国青田的稻鱼共生系统，菲律宾伊富高的稻米梯田系统，秘鲁安第斯高原农业系统，智利的智鲁岛农业系统，阿尔及利亚、摩洛哥、突尼斯的绿洲农业系统。

在中国，先民们历来重视文化遗产保护。从古代《诗经》的采集、整理、传承到 20 世纪初兴起的民族、民间、民俗文化的搜集、保存，形成了一笔笔丰厚的非物质文化遗产。我国将每年 6 月的第二个星期六设定为中国"文化遗产日"。宣布我国有了自己的非物质文化遗产保护日，反映了国家对非物质文化遗产保护的重视。

对非物质农业遗产历来比较重视文字的记载、口头传承代代延续，中华民族祖祖辈辈在农事劳动和生活中形成的农业文化、生产技术经验、生活经验、传统农耕信仰、农业习俗、礼仪等在传承中发展，在发展中传承积淀。目前和农业相关的已经被列入我国国家级人类非物质文化遗产名录的有宋锦织造技术、蜀锦织造技术。土家族织锦技艺、壮族织锦技艺、乌泥泾手工棉纺织技艺、黎族传统纺染织绣技艺、苗族蜡染技艺、茅台酒酿造技艺、杏花村汾酒酿制技艺、宣纸制作技艺、皮纸制作技艺、竹纸制作技艺、桦树皮制作技艺、赫哲族鱼皮制作技艺、泸州老窖酒酿制技艺、南京云锦机妆花手工织造技艺、维吾尔族花毡、印花布织染技艺、南通蓝印花布印染技艺、拉萨甲米水磨坊制作技艺、清徐老陈醋酿制技艺、镇江恒顺香醋酸制技艺、武夷岩茶（大红袍）制作技艺、傣族、纳西族手工造纸技艺、维吾尔族桑皮纸制作技艺、加牙藏族织毯技艺、白族扎染技艺、凉茶、绍兴黄酒酿制技艺、铅山连四纸制作技艺、藏族造纸技艺、黎族树皮布制作技艺、农历二十四节气。

在相关研究中，中国农业历史学会和一些农业历史研究机构开展农业文化遗产研究；中国博物馆学会和贵州、广西等省区文物部门开展了生态博物馆保护的研究和试点。这些方面的研究成果为我们进行"博物馆在非物质农业文化遗产保护的技术和传承手段"课题研究提供了有益的借鉴。

第五节 研究的目的与意义

1.中国传统农业的精神内涵是和谐共生、永续利用，在先秦时期的一些著作已有较完整的论述。明确保护和传承非物质农业遗产，有利于保持合理的农业生产方式的延续；有利于保护农业生态环境；有利于人类与其他"物""种"的和谐共存；有利于保持农业文化的多样性，促进现代农业健康可持续的发展。

（1）随着现代科技的高速发展，越来越多的现代产品在农业中广泛应用，如：化肥、农药、除草药剂、生长素等化学品，不同功能的大型机械用于农业生产和农产品的加工，无疑，农业劳动生产率得到了大幅度的提高，产量翻倍地增加。但与此同时又不可避免地带来了副作用—过度地使用给自然环境带来了或多或少的破坏，子孙后代能利用的资源和良好的自然环境越来越少，这一问题已经引起全球的共同关注。为解决可持续发展问题，除了提高现代农业生产技术的科技含量，减少副作用外，从传统农业生产技术中提取合理基因也不失为一种有效的方法。因此，保护传承优良传统的农业生产方式和栽培技术有十分重要的现实意义。我国有机肥的使用已有数千年的历史，远在秦汉时代人们已经认识到土与肥的关系，有机肥在环境保护方面较之化肥有明显的优势，人们对绿色食品和环保食品的关注与认可，说明传统农业生产方式的合理性。生物防治本来是一个非常现代化的名词，它是指利用有益生物来防治作物病虫害，而不是农药。

中国很早就掌握了生物防治技术，见于《南方草木状》的记载，南方种橘子树的人家，都要在树上放养一种黄蚁（赤黄黄色，比普通的蚂蚁要大一些）。用来对付危害果实的害虫，如果没有这种虫蚁的话，橘子会被害虫吃得无一完好。这种利用虫蚁防治柑橘害虫的记载，就是已知最早的生物防治。在中国历史上，除了用虫蚁防治柑橘害虫以外，还有利用益鸟和青蛙防治害虫的例子。明清时期，在南方稻田中养鸭治蝗虫和蟛蜞（螃蟹的一种，身体小，生长在水边），这种以虫治虫的生物防治的方法颇为典型，在中国传统农业中类似的方法曾广泛使用，虽然其效率不及无机农药，但免去了对人体有害物的残留。

循环生态的农业生产是中国传统农业中又一颇具特色的方式，它体现了和谐共生、永续利用传统农业思想的核心，从东汉时期出现的"鱼稻共生"到明清时期的"桑基鱼塘"（将低洼地挖深变成水塘，挖出的泥堆放在水塘的四间为地基，基和塘的比例为六比四，六分为基，四分为塘，基上种桑，塘中养鱼，桑叶用来喂蚕，蚕屎用以饲鱼，而鱼塘中的塘泥又取上来做桑树的肥料。通过这样的循环利用，取得了"两利俱全，十倍禾稼"的经济效益。这便是桑基鱼塘），都是中国水乡人民在土地利用方面的一种创造，也是中国建立合理的人工生态农业的成熟标志。它既能合理利用水利和土地资源，又能合理地利用动植物资源，不论在生态上，还是在经济上都取得了很高的效益，赢得了世界的瞩目，使中国的传统农业生产技术达到了当时世界最高水平。面对这样丰富的农业文化遗产，我们没有理由不保护它，通过有效的保护，进行合理的利用，造福当代，余荫子孙。

（2）保护和传承非物质农业遗产，有利于保持农业文化的多样性，促进农业健康可持续发展。不同的国家，不同的地区，由于气候、土壤、环境、人种、民族等的不同，在不同和相同的时期创造了各自辉煌的文明，形成了适合本国家、本地区、本民族的农业生产技术和习俗，如古埃及人培育了小麦，玛雅人培育了玉米，中国人培育了水稻和小米；又如印度人发明了印度犁，西亚人发明了西亚犁，马来人发明了马来犁，中国人发明了中国犁；中国人创造了丝绸，古埃及人种植了棉花。这些丰富多彩的农耕文化，是一个民族的标志、是一个民族的根。它是人类文化长河中无法分割的组成部分，凝聚着先人的汗水和聪明才智，对于现代农业生产仍有着借鉴和利用价值。保护和传承非物质农业遗产，就是保护文化的多样性；保护和传承非物质农业遗产，就是保护昨天新锐的基因，有利于优良农业传统的传承，有利于今天农业的创新。

2.在非物质农业遗产的永久保护、有效利用、有序传承中，博物馆能够发挥重要的作用。博物馆将非物质遗产保护纳入日常业务工作中，不仅是其社会责任，而且有能力担负起"保护"的义务。博物馆作为"以研究、教育和展示为目的，通过对人类及其生存环境的相关物品进行收集、保存、研究、传播和展览，为社会和社会发展服务的向公众开放的非营利性永久机构"。早在国际博协修改章程，就把收藏保护非物质文化遗产列入博物馆定义之中。国际博协在亚太地区第七次大会上，发表了《上海宪章》，庄严承诺博物馆作为永久性机构保护非物质文化遗产的神圣使命。非物质农业遗产是人类文化遗产的重要组成部分，在农业、民俗等类博物馆中，采用行之有效的技术和手段可以得到很好的保存、利用和传承，有些内容还可以得到鲜活保护。农业类博物馆的职责是对"故态文化遗产"如：农产品、农具、农机、农书等与农业相关的物品进行收集、保存、研究及传播和对"活态文化遗产"的保护、传承、弘扬。所谓"活态文化遗产"就是人们所说的非物质文化遗产。农业非物质文化遗产范围很广，它不仅包括传统农业耕作技术、传统生产工具的制作等内容，也包括人们的信仰、习俗一类，不仅存在于人们的头脑中，也通过一定的仪式或活动表现出来。当然并非所有当前存在和活动着的人类所创造的东西都可以称"非物质文化遗产"，它必须是历史遗留或传承下来的，是活的传统。

不断地实践证明，博物馆保护文化遗产是投入少，见效快的一条捷径，虽然与文化馆相比，似乎在歌舞、曲艺等艺术遗产的保护方面存在弱项，但苏州评弹博物馆，苏州戏曲博物馆在这方面的表现证明了博物馆的实力，在工艺、技术、民俗、礼仪等方面，博物馆有着更为明显的优势。当然，博物馆在保护非物质文化遗产方面也存在着不足，首先是缺乏系统规范的保护方法，其次面对丰富多彩的非物质文化遗产保护经验还显不足。因此，必须在开展工作的同时注意总结经验，尽快建立一套博物馆保护非物质农业遗产的技术手段和管理方法。

3.通过廓清非物质农业遗产和确定保护范围，研究非物质农业遗产的特点，阐明博物馆在保护非物质农业遗产方面的优势，探讨博物馆在非物质农业遗产保护工作中的侧重点、技术方法和传承手段，针对非物质文化遗产的基本特点，如：活态性、传承性、流变性、综合性、民族性、地区性和非物质农业遗产特殊性、普遍性、多样性、生态性、季节性（尤其是地区性、民族性、生态性特点更为明显），在此基础上，构建一套博物馆有效保护非物质农业遗产的技术体系和适合国情的传承手段。尤其是对这些特殊性提出有效的保护方法，更具有行业意义，使这些人们很熟悉又很容易抛弃的遗产得到专业化、永久、鲜活的保护。发挥博物馆的资源优势，深化博物馆社会功能，使展品与"活化"密切结合起来，把"物"和"事"有机地联系起来，丰富陈列内容，增加展示内涵，增强博物馆对公众的吸引力，使博物馆的功能得到发展和完善。即，通过对非物质农业遗产的保护、传承和利用，使博物馆的社会功能更加健全，更能发挥其特有的作用，更好地服务社会。

中国农业博物馆非常重视对非物质农业遗产的保护、传承和利用，是文化部民族民间文化保护试点单位之一，完成了贵州（从江、威宁）农业文化遗产的调查；成功申报农历二十四节气进入国家非物质文化遗产名录。通过田野调查和发掘研究，整理保存了一定数量的非物质农业遗产。对非物质农业遗产的保护手段和方法有了一定的认识，通过实践J正在逐步形成具有自身特点的保护方法。这包括：农耕习俗场景的拍摄；传统农业生产工具制作工艺的拍摄；民间工匠手艺及其制作的拍摄；农耕节庆场景的拍摄；地方民俗食品加工炮制及食用方法的拍摄等。在拍摄同时记录具有这些技能和组织者详细情况，建立档案。征集反映这些非物质文化遗产的承载物，在研究整理的基础上形成专题展览，让更多的人了解非物质农业文化遗产，使非物质农业文化遗产保护工作逐步深入，唤起更多民众的保护意识。人民大众是丰富多彩的非物质农业文化遗产的创造者、享有者和传承者，他们与非物质农业文化遗产的关系密不可分，只有全民都参与到文化遗产保护工作当中来，我们的保护工作才是成功的。博物馆是人与物之间的桥梁，这个桥梁必定在非物质农业遗产的永久保护、有效利用、有序传承中发挥重要的作用。

第六节 非物质农业遗产保护和传承中要注意的几个问题

非物质遗产保护开展时间不长，在政府的大力推动下，全民的保护意识得到相当大的提高，保护成果十分明显。在日益升温的大好形势下，既要继续推进非物质农业遗产保护传承知识产权体系的建立、制定鼓励政策等可持续性的举措研究外，也要注意一些值得探讨的问题。

1.政府、学界、传承人，谁唱主角

"在非物质文化遗产的保护过程中，政府的作用至关重要。实践已经证明，没有政府出面，遗产及其传承人很难得到有效的保护。但是，如果政府干预过度，反客为主，取代了传承人，不但会影响到传承人传承遗产的积极性，同时也会影响到遗产的原生态性、民间性与真实性。"现实生活中，政府越俎代庖的做法并不罕见：一个原本由民间操办的传统节日，随着政府的"积极参与"，仪式的主持人由寨老变成了官员，仪式内容也从传统的迎神赛会变成了来宾介绍、领导讲话、政府颁奖、嘉宾剪彩，而原本仪式的主人则成了不折不扣的看客，民俗变成了"官俗"。不可否认，当地政府的初衷是好的，但却好心办错事，事实上破坏了民间文化的自主传承。

还有人喜欢把民间文化移出其产生发展的环境，变成"标本"来保护，这其实也是一种伤害。中央民族大学藏学研究院的冈措老师，用自己的亲身经历说明了文化土壤的重要性。在藏族牧区的赛马会上，她看到了格萨尔史诗的演唱。当时，演唱者眉飞色舞，手舞足蹈，观众们击节鼓掌，喝彩连连，那热烈的场面使她真正感受到了格萨尔史诗的魅力。"如果远离了生存土壤，民间艺术的生命力还能持续吗？演唱还有那么好的效果吗？"有关人士认为，学界的过分热心有时也是非物质文化遗产变味、走样的重要原因之一。毋庸置疑，学界在非物质文化遗产选定、申报、保护过程中发挥着十分重要的作用，没有学界的积极参与，保护工作可能会走很多弯路。但也应看到，由于专家学者的"努力"，传统武术被加入了大量现代音响，乐舞表演被添加进许多现代因素，就连传统的侗族大歌也曾有专家想把它改成美声唱法。这种改造，看似增加了审美情趣，实际上却破坏了非物质文化遗产的历史认识价值，让真古董变成了假文物。"学者们的首要工作是将那些濒临灭绝的文化遗产发掘出来，让它们进入政府保护的视野。而政府应该是法律法规的制定者和执行者，是遗产生存环境的维护者和改善者，是资金的支持者。"博物馆在介入非物质遗产保护工作中要特别注意，既不能越俎代庖，也不能喧宾夺主。

2.扶持、监管、责任心，缺一不可

在实际工作中，人们不约而同地表达了一个想法：政府一定要给传承人一些实质性帮助。目前传承人生活困窘的现象比较普遍，老少边穷地区更为严重。北京非物质文化遗产保护专家委员会副主任赵书提出，政府可以采购传承人的作品，或通过博物馆购买、收藏、展示当代民间大师的工艺精品等方式，给予传承人一些经济补助。首都博物馆副馆长姚安介绍说，首博已开始在每周六的固定时间进行非物质文化遗产的展示活动，并代表首博邀请传承人前来参与这种活态的展示，同时愿意为传承人解决资料整理，道具保存等难题。同时，首博还将给予传承人一定数额的报酬。苑利先生特别建议我国政府以群体资助的方式去支持非物质文化遗产的传承工作，以避免影响到传承群体原有的和谐，带来负面效应。他举例说，学者们曾去过一个以刺绣闻名的村子，给予其中一位较出色的传承人2000元的补助，但两天后那名妇女将钱如数退还，因为"拿到钱以后，村子里的其他妇女都不理她了"。

在日本，对"重要无形文化财"（类似于我国"国家级非物质文化遗产"）的传承人，国家会划拨一些资金，用于传承人的自我记录、培养传承者以及为保护该项遗产所采取的其他必要活动；但在一般情况下，经费是拨给该项目的民间团体。这样的做法到目前还未产生过负面影响。

我国政府对遗产传承人要扶持与监管并重，不仅制定严格的传承人标准，还要对经费的使用承担指导、管理之责，并监督该项遗产传承的状态。"在没有补助时挑出来的可能是真正的传承人，可一旦有了补助，选出来的可能就是村长的媳妇。"遗产传承的效果，很大程度上取决于传承人的责任心。一些传承人在得到经济帮助后心态发生变化，或是安于享乐，或是追求金钱，还有些为了确保自己的经济收入而拒绝传授技艺，反面危及到遗产的传承。我国非物质文化遗产保护中监管制度的缺位，使各类隐忧日渐增多。

日本和韩国在这方面均有较为成熟的做法。例如，两国均有认定和解除传承人称号的制度。日本的遗产传承人在拥有经费使用权的同时，还需要在获得"重要无形文化财"称号的三个月内公开该项遗产的技艺记录。当传承人出现住所变更、死亡或其他变化时，其子孙或弟子要在 20 天内向文化厅长官提交正式文书，传承人去世后，其称号也不能由其徒弟承袭。韩国则在为遗产履修者（学习者）发放"生活补助金"的同时，要求他们必须跟从传承人学习 6 个月以上，并在相关领域工作 1 年以上。政府还定期对各类非物质文化遗产的传承状态进行审查。比如，他们要求国家级的表演类遗产每年必须有两场以上的演出，此举一来是对国民进行遗产知识普及，二来则是为了对遗产传承现状进行质量检验，如果认定该项遗产已不符合国家级的要求，政府就会解除它的称号。从某种意义上讲，日韩两国以制度化的监管强化了传承人的责任心，从而较好地减少了非物质文化遗产遭人为毁坏的可能。学者们认为，健全的监管体系同样可以成为我国保护非物质文化遗产的重要手段。博物馆所具备的是扶持和责任心。

3.保护要遵守"原汁原味"的原则

按遗产保护为先、适度旅游发展的原则，制定科学合理的规划，寻求发展的"双赢"，提出在遗产管理者和旅游经营者之间建立合作模式，乡村游、古城镇旅游、遗产保护和旅游营销等方面还须进一步加强管理和研究。但是，当文化成为一种商业资源、一种可以获取利益的手段的时候，这一文化的享用者们就有可能最大限度地寻求对文化的垄断。垄断诉求一旦出现并被付诸实施，就可能在保护这一群体的文化遗产的同时，伤害着另一群体的文化共有和共享。

在全国许多地方，尤其是农村和少数民族地区，为促进当地经济的增长而大力发展民俗旅游，纷纷建起了民俗风情园、民俗度假村、民俗旅游点等，开设旅馆、饭店、卡拉 OK 厅和商业网点，卖一些民俗工艺仿制品或假冒伪劣产品。有些地方为了招揽观光游客，一日数场地进行民俗展示、民间歌舞表演。常常有人穿着苗族服装，梳着侗族的发式，既跳苗舞又唱侗歌，其表演是在"作秀"，已经完全失去了传统祭祀的仪式意义，也绝没有民间歌会的自然形态。这种"作秀"的表演已经演化成为一种纯粹的商业行为。由于经济利益的驱使，一些地区的民风习俗商品化。这些做法使民俗传统文化失去了本真价值，远离了民间生活，不属于保护非物质文化遗产的范畴。我们要反对把文化遗产的价值简单地等同于旅游资源及只注重经济效益而由此造成的急功近利行为和对文化遗产过度开发。

第十章　数字化技术与文物保护信息管理

传统的文物保护方法往往受到限制，无法完全解决文物保护的问题。而数字化技术的出现为文物保护带来了新的可能性。本章将对数字化技术与文物保护信息管理进行研究。

第一节　三维激光扫描技术与文物测量数据采集

一、三维激光扫描技术

1.基本简介

（1）产生背景

三维激光扫描技术是 20 世纪 90 年代中期开始出现的一项高新技术，是继 GPS 空间定位系统之后又一项测绘技术新突破。它通过高速激光扫描测量的方法，大面积高分辨率地快速获取被测对象表面的三维坐标数据。可以快速、大量的采集空间点位信息，为快速建立物体的三维影像模型提供了一种全新的技术手段。由于其具有快速性，不接触性，实时、动态、主动性，高密度、高精度，数字化、自动化等特性，其应用推广很有可能会像 GPS 一样引起测量技术的又一次革命。

（2）技术原理

三维激光扫描技术是近年来出现的新技术，在国内越来越引起研究领域的关注。它是利用激光测距的原理，通过记录被测物体表面大量的密集的点的三维坐标、反射率和纹理等信息，可快速复建出被测目标的三维模型及线、面、体等各种图件数据。由于三维激光扫描系统可以密集地大量获取目标对象的数据点，因此相对于传统的单点测量，三维激光扫描技术也被称为从单点测量进化到面测量的革命性技术突破。该技术在文物古迹保护、建筑、规划、土木工程、工厂改造、室内设计、建筑监测、交通事故处理、法律证据收集、灾害评估、船舶设计、数字城市、军事分析等领域也有了很多的尝试、应用和探索。三维激光扫描系统包含数据采集的硬件部分和数据处理的软件部分。按照载体的不同，三维激光扫描系统又可分为机载、车载、地面和手持型几类。

应用扫描技术来测量工件的尺寸及形状等原理来工作。主要应用于逆向工程，负责曲面抄数，工件三维测量，针对现有三维实物（样品或模型）在没有技术文档的情况下，可快速测得物体的轮廓集合数据，并加以建构，编辑，修改生成通用输出格式的曲面数字化模型。

（3）主要分类

1）按测量方式

可分为基于脉冲式；基于相位差；基于三角测距原理。

2）按用途

可分为室内型和室外型。也就是长距离和短距离的不同。一般基于相位差原理的三维激光扫描仪测程较短，只有百米左右。而基于脉冲式原理的三维激光扫描仪测程较长，测程最远的可达 6 公里。

（4）基本功能

1）三维测量

传统测量概念里，所测得的数据最终输出的都是二维结果（如 CAD 出图），在测量仪器里全站仪，GPS 比重居多，但测量的数据都是二维形式的，在逐步数字化的今天，三维已经逐渐的代替二维，因为其直观是二维无法表示的，三维激光扫描仪每次测量的数据不仅仅包含 X，Y，Z 点的信息，还包括 R，G，B 颜色信息，同时还有物体反色率的信息，这样全面的信息能给人一种物体在电脑里真实再现的感觉，是一般测量手段无法做到的。

2）快速扫描

快速扫描是扫描仪诞生产生的概念，在常规测量手段里，每一点的测量费时都在 2-5 秒不等，更甚者，要花几分钟的时间对一点的坐标进行测量，在数字化的今天，这样的测量速度已经不能满足测量的需求，三维激光扫描仪的诞生改变了这一现状，最初每秒 1000 点的测量速度已经让测量界大为惊叹，而现在脉冲扫描仪最大速度已经达到 50000 点每秒，相位式扫描仪 Surphaser 三维激光扫描仪最高速度已经达到 120 万点每秒，这是三维激光扫描仪对物体详细描述的基本保证，古文体、工厂管道、隧道、地形等复杂的领域无法测量已经成为过去式。

无臂式手持 3D 扫描系统和双摄像头传感器形成了一个独特的组合，确保在实验室和工作场所能生成最精确的测量值。这一完备且功能强大的检测方案提高了测量过程的可靠性、速度和多功能性。在铰接臂方面与其他 3D 扫描仪相比较，光学 3D 扫描系统可以完全自由移动，显著提高了工作效率和质量！

（5）应用领域

作为新的高科技产品，三维激光扫描仪已经成功地在文物保护、城市建筑测量、地形测绘、采矿业、变形监测、工厂、大型结构、管道设计、飞机船舶制造、公路铁路建设、隧道工程、桥梁改建等领域里应用。三维激光扫描仪，其扫描结果直接显示为点云（point cloud 意思为无数的点以测量的规则在计算机里呈现物体的结果），利用三维激光扫描技术获取的空间点云数据，可快速建立结构复杂、不规则的场景的三维可视化模型，既省时又省力，这种能力是现行的三维建模软件所不可比拟的。

三维激光扫描技术应用领域：

最近几年，三维激光扫描技术不断发展并日渐成熟，三维扫描设备也逐渐商业化，三维激光扫描仪的巨大优势就在于可以快速扫描被测物体，不需反射棱镜即可直接获得高精度的扫描点云数据。这样一来可以高效地对真实世界进行三维建模和虚拟重现。因此，其已经成为当前研究的热点之一，并在文物数字化保护、土木工程、工业测量、自然灾害调查、数字城市地形可视化、城乡规划等领域有广泛的应用。

1）测绘工程领域：大坝和电站基础地形测量、公路测绘，铁路测绘，河道测绘，桥梁、建筑物地基等测绘、隧道的检测及变形监测、大坝的变形监测、隧道地下工程结构、测量矿山及体积计算。

2）结构测量方面：桥梁改扩建工程、桥梁结构测量、结构检测、监测、几何尺寸测量、空间位置冲突测量、空间面积、体积测量、三维高保真建模、海上平台、测量造船厂、电厂、化工厂等大型工业企业内部设备的测量；管道、线路测量、各类机械制造安装。

3）建筑、古迹测量方面：建筑物内部及外观的测量保真、古迹（古建筑、雕像等）的保护测量、文物修复、古建筑测量、资料保存等古迹保护，遗址测绘，赝品成像，现场虚拟模型，现场保护性影像记录。

4）紧急服务业：反恐怖主义、陆地侦察和攻击测绘、监视，移动侦察、灾害估计、交通事故正射图、犯罪现场正射图，森林火灾监控、滑坡泥石流预警、灾害预警和现场监测、核泄露监测。

5）娱乐业：用于电影产品的设计，为电影演员和场景进行的设计，3D游戏的开发，虚拟博物馆，虚拟旅游指导，人工成像，场景虚拟，现场虚拟。

6）采矿业：在露天矿及金属矿井下作业，以及一些危险区域人员不方便到达的区域。例如：塌陷区域、溶洞、悬崖边等进行三维扫描。

2.关于三维激光扫描技术的应用

三维激光扫描技术又称"实景复制技术"，是继GPS（全球卫星定位技术）以来测绘领域的又一次技术革命。作为目前最先进的测量技术之一，已被应用于医学临床诊断、交通事故处理、工业产品检测城市三维景观等各个领域。由于其非接触、高速度的优势网以及精度均匀、可靠的特点，最大限度地解决了"测绘"与"不扰动文物"这一以往文物建筑测绘中难以调和的矛盾，弥补了传统测绘方法的不足。

但是，目前使用的设备几乎都从国外采购，制造商和经销商出于商业垄断考虑，对核心技术采取了保密措施。典型问题如：产品技术参数不统一，导致不同品牌的产品难于进行有效对比；使用说明书只有程序性的部分，对原理性的内容鲜有提及；缺乏设备精度评定的基本方法，国内也没有有效的检定手段和公认的检定机构。如果不正视这些问题，三维激光扫描技术数据凭借其采集的高速度，将在短时间内制造出海量的低质数据，导致后续应用和研究出现谬误。如何使三维激光扫描技术正确、合理、规范地使用，是当前亟须解决的问题。

（1）三维激光扫描测绘的特点和优势

以往文物考古测绘中所采用的测量方法，无论传统的手工测量，还是基于全站仪的三维坐标测量，均先将构成文物建筑及考古对象的所有结构抽象为点、线、面、体，然后按照单点测量的方式逐个测量这些特征点，依据这些离散的测量点绘制二维线划图或者建立三维模型。受测量技术水平和人力，物力的限制，最后得到的二维线划图与实际的测绘对象容易存在差异。另外，中国古代建筑中大量的曲线形构件和石窟寺、雕像、出土器物等，很难利用传统测绘方法进行详尽的表现。三维激光扫描技术所具有的优势，正好弥补了传统测绘方式的不足。

无论从测绘方式、测绘对象的普遍适用性方面，还是测绘成果表达的多样性方面，三维激光扫描技术均显示出极大的优越性。体现在以下几个方面：

1）变单点采集为批量式采集。三维激光扫描技术改变了传统测绘方法的单点数据采集方式，采用连续的高密度的快速的、全天候的批量式自动数据采集方式。采集的数据包含了测绘对象的空间信息和颜色属性，极大地提高了测绘效率，最大限度地保证了测绘成果和测绘对象的一致性。

2）实现了"外业测量内业化"。三维激光扫描的外业工作就是按照可达到毫米级的测量密度对测量对象进行测量，原样照搬地将代表：测量对象的高密度"点"（称为"点云"）以三维的状态存贮在电脑中。这样就可以将繁重的测绘工作搬到室内计算机进行，极大地改善了测绘条件，降低了测绘工作的强度。

3）节省了以往费时、费力的测量辅助设施。由于三维激光扫描技术的非接触特点，在测绘过程中，不需要搭设脚手架，不需要爬屋顶、上房梁，从而节省了人力、物力，并且把测绘工作对文物的损坏降到了最低。

4）实现了"所见即所得"。对于异形构件和不规则遗存的测绘，三维激光扫描技术所提供的高密度点云和高分辨率的正射影像，为解决这一问题提供了有效的技术解决路径。

5）实现了考古过程的定量化。以往田野考古均用照片展示考古挖掘的过程，无法实现定量化和完整性。三维激光扫描技术的应用，为考古过程的动态展示和发掘现场的再现提供了切实可行的方法。

（2）三维激光扫描技术的应用

1）在文物建筑测绘中的应用

①原始资料存档

三维激光扫描测绘得到的一个个测点形成的点集合，构成了三维激光扫描测绘最原始的成果，称为"点云"。点云虽然经过了扫描算法的处理，但仍然是现有技术条件下所能得到的与扫描对象吻合程度最高的基础资料，可以作为最可靠的原始资料进行存档。

②室内量测

从不同角度对扫描目标进行扫描，借助于传统控制网进行点云拼接。拼接后的点云，作为扫描对象的全数字化真三维实景模型，可在计算机上多视角旋转，观察、测量，轻松地实现外业测量内业化。

③二维线划图绘制

二维数字线划图是文物保护工程领域所习用的语言。在扫描点云的基础上，借助于后期绘图软件，可以绘制总平面图、屋顶平面图、立面图、大样图及不同部位、不同方向的剖面图等。使文物测绘调查工作和后续的保护规划制定、修缮工程设计、修缮施工、监测等实现无缝对接。

根据测绘对象的特点，可以采用下述几种方式实现二维线划图的绘制。第一，对于局部构件的绘制，直接在点云上量取绘图所需要的长、宽、高数据后，借助绘图软件绘制二维图。第二，对于剖面图等截割投影图，根据绘图部位和绘制精度，形成一定厚度的点云"切片"。

④特殊形态对象的精细化表现

对于空间关系不明显、不易识别的绘制对象，或对颜色材质有特殊要求的测绘对象（如建筑彩画、浮雕、出土器物等），可在扫描后，借助高分辨率照片生成被测对象的正射影像图。基于三维激光扫描点云生成的正射影像图，消除了普通相片带有的投影误差和高程误差，同时又具有普通相片的高分辨率、易于辨识的优点，较好地解决了特殊形态测绘对象的精细化测绘问题。当然，正射影像图可以作为一种成果形式，也可以在此基础上，借助绘图软件绘制二维线划图。

⑤连续曲面的数字高程模型绘制

石窟寺、雕像、出土器物、建筑纹饰，浅浮雕等测绘对象，其共同特点是由连续曲面构成的，测绘成果中需要准确反映其外部表面的凹凸关系。二维线划的信息量很有限，正射影像又无法体现其空间关系。基于三维激光扫描的高密度点云，可以绘制这些特殊对象的数字高程模型，如等值线图、等高线图等，使三维模型打印的真实性得到前所未有的提高。

⑥真三维模型基础上的四维管理和漫游利用扫描得到的点云、结合高分辨率数字图像生成的文物建筑三维模型，比以往基于二维线划图生成的三维模型具有更高的真实性和准确度。在此基础上，通过建筑三维漫游、建筑信息模型（BIM）、古建保护管理系统（MIS）等途径，可以极大地提高建筑遗产展示和文物保护的水平。

⑦遗产监测

三维激光扫描技术的应用，为文物建筑的变形和物理损坏的监测提供了可供选择的方式。根据不同对象的监测精度要求，可选用微距、中距或长距扫描仪对扫描对象进行扫描，通过比对不同时间两次扫描的结果，可实现遗产的监测。譬如，借助微距手持扫描仪，通过扫描测绘，借助计算机图像识别技术，比对不同时间段内彩画的高清晰正射影像图，可以精细地描述壁画的色彩形态等变化。

2）在遗址考古工程中的应用

在田野考古过程中，为了记录考古的过程和考古成果，需要绘制考古现场平面图、地层断面图、探方详图等。在文物建筑测绘中的所有应用，都可方便地应用到考古工程中来。图五为出土器物的扫描测绘成果。

此外，在考古工程中，当地层叠压较多时，需要清晰地表达堆积体的相互关系和每层的详细情况。三维激光扫描技术的应用，为考古过程数字化测绘提供了可能。利用三维激光扫描技术，借助布设的测绘控制网，在考古挖掘的不同阶段，根据考古挖掘顺序对挖掘现场进行扫描测绘，在此基础上，实现考古挖掘行为的动态化管理和考古过程的数字化再现。

（3）应用中的误区及需进一步解决的问题

三维激光扫描以每分钟十万点量级的数据采集速度和小于毫米分辨率的数据采样间隔，对被测对象进行扫描测量，实现了测绘对象表达由二维向三维、四维乃至多维的变革性飞跃。微距、中距、远距，手持式、地面测量型、车载、机载等全系列的扫描设备和扫描方式，为不同测绘对象和不同精度需求提供了选择。三维激光扫描技术虽然满足了一般文物和考古测绘的需要，但为了确保扫描测绘成果的质量，仍然有许多问题需要关注和解决。

1）扫描测绘中控制测量的作用不容忽视无论是微观的手持式扫描仪、中观的地面扫描仪还是宏观的机载扫描仪，为了得到扫描目标完整的点云数据，都需要将不同角度扫描得到的数据拼接在一起。在点云拼接过程中，通常采用测量球、平面标靶或自然特征点进行拼接。按照测量误差的传播规律，使用上述拼接方式，随着拼接站数的叠加，末端点云数据的精度会急剧下降。多一次拼接，末端测站的点云精度就会降低一个层级。而这一问题常常会被测量人员所忽视。

为了保证最末端扫描站扫描数据的精度质量，同时使整个点云模型的精度均匀，需要在扫描测绘过程中引入控制测量的思想，按照控制测量理论中"先控制，后碎部；从整体，到局部"的基本原则，将测量误差限定在允许的范围之内。在扫描测绘中，除需要控制自由拼接的测站数目，还要利用传统控制测量方法，对点云模型的误差进行控制和平差。

因此，为了保证三维激光扫描测绘的精度，利用传统方法进行的控制测量工作是必要的。

2）仪器标称精度和扫描精度的差异

三维激光扫描的最终点云数据要经过控制测量、点测角、点测距、点云坐标转换、去噪、数据优化等测量处理环节，按照误差传播规律，这些环节的误差最终都体现到点坐标上。在目前的技术条件下，普通地面三维激光扫描仪标靶获取精度一般为 2～3 毫米，点位测定精度在 50 米处约为 10 毫米，这一误差会随着距离的增大而成比例增大。

我们在使用过程中还发现，由于漫反射的特性和扫描分辨率的原因，在扫描物体边缘尤其圆弧形物体的边缘（如古建筑中的柱子、屋脊等部位），点云会出现密度变小甚至边缘缺失的情况。因此，如果考虑后期数据处理等因素，三维激光扫描的成果精度应该远远低于10毫米。另外，实践证明，扫描点云的精度不仅与扫描对象的颜色及粗糙程度有关，还和扫描对象的材质有密切的关系。对于古建筑中常见的琉璃瓦，三维激光扫描的点云成果质量极差，严重到无法扫描。

可见，实际精度和仪器标称精度是有差距的，和许多研究成果中号称的毫米级测绘精度也是不一致的。

3）数据测量中的"取中"

"取中"的方法常常被认为是最可靠的数据提取方式。但是在大量应用和实验的过程中发现，由于测量误差的存在，光滑面上扫描得到的点云是凹凸不平的。也就是说，代表一个光滑面的点云不是一个理想的面，而是一个具有厚度的面，不同扫描条件下，点云厚度达到了20多毫米。因此，在点云上直接测量或利用点云切片生成二维线划图的过程中，有时测量点云的外缘得到的构件尺寸比实际值还小，有时测量点云的内缘却比实际值还要大。究竟以外边缘、内边缘及中间位置中哪一个位置为测量数据提取基准？扫描测量误差和哪些因素有关系？关系如何？这些都需要在技术应用过程中进行深入研究。

4）用于变形监测的适用性问题

如何利用三维激光扫描技术的优势进行文物遗产变形监测，是新技术应用的另外一个重要方面；对这一问题，相关人员开展了大量的实践和研究。比如三维激光扫描技术用于电视塔的变形监测研究、三维激光扫描技术应用于边坡位移监测、三维激光扫描仪井下安全监测技术等等。上述研究结果都表明，三维激光扫描测绘用于监测的精度仅仅能够达到"厘米"级。

可见，对于大尺度变形量的监测，三维激光扫描技术是满足的，而对于小尺度的、传统意义的结构变形监测，采用传统的监测方式更可靠。

综上所述，三维激光扫描技术在文物及考古测绘中具有极大的优势。伴随着设备的大量引进和使用的进一步推广，亟须在比较研究的基础上形成三维激光扫描技术的使用指南，依此编写培训教材，并且开展相关人员的培训工作，从而杜绝漏洞，纠正误区，以确保新技术应用的正确、有序。

二、文物测量数据采集

博物馆作为保护与传承人类文化遗产的重要载体，是传播、展示历史文化的重要窗口，也是收藏、保管文物的主要场所。由于文物自身具有不可再生的属性，有必要降低博物馆对实体文物的使用频率。因此，国家近年来先后出台《关于进一步加强文物工作的指导意见》等一系列文件，明确提出要在文物保护中加强科技支撑。三维数字化技术能够有效地记录文物的整体客观属性，为文物复制提供数据支持，同时为文物修复及预防性保护提供帮助。目前，各大博物馆都相继开展了文物三维数字化工作，并结合新媒体技术，将文物以动态的三维形式展现在观众的视野中。该项工作的开展，不仅有效地平衡了文物保护与利用的矛盾，也让观众能够全方位、多角度、立体化地欣赏文物。

1.国内外文物三维数据采集的应用实践

文物数字化采集手段可分为直接和间接两种。三维数据采集是一种直接手段，即通过数字化扫描、拍摄的方式，借助先进设备采集、记录文物实体的信息，利用计算机软件进行数据拼接和后期处理加工，最终实现文物的数字化。三维数据采集技术主要有三维激光扫描技术、光栅投影扫描技术、摄影测量技术以及工业计算机断层扫描（Computed Tomography，CT）技术。

三维激光扫描技术是 20 世纪末期逐渐得到推广应用的一项高新技术，主要是通过激光扫描被测物体，高效、高精度地测量被测物体表面的三维坐标。这种测量方法具有不可比拟的灵活性，被广泛地应用于大面积三维重建领域。例如，斯坦福大学（Stanford University）的科研工作人员对意大利古罗马剧场、埃及金字塔狮身人面像以及米开朗基罗的雕塑作品进行了数字化处理，奥地利维也纳斯蒂芬大教堂、西班牙平达尔洞穴岩画等大量文化遗产也通过三维激光扫描的方式得到三维重建。在国内，龙门石窟、大昭寺、三星堆遗址一号祭坑、秦始皇兵马俑二号坑以及敦煌莫高窟第 96 窟和 158 窟等文物古迹，也均利用该技术完成了数字建模工作同。在博物馆中，故宫博物院、军事博物馆和首都博物馆等都曾采用三维激光扫描技术对馆藏精品进行数字化信息采集，并将藏品的三维模型在网上展示。其中，故宫博物院与日本凸版印刷株式会社合作开展了"数字故宫"项目，对故宫建筑和藏品的结构特征、表面装饰等元素信息进行采集，实现三维模型重建，并建立了三维数字化模型数据库间。

光栅投影（结构光）扫描技术于 20 世纪 90 年代后期随着数字投影技术、数码相机技术和计算机技术一同兴起，在三维轮廓测量领域得到了越来越广泛的应用。该技术具有结构简单、全场测量、高分辨率、高精度、速度快等特点，已成为三维测量的重要方法之一。浙江大学利用结构光扫描技术，对良渚文物黑陶鼎和玉琮进行了三维数字化重建；浙江省博物馆开展的"浙江省新石器时代陶器的三维信息无损采集及动态展示项目"，对 15 件具有代表性的陶器进行了三维数据采集；中国科学院计算技术研究所与敦煌研究院开展紧密的技术合作，应用投影编码结构光技术完成对莫高窟第 45 窟和 196 窟的三维数字化重建工作；湖南省博物馆、广东省博物馆等在藏品三维数字化工作中均应用此技术进行藏品三维信息的高精度采集。光栅投影扫描技术主要适用于中小型或青铜器等类型文物，在针对一些表面光滑的文物进行采集时，其反射光会对点云数据产生影响。

摄影测量技术是由大地测量发展而来，主要基于数字影像和摄影测量基本原理，因其便捷和灵活性在考古、文博工作中得到广泛的应用。敦煌莫高窟的壁画就曾利用数字近景摄影测量技术方法进行三维数字化。这项技术在分析被测对象纹理图像的同时能够快速获取其集合空间的关系，大大降低了采集成本且提高了采集速度，但对色彩均匀的被测表面有一定程度的解析误差回。故宫博物院、首都博物馆、青海省博物馆等目前均正在使用该技术进行藏品的三维数字化工作。牛津大学（University of Oxford）、鲁汶大学（KU Leuven）以及武汉大学、中国科学院自动化研究所等机构均对相关算法做了大量研究。

工业 CT 技术自 20 世纪中后期起用于文物的检测与分析，能够实现分层次扫描，因其可做到无损检测故而颇具优势。有科研人员利用工业 CT 技术对具有 400 年历史的沉船文物进行扫描，以确定文物内部的结构以及损坏情况；科研人员还曾结合工业 CT 技术和 DNA 检测的方法，为 40 多具埃及王室木乃伊验明身份。随着技术的不断成熟，工业 CT 已经广泛应用于文物修复与检测中，在提供断层影像信息的同时，还可以帮助进行三维模型的构建，成都华通博物馆就利用该技术重建了馆藏青铜器香薰的三维模型。

2.文物三维数据采集技术的原理与优缺点

文物三维数据采集是文物数字化的基础，采集的完整性及准确性直接影响到数据是否可用。根据对当前三维数据采集设备和方法的调研分析，以下对前述博物馆常用文物三维数据采集技术的原理和主要工作流程进行简要说明，并加以对比。

（1）三维激光扫描技术

三维激光扫描技术的原理是激光三角测距，即通过光源孔发射出一束激光以扫描被测对象，利用被测对象表面的反射来推断其空间三维信息、反射率以及纹理等，通过拼接技术手段快速获取被测对象的三维模型数据。

这项技术有效地缩短了三维模型建模的时间，并且建模精度较高。

（2）光栅投影扫描技术

光栅投影扫描技术是对文物三维轮廓的非接触式测量技术，具有高精度、高效率、易于实现等特点，主要适用于精细化扫描。该技术在博物馆中的主要应用方法为光栅投影移相法，是基于光学三角原理的相位测量法，将光栅图样投射到被测对象的表面，进而在被测对象的表面形成光栅图像。由于被测对象几何尺寸分布不同，规则光栅线发生畸变，可看作相位受到物面高度的调制而使光栅发生变形，通过解调物面高度信息，最后根据光学三角原理确定相位与物面高度的关系。

（3）摄影测量技术

摄影测量三维重建技术是应用数码相机采集图像，通过计算机视觉、模式识别、图像处理等技术进行影像的处理和匹配，并利用软件自动识别相位点，通过数学解析确定其空间三维坐标，构成三维模型数据、正射影像图、线划矢量图等。通过摄影测量技术，可清晰、准确和完整地获取文物表面的纹理色彩信息。

（4）CT 技术

CT 技术是对被测对象进行射线投影以获取内部信息的成像技术。依靠 X 射线（或其他类型射线）照射被建模对象，由于不同物体受材质、密度、尺寸等影响而造成阻射率不同，故而可以依靠三维技术重建物体。传统的 CT 重建算法是以被测对象为回转中心，将采集镜头围绕被测对象回转扫描，通过图形重建算法获取被测对象的内部信息。在众多的三维数据采集技术中，CT 技术以其能够无损获取文物内部信息的特点，为被测对象的内部信息数字化建模提供了有力的支撑，因此在文物的保护和研究中应用广泛。特别是对于瓶口狭小器物的内壁以及视觉目标观察不到的区域，可通过该技术获得其几何模型数据信息。经过前期的技术交流，日本、韩国等几家博物馆已经应用 CT 扫描技术进行文物内壁三维数据的采集。

（5）各项技术优缺点对比

结合国内外的研究情况，以及国内部分博物馆文物数字化工作的实践应用，可总结出各采集方式的优缺点。

三维激光扫描技术在博物馆中主要适用于古建筑物、壁画、考古遗址、大型佛造像等，同时也可用于可移动文物或具有反光、微透等特征的文物。光栅投影扫描技术主要适用于中小型可移动文物，在扫描纹理细节复杂（镂空较多）、景深程度较大的文物时更具优势。摄影测量技术主要适用于展示或浏览级的三维数据采集，或者作为一种辅助技术与其他采集方式结合使用。CT 技术在博物馆文物三维采集实践中的应用相对较少，一般用于因视觉无法观察或者有遮盖而造成光学原理技术无法采集的位置，但是需要进行数据拼接，目前仍处于研究阶段。

3.采集实验及数据分析

目前，在博物馆藏品三维数字化工作中应用较为广泛的三维数据采集方法主要是三维激光扫描技术，光栅投影扫描技术和摄影测量技术。工业 CT 技术虽然能够对文物内壁数据进行采集且精度较高，但因其价格较为昂贵，参数设置较为复杂，易对人体造成伤害，需要在特定铅房密闭环境操作并配备必要的防护措施，或者定制全密闭箱体式设备，故而在博物馆中的应用较少。

鉴于各博物馆所藏文物在材质、器形、大小等方面均各具特色且种类繁多，很难通过单一文物的三维数据验证某种采集技术的优劣；同时，目前各种三维数据采集技术均具有局限性，对透明、半透明材质或高反光材质器物的采集效果普遍不佳。因此，为保证实验客观准确，选择质地为陶或金属（弱反光）的器物作为实验对象。由于青铜器纹饰较复杂、纹理层次较明显、器形复杂度较高、数据对比较显著，将实验对象确定为青铜爵。出于保护文物的目的，本实验所用青铜爵为仿制品。

（1）三维激光扫描技术与光栅投影三维扫描技术

1）数据采集设备

每一种采集技术都对应多种设备，例如三维激光扫描设备有手持式、立架式、关节臂式、大型跟踪仪等，每类设备的精度和使用范围各不相同。其中，精度较高的设备是测量臂，精度为+25 微米。同样，光栅投影扫描设备也有手持式、立架式（单目、双目）等，其中最高精度能够达到±10 微米。在本实验中，两种采集方式均选择相应精度最高的技术设备。

2）数据与效果分析

博物馆对文物三维数据的应用一般分为数据留存（文物复制）、展示研究、移动端浏览等，不同用途对应不同等级的数据，最高等级的数据一般用于数据留存或复制。本实验以最高等级数据进行对比，能够有效检测出不同技术的差异性。

利用上述采集设备对青铜爵进行三维数据采集，并分别对比三维数据原始点间距、拼合误差、数据精度等指标项。由于光栅投影扫描设备的理论误差值最小，因此选择此设备采集得到的三维模型作为基础参考数据，通过 Geomagic Control 软件将三维激光扫描得出的数据与之进行对比，获取各对应点位数据偏差值，将偏差值在±0.05 毫米之间的数据定义为合格数据，以此来对比精度差异。对原始，点云选取任意两点进行测量，可得到原始点间距。通过在同一位置以等比大小进行截取，可得到直观效果对比图。此外，利用采集设备自带软件可直接测出拼合误差。

分析两种扫描技术所得数据，正负偏差值在±0.05 毫米之间的占全部数据的 31.76%，±0.5 毫米之间的占 79.93%。通过视觉观察效果图，二者具有明显的分辨率差异。因此，通过实验可见，光栅投影扫描技术在进行文物三维模型数据采集时，在数据精度和模型建构效果方面具有显著优势。

（2）摄影测量技术

1）数据采集设备

本次实验中使用佳能 5DSR 全画幅单反相机，5000 万像素，镜头 24 毫米-70 毫米，旋转角度 15 度。

2）数据与效果分析

实验所得三角面数量 5092543 个，照片数量约 900 张，经合成及后期处理可得到完整模型和点云模型。该模型由于采用了测量标定方法，所以带有尺寸数据。选取与前述实验相同位置的等比大小局部效果图，直观对比几种方法的几何分辨率差异，可以看到此次实验中摄影测量方法得到的三维模型数据几何分辨率略低于激光扫描、光栅扫描的三维数据几何分辨率。受采集人员经验等各种因素影响，数据采集效果可能稍有出入，但是设备精度依然是决定数据精度的重要条件。

在文物三维数字化工作中，不仅要采集文物的三维数据，还要将文物的外观进行二维影像采集，通过影像映射形成完整的文物三维模型。色彩纹理精度和映射匹配度是评价映射准确度的关键指标。故宫博物院的相关实验结果显示，摄影测量技术所得结果的空间平均分辨率在 0.03 毫米左右，投影误差在 0.01 毫米-0.02 毫米之间，模型精度在 0.1 毫米左右。相关数据在纹理贴图方面已经达到了很高的标准，完全优于传统的 UV 贴图方式。

但是，如果想提高局部特征精细度，则需要拍摄大量照片，数据量较大。并且，计算过程需要分块进行，再通过后期拼接成完整模型，而拼接过程中产生的误差较大。摄影测量技术本身不能解算三维模型几何尺寸信息，需要借助其他辅助方式。为得到更加精准的尺寸信息，需要利用特殊的测量标定方法获取相关数据。由于标定方法本身会存在一定误差，因此整体精度会有一定额外损失。

总之，摄影测量技术适用于纹理贴图要求较高、纹理表面特征明显的文物。

博物馆在采集文物数据时，要结合文物安全及其自身的材质、器型等特征，选用最合适的技术方法。同时，也可以将多种技术相结合，扬长避短，从而得到更加精准的文物三维数据。例如，将摄影测量技术与三维激光扫描技术或光栅投影扫描技术结合使用，既能够满足纹理的映射匹配，又能够达到高精度的几何分辨率。又如，利用工业 CT 技术得到的文物内部数据与其他光学采集技术得出的外部数据进行拼接，也将成为一种新的三维数据采集方法。除此之外，也要制定合理的工作方案，尽可能做到一件文物只采集一次，严格控制采集时间，避免造成文物损伤。

第二节 文物病害调查与检测分析中的数字化手段

1.文物病害学的定义

（1）文物病害

文物实体病害的产生可类比于动植物的疾病，病害这一概念是相对于文物实体的原始状态而言，从这一角度看，只要与文物实体产生后的最初状态不一致，就说明文物实体产生了病害，既包括文物实体材料本身的自然老化，也包括文物实体在使用、废弃、埋藏到发掘出土，进入博物馆等保存收藏或者保护修复过程中产生的一系列的变化。

文物实体病害就是那些由于文物实体材质、结构和性能的改变，或环境的影响、外力参与导致的与文物实体原始状态不一致的现象，既包括物理的变形，开裂，也包括化学上的腐蚀、降解等，还包括因生物参与所产生的变化。如虫蛀、微生物腐蚀等现象。

另外，文物实体在制作之初也可能存在病害，是文物实体的原生性缺陷。文物实体在其加工成形之后，由于原材料的选择、提炼、加工制作工艺等过程技术水平的限制，文物实体本身存在一些缺陷，包括原材料缺陷、加工缺陷、设计缺陷等。这些缺陷是原生性的，在使用或者埋藏过程中，这种缺陷会表现出来，使得文物实体作为实用器时出现损坏现象，或者引发其他病害。例如，结构不稳造成的断裂、内部缺陷造成的热应力集中等，这些也可能成为文物实体后续病害产生的原因。再如，青铜器加工铸造过程中产生的气泡，在气泡位置会有应力集中的现象。在使用的过程中，由于反复地加载、释放载荷或者反复地进行加热，应力集中的位置会产生微裂纹，微裂纹会逐步发育、扩展，进而形成裂纹，裂纹汇聚最终导致破裂，使得文物实体作为实用器，不能继续使用，被废弃，进入漫长的埋藏过程。加工铸造中的内部缺陷属于文物实体的原生性缺陷；同时也是文物实体产生后续病害的重要原因，因此文物实体病害。原生性缺陷也是文物病害研究关键点之一。

某些文物实体的使用功能丧失是文物实体作为实用器寿命终结的标志，也是文物实体被废弃从而进入埋藏的主要原因。当然也有一部分文物实体，本身不作为实用器加工和设计的初衷就是作为祭祀用品直接埋藏或者加工设计失误而直接废弃，如明器的制作，陶瓷器作坊埋藏的废旧瓷器等。对于文物实体的原生性缺陷，要区分这一部分病害的原因：是由于设计缺陷，还是故意为之。只有对这一部分缺陷明确原因，才能明确文物实体本身的设计初衷，并对这些文物实体进行相应的修复和保护。例如，青铜器在浇铸的过程中需放入垫片和支钉，垫片和支钉相对容易被腐蚀。因此，在出土的青铜器上常会出现腐蚀孔，这就是垫片被腐蚀后形成的，如果不了解这一点，在补配时不能够保持垫片和支钉的形状，失去了重要工艺信息，这显然是一种不当修复。所以需要对文物实体的原生性缺陷进行研究，加深对文物实体制作工艺的认识，以确定是设计制作中存在的问题还是故意为之产生的缺陷，并在文物修复档案中明确标明，避免产生误解。

（2）文物病害学

文物病害学主要研究在复杂因素超长期作用下，文物实体材料组成、结构和性能的变化以及与损伤之间关系，并解释文物实体损伤产生的原因和发展趋势。

文物种类繁多，涵盖各种质地，分为棉、毛、丝、麻、金、银、铜、铁、锡、玉石、陶、瓷等。从化学角度看，主要分为机质类文物和无机质类文物两大类。有机质类文物常常易生虫长霉、老化劣化，因此有机质类文物是极易损坏且最难保存的文物。无机质类文物金属器。易氧化产生锈蚀，锈蚀最严重的时候，整个器物都会变成金属氧化物，即矿化；玉石类文物，常常发生风化，石碑、石雕像出现花纹模糊、雕像残损等现象，就是风化的结果。

我国的工业发展十分迅速，随之而来的环境污染也越来越严重，由于酸性气体等有害气体的侵蚀，文物实体的损坏越来越严重，受损速率明显加快。

文物实体经历了加工制作、使用、废弃、埋藏、发掘出土到保护修复的过程，其材质发生了化学、生物和物理的变化，结构和性能也相应地发生了一定改变。文物保护的目的就在于对这些文物实体材料的性质和所蕴藏的信息进行分析和提取，并运用各种技术手段，使文物实体的性质和性能保持基本稳定，延缓文物实体材质的老化和降解的速度，将文物实体的寿命尽可能地延长。文物实体在埋藏、收藏和保存的过程中，其材料性质、结构发生了变化，这些变化一般称为病害。如果将文物实体比作人体，相当于文物实体是存在一定疾病的个体，那么疾病产生的根源，也就是文物实体的病害来源，可以被看作文物实体的病原。类比于病原学的概念，文物实体的病原体就是引起文物实体产生病害的一切物质或环境条件、文物实体的病害现状就是病症。就像医治病人最重要的就是找出病原一样，去除文物实体病害或者对文物实体进行保护、修复最重要的前提就是找出其产生病害的原因，并针对文物产生病害的原因制定相应的保护措施。

（3）文物病害信息的价值

文物病害的产生与文物实体质点的运动有关，文物实体质点的运动状态离不开具体的环境条件，环境条件恶劣，文物病害就严重，环境条件良好，文物实体的保存状态就好，文物病害就会较轻。因此，文物病害也是文物实体的一种状态，病害背后隐含了大量与文物实体制作工艺、保存环境、文物实体材料相关信息。这些重要信息对研究文物病因、保护修复技术研发，以及考古学研究的方方面面都具有一定的学术价值，所以，文物病害也是文物信息的重要组成部分。

1）考古学价值。文物实体的制作技术总是由早期的不成熟逐渐发展到成熟阶段，不成熟的技术制作出来的文物实体往往病害情况较多，且主要是原生性病害。根据这些文物的病害可以了解当时的技术发展水平，以及不同区域的传播情况，为考古学研究提供证据。

2）文物保护学价值。对文物实体病害展开研究，可以找出病害产生的原因、发展趋势以及影响因素。在明晰病因和影响因素的基础上，有针对性地制定保护修复技术方案。同时，在文物实体保管过程中，尽可能去除有害影响因素，或采取必要措施，尽量减少有害因素对文物实体的损伤。

3）文物学价值。某些文物实体病害形成的时间长，成为了古代文物特有的特征之一，现代造假技术很难实现，因此文物病害也可以作为文物鉴定的依据。

2.文物病害的分类

文物实体的病害种类多种多样，引起病害的原因也相当复杂。从文物实体的物质属性来看，其老化降解是不可逆的、必然的。文物实体病害产生、发展还会受到环境的影响，包括埋藏环境、保存环境、使用环境等。文物病害有多种分类方法，常用的有两种：一是以文物实体病害的病源属性为依据的分类法；另一种是以文物实体材料子结构为依据的分类法。

（1）文物实体病害的属性分类

从病原的属性来看，文物实体病害主要分为生物性病害、化学性病害、物理性病害等。

1）物理性病害

物理性病害包括那些由于受到外力影响发生的变形、扭曲、开裂，受温度、湿度变化影响引发的文物实体收缩、膨胀、变形、开裂，这些病害主要是受环境影响产生的，包括埋藏环境、馆藏环境、保存环境等。主要的影响因素包括温度、湿度、光照、振动、荷载等。一般情况下，物理性的病害是指不直接改变或者影响文物实体材料的化学性质，而是通过物理性效应影响文物实体材料的形状或者物理性质，对文物实体造成了一定程度损伤的病害现象，如热胀冷缩、湿胀干缩、机械性损伤（包括摩擦、挤压）等对文物实体的破坏作用。本质原因是在力的作用下，文物实体质点受力平衡被打破所致。

2）化学性病害

化学性病害是指由于环境或者其他共存物的影响，引入了污染物，使得文物实体材料发生了化学反应，包括腐蚀、降解、氧化、酸性水解和碱性水解等。工业革命后，由于矿物燃料的大量使用，大气和降雨中的酸性物增多，进而影响了各种地面文物实体的保存环境，加速了文物实体的酸老化，如石质文物实体受酸雨的影响引起的溶蚀、粉化等病害。文物实体本身由于长期埋藏于地下，受到地下水、土壤等埋藏环境的影响，发生的一系列降解和老化，从本质上说，这都属于化学性的病害。一般情况下，化学性病害是文物实体组成材料中的一种或多种发生了化学反应，生成了新的物质，从而使文物实体的结构和性能发生改变，对文物实体造成一定程度损伤的病害现象，本质原因是文物实体质点发生了改变。

3）生物性病害

生物性病害主要是指由生物体包括动物、植物和微生物，侵害、侵蚀引起的文物实体损伤。这些病害的主要影响因素是生物，如白蚁和蛀虫的蛀蚀，动物啃咬等产生的孔洞，昆虫的粪便污染，微生物霉菌和细菌的腐蚀作用引起的文物实体材料的形貌和结构改变。其主要特征是有生物体的参与，侵害源是生物体，侵害对象为文物实体。微生物霉菌和细菌的腐蚀作用机理是生物性病害中最为复杂的，是有生物活性物质参与的生物化学过程，如生物酶对有机质文物的分解作用，硫细菌对金属文物的腐蚀作用等。

实际上，由于文物实体材质具有复杂性和差异性，加上所处环境，特别是埋藏环境、保存环境的复杂多样性，文物实体材料发生老化，产生病害的原因极其复杂。通常文物实体的病害往往不是单一因素影响的结果，或者说，同一种病害产生的原因不是单一和简单的，往往是两种甚至几种因素共同作用导致的结果。因此，在研究文物实体病害的类型时，需要仔细辨别，将文物实体的病害分门别类，才能在此基础上对文物实体的病害进行分析和检测，制定出相应的保护和修复的方案。

（2）文物实体病害的材料结构分类

从材料学角度来看，文物实体材料种类繁多，具有多样性，因此文物病害种类也是复杂多样的。以文物材料学和文物信息学视角来看，文物具有信息属性，文物实体病害也蕴藏了一定的制作工艺、环境、污染等信息。根据文物实体材料分类，文物实体材料有五个组成部分，即文物实体材料子结构，子结构存在变化和转化的关系，也就是说文物实体材料具有"可变性"的特征。这五个子结构为本体结构材料、污染物、腐蚀降解产物、水和伴生物。

文物实体组成的每一种材料的质点都在不停地运动，质点运动的结果使材料状态发生改变，最终出现材料老化、性质和性能的变化，产生病害。文物材料主要面临五大病害：本体结构材料病害、污染物病害、腐蚀或降解产物病害、伴生物病害和水病害。

1）本体结构材料病害

本体结构材料病害是指由于环境因素的作用和文物结构本体材料性质变化，所导致的文物实体物理和化学性能改变，使文物实体出现脆弱、断裂、形变等病害现象。本体结构病害包括由生物和化学的反应引起的文物本体结构材料的腐蚀或者降解；在物理因素，如热胀冷缩、湿胀干缩、挤压等内外力作用下，所导致的文物实体变形、开裂以及文物实体材料力学性能的下降等；某些情况下，构成文物实体形状的结构材料会发生变化，如完全锈蚀青铜器形状支撑材料，由原来的金属铜转变成铜的矿化产物，这些矿化产物构成了青铜器结构主体，成为了文物实体材料的结构材料。例如，铜镜在埋藏时往往被用丝绸包裹后放入墓葬中，出土时会发现包裹铜镜的丝绸已完全矿化，虽然丝绸文物实体组织结构还能看见，但此时蚕丝纤维已被腐蚀殆尽，其形状之所以得以保留，是因为蚕丝纤维蛋白已全部被青铜的腐蚀产物替代了。古代车马坑出土的古代车辆，已完全腐蚀的木质部分被黏土取代，黏土成为了车辆木构件的结构主体，保留了木构件的形状。

2）污染物病害

污染物病害是指由非文物本体组成材料及非文物本体材料转化产物附着或渗透进文物实体后，引起的对文物实体具有破坏作用的病害现象，如纸质文物上霉斑、锈迹等。重力沉降的固体物颗粒、吸附、黏附作用下的污染物、腐蚀降解作用中产生的对文物实体材料有危害的各种产物等，如石质文物的表面沉积物、古籍书画文物的水渍、油渍、蛀虫排泄物等。

3）腐蚀降解产物病害

腐蚀降解产物病害是指由于环境因素的作用，文物本体材料腐蚀降解产物进一步发生的腐蚀降解病害现象，即文物本体材料腐蚀降解产物的深度腐蚀或降解。文物实体在埋藏、保存环境中的腐蚀、降解产物，由于自身物理性质变化或者参与到后续的生物、化学反应中，产生对文物实体材料或者结构有一定程度影响的各种病害等，如纸质文物和纺织品文物纤维的深度降解，青铜器的无害锈转化为有害锈等。

4）伴生物病害

伴生物病害是指由环境因素作用引起的，文物本体材料中伴生物所发生的腐蚀降解病害现象，包括由文物实体材料中的伴生物存在引发的腐蚀、降解作用，或者由于伴生物的存在导致的其物理性质发生变化。例如，热效应下的体积膨胀等引发的应力集中或者变形等病害现象，以及青铜器中冶炼时铜矿石伴生矿中的砷元素等对青铜器文物造成的破坏，就属于伴生物病害。

5）水病害

水病害是指由于水的溶解、溶胀、运移、水解、水合等作用。所引发的文物实体材料腐蚀降解、开裂、形变等的病害现象，如壁画和砖石质文物的酥碱、书画类文物的水渍、土遗址吸水崩塌等。在文物实体材料中存在各种形式水，如游离水、吸附水和结合水等。由于水的存在使文物实体出现病害。例如，由水的相变引起的体积膨胀，从而产生的体积变化和应力变形：水的溶解和运移作用引发文物实体材料溶蚀、酥碱；水作为介质参与的各种化学或者生物的腐蚀、降解反应，发生的水解、微生物腐蚀、锈蚀等病害现象。

由于文物实体结构的复杂性，以及它的各种子结构材料的相互转化和相互作用，其病害的产生和材料种类是相互联系的甚至是重复作用。例如，腐蚀降解产物病害与本体材料病害关系密切，水可以引发多种病害，也可成为污染物。因此，文物病害的定义是一个变化的和相对的概念，有"病"未必有"害"，有"害"则一定要除害。这就要求我们在对文物实体病害进行分析研究时，首先应该对文物实体的材料学有清晰的认识，从文物实体材料的子结构入手，厘清病害的类型和机理。同时，由于文物实体在其产生、埋藏、保存的过程中。始终处于一个变化的状态，因此，对其五个子结构进行研究时，要从变化和转化的角度去分析，只有对文物实体结构变化和转化有深刻的认识，才能对文物实体的病害有明确的认知，才能明晰"病"与"害"关系。从其变化和转化的角度入手，对文物实体的病害进行分类和研究，并从转化和变化的方面思考病害防治的技术路线，将文物实体的病害消除，或使有害转化为无害，使病害失去活性，使之不会对文物实体造成损害。

不管是文物的本体材料还是污染物、腐蚀降解产物等都是材料，其本质还是物质的。在一定的条件下，其物理性质、化学性质都会发生变化。都有可能出现相应的病害。因此，无论是文物实体材料的哪一个子结构。"生病"是必然的，如物理性能的变化而产生的病害，如应力集中引起的变形，或者化学变化产生的病害，如污染类病害的产生和变化等。而文物保护就是针对这些病害，开出药方给文物治病。

3.应力型病害

（1）文物实体应力的产生

物体由于外因（受力、温湿度变化等）而产生变形时，会在物体内各部分之间产生相互作用的内力以抵抗这种外因的作用，并力图使物体从变形后的位置回复到变形前的位置。文物实体截面某一点单位面积上的内力称为应力，与截面垂直的应力称为正应力或法向应加。

在没有外力存在时，材料内部由于加工成型不当、温度变化、溶剂作用等原因也会产生应力即内应力。内应力是在结构上无外力作用时保留于物体内部的应力，没有外力存在时，弹性物体内所保存的应力叫作内应力。它的特点是在物体内形成一个平衡的力系，即遵守静力学条件。按性质和范围大小可分为宏观应力、微观应力和超微观应力；按引起原因可分为热应力和组织应力；按存在时间可分为瞬时应力和残余应力；按作用方向可分为纵向应力和横向应力。

（2）应力的危害

文物作为一种物质实体，在其制作加工、使用、废弃、埋藏、发掘出土、保护修复，保存的过程中，都受到一定的外力作用，在外力作用下，文物实体内部为抵御外力作用所产生的内力就是文物实体的应力。一般情况下，外力消失后，由于材料本身的性质，应力不可能马上消除，这种应力的存在对文物实体而言会产生一定的病害，包括开裂、翘曲及变形、三维尺寸变化等。

1）开裂

因为应力的存在，外力作用会诱使应力释放而在应力残留位置出现开裂。对于青铜器来讲，开裂主要集中在浇口处或过度填充处。没有烧透的瓷器内部往往存在较大应力（变温应力），瓷器是硬度很大的材料，长期积累的应力很难得到释放，当应力达到一定程度时，瓷器会产生炸裂现象，形成较长的裂缝。古代陶瓷器有时出现的炸裂情况，就是应力突然释放造成的。

2）翘曲及变形

有残留应力存在时，文物实体材料在室温下，残留应力释放需要较长时间，高温时内残留应力释放所需时间较短。如果文物实体局部存在位置强度差，即各部位强度分布不均匀，那么在应力残留位置产生翘曲或者变形现象。在修复文物时，会经常使用新的材料，新的材料力学强度好于文物实体材料，修补部位与文物实体之间存在强度差，容易产生应力。

3）尺寸变化

由于应力的存在，在文物实体放置后或处理的过程中，如果环境达到一定的温度，文物实体就会因应力释放而发生变化，除翘曲、开裂和变形之外，其三维尺寸也可能发生改变。木质文物由于热胀冷缩和湿胀干缩发生的变形及三维尺寸变化，本质上就是应力作用的结果。

（3）消除应力的方法

理论上消除应力可以采用三种方法：一是对物体进行热处理（只适用于金属器物）；二是放到自然条件下进行消除（即自然时效消除内应力）；三是通过人工敲打振动等方式进行消除。消除应力可采用如下具体方法：

1）自然时效消除残余应力

自然时效是通过把物体暴露于室外，经过几个月至几年的时间，使其尺寸精度达到稳定的一种方法。大量的试验研究和生产实践证明，自然时效对稳定物体尺寸精度具有良好效果。

2）热时效法

最传统也是目前最普及的方法就是热时效法，而把物体放进热时效炉中进行热处理，慢慢消除应力。

3）利用亚共振来消除应力

这种方法使用起来比较繁琐，要针对不同形状的物体编制不同的时效工艺，操作相当复杂，需要操作者确定处理参数。令人遗憾的是这种方法只能消除器物上约23%的应力，无法达到完全消除应力的目的。

4）振动时效去除应力

振动时效技术（Vibrating Stress Relief，简称VSR），旨在通过专用的振动时效设备，使被处理的物体产生共振，并通过这种共振的方式将一定的振动能量传递到物体各部位，给物体施加附加动应力。当附加动应力与残余应力相叠加后，达到或超过材料的屈服极限时，物体就会产生微观或宏观塑性变形，从而降低和均化物体内部的残余应力，物体内部发生微观塑性变形能够使歪曲的晶格逐渐恢复平衡状态，位错重新滑移并钉扎，最终使残余应力得到消除和均化，从而保证物体三维尺寸的稳定性。

对于文物保护修复工作而言，采用的保护、修复材料与文物实体材料之间，由于材料强度的差异，使得应力必然存在。避免产生应力的方法有很多种，如保护修复工作完成后，在一定环境条件下对文物实体进行应力释放，或在修复前对补配材料进行预老化处理，使修复材料与文物实体材料性能相近，避免因材料强度差异产生应力。绢画修补时所使用的新绢，在修补前须经高能射线进行老化处理，就是为了防止由于新旧组的强度不同产生应力，对文物实体造成新的伤害。保护修复对文物实体施加多层材料时，不能抢时间，每施加一层材料后都应将文物实体放置一段时间，通过自然时效消除由保护修复材料对文物实体产生的残余应力，以免应力对文物实体造成损伤。

（4）文物实体的应力病害类型

一般材料都是弹塑性体，在一定的范围内材料的变形为弹性变形，在材料的弹性范围内，外力消失后材料能完全恢复原来形状，这就是弹性变形。当外力超过其弹性范围时，外力消失后材料不能恢复原来形状，这部分变形叫作塑性变形。大部分文物实体材料都属于弹塑性材料，也就是说同时具有弹性变形和塑性变形的特点。对于文物实体材料来说，易导致病害产生的应力一般包括重力、外力影响下的内应力、材料加工后的热应力、有水参与的湿胀干缩产生的应力环境中温度的变化产生的热胀冷缩应力等。

重力导致的病害一般出现在石质文物上，特别是岩画、石窟、石刻等大型的不可移动文物。由于本身的结构力学问题，加上自然灾害，如暴雨、地震等的影响，文物实体的重心失稳导致文物实体发生松动、滑移、崩塌等。古建筑是由多种材料构成的，包括石材、砖、木材等，各种材料通过不同的构造组合成建筑物，不同的构造通过相应的力学结构结合，使得建筑物稳定，因此古建筑的结构力学是保证古建筑在结构和力学上稳定的重要因素。中国古代建筑的木构架在结构上基本是采用简支梁和轴心受压柱的形式，局部使用了悬臂出挑构件和斜向支撑，各节点采用榫卯结合，这种构造方式使构架在承受水平外力（地震力、风力等）时有一定的适应能力。这些结构中，不同材料的力学性能、应力集中情况都会影响到古建筑的结构稳定性，如梁的应力集中、榫卯结构的应力分布不均等，因此梁和榫卯结构是古建筑中最易损坏的部位。

文物实体材料在埋藏和保存过程中会受到外力的影响，如埋藏中的器物相互间挤压、墓葬垮塌造成的挤压和地震等振动中造成的跌落挤压等。当这种外力消除后，材料内部的内应力仍旧存在，如果这种内应力不予消除，在应力集中的位置就有可能出现开裂、断裂等病害。很多文物实体都是热加工的产物，包括青铜器、陶器、瓷器等，在制作加工过程中自身就会产生一定的热应力。当温度发生改变时，物体由于外在约束和内部各部分之间的相互约束，使其不能完全自由胀缩而产生应力，此种应力又称变温应力。

文物实体在加工、使用、废弃、埋藏和保存过程中，都离不开环境，包括各种埋藏环境、使用环境、保存环境等。环境包含了空气、污染物、水、微生物、温度、光照等各种因素，这些环境因素的波动都可能使文物实体产生应力。文物实体材料本身的热胀冷缩和水引起的湿胀干缩体积变化，都是文物实体重要的应力来源。

文物实体材料在温度发生变化时，体积会随之出现变化，热胀冷缩现象就是温度变化的结果。水参与也会导致体积变化，例如，水分进入材料孔隙中，当温度降低到冰点以下时，水凝结为冰，发生相变，体积膨胀，对文物实体材料本体产生挤压、膨胀，从而产生应力。随着温度的变化，水不断融化、凝固，如此循环往复，文物实体体积反复收缩和膨胀，如果应力得不到释放，就会造成应力累积。纸张、棉麻、丝织品等高分子材料，由于环境温度、湿度的变化，其发生的膨胀、收缩也会产生一定的内应力。同时，由于其材质的不均一性或者结构的影响，会在某些位置，如尖端、缺陷处出现应力集中现象，从而对文物实体材料的结构产生危害，如文物实体出现断裂、折痕等病害。

4.累积损伤

（1）累积损伤效应概念

累积损伤与文物实体质点运动有密切的关系。在外界环境因素的作用下，质点运动状态会发生轻微改变，而每一次的轻微改变并不会造成文物实体材料性能或文物信息的明显变化。但长时间、多频次的重复，则会使文物实体材料性能或文物信息发生质的变化，对文物实体造成明显损伤，这种损伤叫作累积损伤。累积损伤的本质是质点运动，累积损伤具有三个特点：一是高频次，二是单次损伤轻微，三是长时间积累。质点的改变和质点位移，从量的角度看，单次造成的文物实体质点的改变或位移是极其微小的，即使把时间长度扩大到几十上百年，也看不出有明显变化，如铜质材料在不同环境中的腐蚀速率。但对文物而言，其所经历的时间跨度可能是几百上千年，尽管单个变化极其微小，但最终的状态就是一个从量变到质变的累积结果。

若将质量为10.68g、尺寸为2 cm×3 cm×0.2 cm的铜片置于大气中，可知该铜片所含的铜原子质点数为$1.01×10^{23}$个。根据铜片在城市大气中的腐蚀速率，要把这样的铜片所含的铜原子质点全部改变，则需要5260年。数据表明，铜在大气环境中的腐蚀速率是比较慢的，但即使是这样比较慢的腐蚀速率，由于累积损伤的影响，铜器的寿命也只有5260年。

文物实体累积损伤效应是一种因素与另一种或多种因素对文物实体连续作用叠加

后，导致的文物实体变化所产生的效应。这种效应力度较弱，但时间上具有长期性、持续性。分析累积效应应从它的概念，因果关系模型入手，模型由三部分构成，即累积影响源、累积影响途径（过程）和累积影响类型。

文物实体通常经历了非常长的时间段，短至百年，长达数千年，甚至上万年，长时间的积累形成了文物实体的累积损伤效应。经过如此长时间的累积之后，任何一种微小因素作用造成的危害都无法被忽视。一般情况下，环境条件不稳定极易造成文物实体的损伤或损毁。我国西北半干旱地区，由于地下水位波动较大，埋藏环境湿度、微生物生长、盐分含量情况也在不断变化，累积损伤比较严重，此种环境对有机质文物的保存非常不利。所以，西北半干旱地区鲜有保存状态较好的有机质文物出土。而我国南方地区的地下埋藏文物大多数处于饱水环境，环境比较稳定、累积损伤相对较小，出土的有机质文物的保存状态通常比西北半干旱地区好。新疆等干旱地区埋藏环境干燥，环境条件更加稳定，累积损伤对有机质文物实体造成的破坏相对更小。因而，新疆出土的有机质文物，如木器、丝织品的保存状态通常很好。部分丝织品文物出土时颜色仍十分鲜艳，如同新的一样。

当环境温度高低交替变化时，此时文物实体处在热循环过程中，受到材料热传导特性等因素的影响，结构各部分之间，相同材料的不同表层与心部之间必然存在温差，致使文物实体的膨胀、收缩量有所差异，加之刚性构架中各部分之间的互相制约，于是在不同的温度区间内文物实体中便会形成热应力。

损伤识别一直是研究人员广泛关注的问题，受疲劳、腐蚀、老化等因素的影响，损伤累积必然存在，从而使这些文物实体的保存面临重大隐患。因此，能对损伤累积进行监测和识别，及时地发现损伤，对可能出现的灾害进行提前预警，这是评估文物实体安全性的必然要求。

材料学领域的累积损伤研究方法主要包含应力分析中的有限元建模、失效判定准则及损伤过程中材料性能退化三大部分。文物作为物质实体，累积损伤效应研究可以借鉴材料学领域相关研究成果，从累积损伤的角度对文物进行健康评估。

（2）累积损伤模型

文物材料在复杂环境因素的协同作用下（如挤压、温度、湿度等）必然受到多种不同程度的损伤，影响文物材料损伤的因素具有随机性。这些影响因素相当于在对文物实体施加荷载，当荷载是循环往复应力时（如温度忽高忽低、湿度忽大忽小），引起的文物实体材料力学性能劣化过程称为疲劳损伤。文物实体材料在埋藏和保存的环境中受到挤压属于外加荷载，通常是持续性力的作用。环境中温度的变化，对材料本体产生的变温应力，即热应力会产生一定程度的影响，尤其是不可移动的文物实体处于室外环境，温度差异较大时，其受热应力的影响也较大，当温度的变动循环往复时，其累积的损伤就会显现出来。在金属材料学或者建筑材料学中，疲劳累积损伤理论已经是材料失效、损伤等研究领域的重要基础理论。

现有的疲劳累积损伤理论主要分为以下几种：线性疲劳累积损伤理论；双线性疲劳累积损伤理论；非线性疲劳累积损伤理论；基于热力学势的疲劳累积损伤理论；概率疲劳累积损伤理论。与文物实体材料疲劳累积损伤研究相同，这些理论也可以拿来作为文物保护工作的参考，只是须将外部反复施加的载荷作为次要影响因素，主要的影响因素可能是温度、湿度等的变化所引起的疲劳累积损伤。

（3）累积损伤特征

文物实体由于累积损伤的作用，产生多种损伤特征，大多数文物实体出现的损伤均与力学行为有关，具有力学特征。例如，文物实体材料的脆弱、粉化、缺失和大量的微裂隙等。部分文物实体的腐蚀，溶蚀也是一种累积损伤，如石刻文物表面花纹或文字漫漶不清，甚至消失，可以看成是许多次腐蚀或溶蚀累积的结果。古建筑的坍塌，也可以被视为变形累积的结果。

多数情况下，研究的重点会放在由力的作用产生的累积损伤方面，这是因为由力的作用产生的累积损伤现象十分普遍，需要解决的问题多，难度也大。

5.水参与的文物病害

文物实体从其使用、废弃到进入埋藏，然后被发掘出土，进入到保存、收藏的场所，一直处于各种环境中，如埋藏环境、保存环境、展陈环境等。必不可少的会与环境中的各种因素进行接触，甚至发生相互作用。在各种环境中，水作为一种重要的因素，从生物、物理和化学各方面都会对文物实体材料产生一定的影响，并且这些作用不是单独存在的，往往是两种甚至多种作用同时存在，且协同作用。

（1）水的相变

自然界中的许多物质通常都是以气、液、固三种物态存在的，为了描述物质的不同聚集态，而用"相"来表示物质的固、液、气三种形态的"相貌"。物质的上述三种状态是可以互相转化的。广义上来说，所谓相，指的是物质系统中具有相同物理性质的均匀物质部分，它和其他部分之间可以用一定的分界面隔离开来间。物态的转化与温度和气压相关，也就是"相变"是温度和气压的函数。物质在相变的过程中伴随着热量的吸收或者释放，相关的物理性质也会发生变化，如密度、体积等。譬如猪油夏天呈液态，冬天为固态，加热到较高温度时，会变成气态。

在文物实体的埋藏环境和保存环境中，水是常见的一种环境因素，几乎是不可避免的。水的作用会受到温度和气压的影响，水在低温下凝结成冰，体积膨胀，当温度上升后，冰又融化成水，体积收缩。在这一过程中，水的体积发生了变化，对于那些进入文物实体微观孔隙的水而言，反复的凝固和融化，体积在反复的膨胀-收缩过程中，对文物实体产生一定的压力，进而使文物实体的微观结构发生变形、开裂等病害。因此，在对文物实体病害进行研究时，水的相变、环境中水的影响不容忽视。

（2）溶解和运移作用

水作为一种天然的溶剂，在文物实体的埋藏环境和保存环境中都起着溶解各种可溶性盐的作用。这里提到的水既包括埋藏环境中的地下水、土壤中的吸附水等，也包括大气降水和由于水的相变作用水汽凝结成的液态水。

由于文物实体所处环境的复杂性，在埋藏环境和保存环境中，通常有多种污染物进入到文物实体内部。一方面，由于文物实体材质的性质，某些物质可以在温度和气压等条件适宜的情况下，溶解于水中，例如，石质文物中的石灰岩类，主要是碳酸盐岩石，其某些成分可溶解于含有 CO_2 的水中，并随着水的流动运移至其他部位进行沉积，形成病害。大气降水中常含有 SO_2、NO_x 等酸性气体，随着这些酸性气体的溶解，水分呈一定的酸性增加了水的溶解能力，对文物实体材质的溶解度增加，使得文物实体发生溶蚀。另一方面，随着水的流动，这些水溶液沿文物实体的孔除进行运移，或者在此过程中随着水分蒸发，盐分结晶析出，使得体积膨胀，也会对文物实体材质的结构和性能产生一定的影响。

对于砖石类文物而言，碱盐等成分物质由于水的作用，沿砖石的毛细孔游离到砖石文物表面，使砖石类文物实体的表面积累了较多的 $Ca(OH)_2$。当水分蒸发后，碱、盐等成分物质就存积在砖石文物表面，形成白色晶体颗粒，出现泛碱现象。所以，碱盐等成分物质是渗入砖石毛细孔产生泛碱的直接物质来源。

"酥碱"是一个传统的文物实体病害术语，广泛应用于文物领域的古建筑、壁画以及土遗址等专业领域。它描述的是一种常见的文物实体病害，突出的现象就是构成文物实体组成结构的物质变得疏松崩解，常伴有表面白霜状盐类结晶，如城墙砖的酥解剥落崩坍、壁画地仗的酥解粉化、土遗址夯土结构酥解等。其病理是由于毛细水和潮湿气体的作用，可溶性盐在文物实体结构物质内部随之迁移，同时可溶性盐随湿度大小的变化也从液相到固相不断地循环变换，最终导致文物实体结构物质内部疏松崩解，严重的会引起文物实体组成部分的剥落、崩塌。

酥碱，文物保护国家标准《古代壁画病害与图示》中给出的定义是："酥碱，由于可溶盐作用导致壁画地仗层产生的疏松状态。"中国话俗称"酥碱""白霜"，其解释为"在水分参与下，洞窟围岩及地仗层中的矿物盐分在洞壁产生表集作用，改变了壁画及地仗层的结构，使地仗层膨胀、酥松、粉化、脱落"；英语为 efflorescence，这里的意思是盐霜、粉化，"由于蒸发作用与毛细作用带出盐分沉积物"。

（3）水合作用、水解作用

水作为一种活性物质，常与很多化合物发生水合作用或水解作用。水合作用在无机化学中是指物质溶解在水里时，与水发生的化学反应，一般指溶质分子（或离子）和水分子发生的作用，形成水合分子（或水合离子）的过程。通常情况下，水合作用使得物质的体积膨胀，压力增大，产生一定的病害。水解作用是指水与另一化合物反应，该化合物分解为两部分，水中的氢离子和该化合物其中的一部分相结合，而氢氧根离子和另一部分相结合，因而得到两种或两种以上新化合物的反应过程。在文物埋藏和保存的过程中，水的影响几乎无处不在，在条件适宜的情况下，某些文物实体材质会发生水解或水合作用，对文物实体的结构产生损害。

（4）水分对微生物作用的影响

生物性病害是文物实体最常见的病害之一，特别是有机质文物，普遍存在生物性病害。其中对文物实体损害最大的就是微生物的腐蚀和降解作用，微生物对文物实体的腐蚀和降解作用，实际上是微生物利用某些生物酶对文物实体材料进行的溶解、酶解、细胞吞噬等过程。生物体系的基本成分包括蛋白质、碳水化合物、脂质、核酸、维生素、矿物质和水。水是生物体系六大营养要素之一，是维持人类正常生命活动必需的基本物质，对微生物而言，其意义也很重大。

水是微生物新陈代谢不可缺少的物质，是微生物自身生存需要依赖的物质基础，水可以维持微生物自身生存环境的平衡，水是微生物与微生物之间进行物质交换必不可少的媒介。

（5）水分子的填充作用

对于某些文物实体而言，在千百年的埋藏过程中，其组成材料发生了腐蚀、降解或溶蚀，其结构发生了改变，但是由于其埋藏环境中水分子的填充，水分子进入已经降解的文物实体结构内，起到了定型的作用，使文物实体的宏观外形未发生明显的变化。但是在其脱水后，由于失去了水分子的填充作用，文物实体的结构将会出现变形、塌陷，对文物实体的保存和展陈不利，甚至危及文物实体的存续。这些文物实体主要包括那些埋藏于地下水位以下的墓葬、水下出土的饱水木器，漆器等。

木质类文物在地下几百上千年的埋藏过程中，由于各种因素尤其是菌类的作用，出现了分解现象，构成木材基本成分的细胞受到部分损伤，细胞的结构变得非常脆弱，有的甚至不能支撑自身的重量。这种状况下，充填细胞的水分挥发后，细胞必然产生收缩，这种收缩程度大于新木材的收缩程度。因为与新木材相比，木质文物的结构已经受到了自然因素的破坏而发生了改变。另外，潮湿及饱水木材在自然状态下的脱水干燥过程中，由于水分的失去，导致一些空间被空气占据，新的固-气界面产生，这些界面被内部水分子占据，又产生了高表面张力。当一个微孔失去外部水分后，其内部的水分必然形成弯月面，对孔壁施加向中心收缩的拉力，如果组成孔壁的木材细胞不能抵抗这种拉力，它就会被迫收缩，结果呈现的是木材整体结构的收缩。如果木材在宏观上的收缩不均衡，外部发生收缩而内部没有收缩，将产生开裂现象。

（6）脱水作用

某些文物实体材料，其组成成分是水合物，在一定的环境条件下，会发生脱水作用，即水合物的脱水。脱水使得材料的性质发生了一定的变化，通常使得文物实体材料的表观形貌和理化性质都会发生改变。例如，生石膏（$CaSO_4 \cdot 2H_2O$）、硬石膏（$CaSO_4$）和熟石膏（$2CaSO_4 \cdot H_2O$）的相互转化，生石膏和硬石膏脱水转变成熟石膏。熟石膏的性能与生石膏和硬石膏有很多差异。通常情况下，脱水会导致文物实体材料性能发生各种变化，使文物实体出现干缩、开裂等病害。若要去除脱水病害，需要将文物实体材料保存在一定的湿度环境中，使文物实体回湿，保持水合物稳定，不致脱水。

7.文物数字化检测技术

（1）射线检测技术

射线的种类很多，其中易于穿透物质的有 X 射线、γ射线、中子射线三种。这三种射线都被用于无损检测，其中 X 射线和γ射线广泛用于锅炉压力容器焊缝和其他工业产品、结构材料的缺陷检测，而中子射线仅用于一些特殊场合。射线检测最主要的应用是探测试件内部的宏观几何缺陷（探伤）。

按照不同特征，如使用的射线种类、记录的器材、工艺和技术特点等，可将射线检测分为许多种不同的方法。射线照相法是指用 X 射线或γ射线穿透试件，以胶片作为记录信息的器材的无损的检测方法。该方法是最基本的，应用最广泛的一种射线检测方法。射线检测适用于绝大多数材质和产品形式，如焊件、铸件、复合材料等。射线检测胶片对材质内部结构可生成缺陷的直观图像，定性定量准确，检测结果直接记录，并可长期保存。对体积型缺陷，如气孔、夹渣等的检出率很高，对面积型缺陷，如裂纹、未熔合类，如果照相角度不适当，则比较容易漏检。射线检测的局限性还在于成本很高，且射线对人体有害。目前，我国射线检测技术的主要研究领域为射线成像缺陷自动识别技术、射线计算机辅助成像技术（CR）、射线实时成像技术（DR）和射线断层扫描技术（CT）。

（2）超声检测技术

超声波是频率高于 20kHz 的机械波。在超声探伤中常用的频率为 0.5～5MHz。这种机械波在材料中能以一定的速度和方向传播，遇到声阻抗不同的异质界面（如缺陷或被测物件的底面等）就会产生反射。这种反射现象可被用来进行超声波探伤，最常用的是脉冲回波探伤法探伤时，脉冲振荡器发出的电压加在探头上（用压电陶瓷或石英晶片制成的探测元件），探头发出的超声波脉冲通过声耦合介质（如机油或水等）进入材料并在其中传播，遇到缺陷后，部分反射能量沿原途径返回探头，探头又将其转变为电脉冲，经仪器放大而显示在示波管的荧光屏上。根据缺陷反射波在荧光屏上的位置和幅度（与参考试块中人工缺陷的反射波幅度作比较），即可测定缺陷的位置和大致尺寸。除回波法外，还有用另一探头在工件另一侧接受信号的穿透法。利用超声法检测材料的物理特性时，还经常利用超声波在工件中的声速、衰减和共振等特性。我国超声检测技术的主要研究领域包括检测方法研究和设备研发。在设备研发方面，主要为数字化超声波探伤仪、TOFD 超声检测系统、超声成像系统和磁致伸缩超声导波检测系统；在检测方法和技术研究方面，主要针对自动超声检测技术、超声成像检测技术、人工智能技术、TOFD 超声检测技术和超声导波检测技术。

（3）电磁检测技术

电磁无损检测是以电磁技术为基础的检测技术，包括涡流检测、漏磁检测、磁粉检测等，我国电磁检测技术的主要研究领域包括涡流检测技术、远场涡流检测技术、脉冲涡流检测技术、漏磁检测技术和金属磁记忆检测技术。常规涡流检测仪器从模拟式到全数字化已经先后开发了五代，最近，开发的仪器采用了包括 DSP、阵列探头、多通道、数据转换和分析等先进电子与信息技术，推动了涡流检测技术在管道元件制造过程中的在线检测和换热器的定期检验应用。脉冲涡流检测技术是近年来由国外引进的新技术。在应用领域，我国一些科研院所和检验检测机构开展了在电站锅炉、压力容器、压力管道、飞机、汽轮机、风力发电机和桥梁等结构上使用磁记忆技术的研究，并初步取得成功。

（4）声发射检测技术

声发射是一种常见的物理现象，各种材料声发射信号的频率范围很宽，从几赫的次声频、20Hz 至 20kHz 的声频到数兆赫的超声额；声发射信号幅度的变化范围也很大，从 10m 的微观位错运动到 1m 量级的地震波。如果声发射释放的应变能足够大，就可产生人耳听得见的声音。大多数材料变形和断裂时有声发射发生，但许多材料的声发射信号强度很弱，人耳不能直接听见，需要借助灵敏的电子仪器才能检测出来。用仪器探测、记录、分析声发射信号和利用声发射信号推断声发射源的技术称为声发射技术，声发射技术于 20 世纪 60 年代末引入我国，已广泛应用于我国石油、石化、电力、航空、航天、冶金、铁路、交通、煤炭、建筑、机械制造与加工等领域。目前进行的声发射信号分析和处理的常用方法包括常规参数分析、时差定位、关联图形分析、频谱分析、小波分析、模式识别、人工神经网络模式识别、模糊分析和灰色关联分析等。

（5）红外检测技术

对于任何物体，不论其温度高低都会发射或吸收热辐射，其大小与物体材料种类、形貌特征、化学与物理学结构（如表面氧化度、粗糙度等）特征有关外，还与波长、温度有关。红外照相机就是利用物体的这种辐射性能来测量物体表面温度场的。它能直接观察到人眼在可见光范围内无法观察到的物体外形轮廓或表面热分布，并能在显示屏上以灰度差或伪彩色的形式反映物体各点的温度及温度差，从而把人们的视觉范围从可见光扩展到红外波段。早期的红外无损检测由于检测成本、检测精度等原因，主要应用于军事领域，如发动机的检测、管子或容器的泄漏检查等。我国对红外检测技术的研究始于 20 世纪 70 年代初，红外技术在我国得到越来越广泛的应用。电力系统是研究与应用红外热成像技术较早的行业。

（6）文物三维数字化技术

1）三维激光扫描技术

三维激光扫描技术又称高清晰测量（High Definition Survey-ing，HDS），它是利用激光测距的原理，通过记录被测物体表面大量密集点的三维坐标信息和反射率信息，将各种大实体或实景的三维数据完整地采集到电脑中，进而快速复建出被测目标的三维模型及点、线、面、体等各种图鉴数据。

扫描过程中对物体全方位连续扫描，就能得到被测物体密集的三维散点数据，即为点云数据。得到点云数据后经过计算机建模得到被扫描物体的三维模型，进而可以对模型进行操作得到被扫描物体的几何信息。依据承载平台的不同可划分为：机载型激光扫描系统、地面型激光扫描系统、手持型激光扫描系统。

2）近景摄影测量技术

近景摄影测量是借助于人眼的双眼视差，通过拍摄不同位置的物体照片，利用后方交会—前方交会法求区内外方位元素，并解析计算出像点在实际位置的地面坐标，进而解析出被测物体的三维模型。

3）3D 打印技术

3D 打印技术包括 FDM 熔融层积成型技术和 SLA 立体平版打印技术，在文物复制中主要应用的是 SLA 立体平版打印技术。在文物复制过程中，首先是使用三维数字化技术对文物进行三维数字扫描，使用工业级的 SLA 高精度 3D 打印机将文物的三维信息输出以达到文物复制的目的。3D 打印机可以精确到 0.001 微米，从而能够精确复制出与文物一模一样的复制品，将文物的几何信息表现出来。

第三节 文物保护情况的动态监测与数字化记录

1.文物保护情况

文物是不可再生的珍贵历史资源，如何保护它们、用好它们，是一个长期命题。宁波拥有各级文保单位（点）1600 余处，大部分开放的古建筑是木质结构，存在一定的安全隐患。

为此，宁波尝试应用"文物保险+动态监测"模式，从文物保护的前端着手，提前消除安全隐患。昨天，一场文物保险扩面推广的签约仪式在张苍水故居举行。海曙区文物管理所、中国人民财产保险股份有限公司宁波市海曙支公司和第三方检测机构携手，为新模式的推广持续"加码"。2015 年起，宁波就开始应用"文物保险+动态监测"综合保险方案。

这一文物保险的新模式，如何为古建筑保驾护航？人保财险宁波市分公司相关负责人告诉记者，除了常规的防火防汛检查，文保单位和保险机构还会委托专业的第三方检测机构，由具有相应资质的消防工程师和结构工程师对文物建筑提供一年两次或更多次的房屋安全动态监测服务。

接下来，更多第三方检测机构会加入进来，制定统一的服务方案及服务标准。相关保险机构还计划组建一个文保和历史建筑行业的专家团队，为监测服务提供专业指导，同时着手探索智慧消防在文物保护方面的应用场景，提供数字化、智能化、可视化的风险管理服务。

2.这里以濒危古建筑类文物的数字化记录为例，对文物保护数字化记录进行说明。

中国古建筑是人类文化遗产十分重要的组成部分，是人类活动及历史时期的重要见证。古建筑研究也是我们高等教育的一个重要领域，目前古建筑的保护与研究工作中大量资金、人力资源集中在世界遗产、国宝、省保等高"质量"文物身上，使得近年来古建筑保护工作也卓有成效。但大量县保及县保以下古建筑文物由于自身保护级别、历史价值、专业壁垒等方面原因很难得到重视与有效的保护记录工作，古建筑本身的记录工作是一切保护、研究、传播的基础应得以重视。以山西省为例全省 3500 多个古村落中，500 多个正濒临消失。山西登记在册的古建筑有 28027 处，这些古建筑中，许多都未设立保护机构。而未登记在册的濒危古建筑再难以统计，濒危古建筑大多分布在偏远地区，其濒危属性又使得建筑很难得以有效保护，重建、倒塌、消失伴随着这些古老的人类活动见证者。急需一种高效、全面并兼顾质量的古建筑记录方式。

（1）古建筑记录中的常规手段与难点

在常规古建筑记录中建筑的测量线图绘制工作会花费较长时间，且需要有古建筑、测量、文物保护等专业知识背景训练的人员才能较好完成。同时人员可能还需要配备全站仪、三维激光扫描仪、电脑、摄影设备、无人机等专业性设备支撑来完成建筑的高质量记录工作。以上的人员、设备、专业知识等都是制约古建筑的快速高效记录的因素。

（2）古建筑数字化记录的方法与优势

随着互联网的普及和计算机技术的快速发展，使得古建筑数字化记录工作在文物保护中有了大量和高水准的解决方案，由于数字化记录的方式可将常规田野记录工作集中高效完成并将大量数据后处理工作分配到室内完成，有效地节约了人员成本和项目资金压力。特别是三维激光扫描、摄影测量方式大大提高了测量精度和记录细节，为后续的文物保护、研究、文化传播工作提供了有力的数据支撑，为濒危古建筑的高效高质量记录提供了一个可行性方案。但濒危古建筑的记录工作必须满足低成本、高效率、完整度高等要求才可进入实际应用阶段。

（3）濒危古建筑的记录方法应用

1）使用互联网地图与卫星图像快速获取古建筑的行政区域位置信息与经纬度坐标信息

在古建筑的记录工作中，首先要获取的信息便是地理位置信息，此项工作可在进行古建筑现场记录数据采集工作之前在室内使用互联网地图工具完成。准确的地理位置信息应包含行政区划、经纬度坐标、周边重要地理参考坐标、交通道路、人文地理坐标等。并在此基础上记录以上信息对古建筑进行预编号，建议以时间遗址名信息进行编号。

2）古建筑的小型无人机记录方法

古建筑的现存大环境如山川、河流、古遗址、村庄等信息在常规记录中难以以图像和测量的信息准确表达，随着小型无人机的普及使用可大大提高此类工作的工作效率同时丰富记录的信息类型。使用大疆小型无人机在移动设备端的 DGI GO 无人机操控系统中设定好飞行区域与飞行航线即可快速完成古建筑的大环境图像信息记录与测量工作。配合 inpho、photoscan、smart3d、PIX 4D mapper、Pixel-Mosaic、UAV master 等常用图像重建软件与后期数据处理可完成大环境的航测图像计算工作。

在无人机的操作系统中同时也提供了手动操控模式进行图像与视频的记录拍摄，在古建筑上空选取视觉最佳点位一般为古建筑正上方和前后左右位置，采用无人机悬停的方式进行 360 度全景图像数据的采集工作。配合 PTGui、Pano2VR、720 云平台生成全景图后实现本地或在线的 360 度全景浏览模式。

3）激光测距仪的建筑测量

快速测量并绘制遗址点图纸也是数字化记录中的一项基本要求与重要手段，由于古建筑自身结构复杂、变化也相对多样，在条件允许的情况下建议使用大场景三维激光扫描仪如 Faro 品牌的 X 系列、Riegl 品牌的 V 系列扫描仪进行三维点云数据采集工作用。若实际工作条件受限可在现场绘制建筑物测稿，并使用激光测距仪与皮尺进行快速的测量记录工作，待数据采集与数据处理工作结束后在此基础上使用 Scene、Geomagic、CAD 等软件进行建筑物的绘图标注等工作。

4）古建筑调查中的文字记录

古建筑的调查记录工作有着较高的专业性与操作性要求，为避免在进行古建筑的调查记录工作中出现缺项、漏项，记录单一缺乏重点，记录混乱整理难度大等问题，需提前根据当地建筑特色制定建筑调查记录表格，在正式工作中首选按照表格内容进行记录，根据记录内容由记录人员拍摄记录中的关键图像信息。在以上工作基础上再进行历史沿革、修缮史、口述史、营造方式、病害情况、建筑彩绘壁画塑像等分项的详细记录。

5）建筑多图像三维重建

对建筑结构保存较好或文物价值较高的濒危建筑可进行多图像的三维重建，将其现状结构、颜色、残损情况等信息储存到计算机中，可为后续的专项研究、在线浏览、交互系统开发、公众教育传播等领域提供真实可靠的一手信息资料。

实际调查记录濒危古建筑时由于建筑的高度、位置、结构等因素很难采用单一的地面图像数据进行全方位记录，建议采用无人机与地面相机相结合的方式进行多图像三维信息的数据采集工作。在进行多图像三维重建数据采集时应确保图像的格式、色温、图像大小、灯光均匀等参数设置或调整正确，无人机的信息采集尽量选在阴天多云时间段进行避免出现建筑内外明暗信息差异大、曝光不均匀的问题。地面的多图像三维重建信息采集则需要考虑建筑内外亮度不同容易造成图像亮度变化较大，高度与拍摄角度限制出现的图像信息过于重复的问题，可通过使用闪光灯或三脚架等摄影设备解决以上提到的数据采集问题。

在进行濒危古建筑多图像三维重建信息采集是应做到采集对象的覆盖完整性，角度变换多样性，图像质量高输出。随后使用多图像三维重建软件并进行后期数据处理完成濒危古建筑的三维信息重建 6 工作。

6）壁画与塑像的三维重建记录

部分建筑结构保存完好的濒危古建筑中会有较为完整的保存壁画与塑像，壁画与塑像是濒危古建筑中十分重要的组成部分与精华所在，单一的以图像记录壁画与塑像信息显得不够完整与系统。三维重建的壁画与塑像信息不仅保存了壁画与塑像的图像信息，同时也反记录了壁画的保存现状与空间信息，壁画与塑像的三维重建记录方式与建筑的多图像三维重建方式基本相同。

7）图版拍摄

濒危古建筑的信息记录十分依赖于图版的拍摄记录，好的图版可单独成体系能通过拍摄的路线与角度切换进行客观、系统、真实的记录。所以在进行图版拍摄时必须是整体的统筹安排，按照建筑环境、村落位置、建筑内外立面、建筑结构、梁架、斗拱、石作工艺、壁画、塑像、附属文物、病害等角度按照从大到小、由远及近、整体到局部的思路进行。同时考虑现场工作环境，进行灯光架设与镜头视角选取从而完成图版的拍摄。

濒危古建筑的记录方式方法不局限于以上的技术手段与分类，在现有条件基础上最大限度地对濒危古建筑进行客观、真实的记录才是我们讨论数字化记录方法的前提。虽然濒危古建筑会随着时间消亡，但随着科学技术的发展更多更有效的记录方法将会应用到文物遗址的记录工作中，最大程度的保留其遗迹信息。为这些不可再生的人类宝贵财富做一份"永久"档案，为日后的文物的文化内涵与历史价值挖掘，发挥文化遗产的优势提供可靠的数据支撑。

第四节 建立健全文物保护档案"云"平台

文物档案是文物普查、修复及日常管理中所形成的一系列档案资料，对于文物保护有着重要的参考价值。在国家推行文物保护政策的背景下，文物档案管理工作逐渐被人们重视。尤其是随着"互联网+"的发展，文物档案管理获得了更多的先进技术。

1."互联网+"环境下文物档案管理现状

（1）文物档案管理的立法进程

1961 年我国颁布的《文物保护管理暂行条例》明确要求对文物保护工作进行科学的档案记录。这是从法律层面对文物档案管理工作进行的最早规定。我国颁布的《文物保护法》明确规定："县级以上地方人民政府文物行政部门应当分别建立本行政区域内的馆藏文物档案。"我国颁布的《档案法》，虽然没有明确划分文物档案的范围，但许多条款依然适用于文物档案管理工作，如第五条："档案工作实行统一领导、分级管理的原则，维护档案完整与安全，便于社会各方面的利用。"进入 21 世纪，在互联网技术的快速发展下，信息传播变得更加便捷，但网络规制较为落后，文物档案侵权现象时有发生，需要"互联网+法律"对文物档案进行更全面的保护。其中《著作权法》《知识产权法》《反不正当竞争法》都可以引入文物档案管理工作中。如"山寨兵马俑"一案，不法分子不但制作假的兵马俑，还通过互联网窃取了西安档案馆的相关文物资料。尽管兵马俑属于有数千年历史的文物，超过了著作权法的保护期限，但文物档案资料符合《著作权法》保护条件，因此可以追究不法分子的法律责任。

（2）文物普查档案的来源

文物普查属于文物调查的一种特殊形式，主要目的是发现一些未知的文物，或者复查已登记文物的保护现状，为文物作用与价值的发挥提供科学的资料。文物普查档案作为普查工作的真实记录，反映了普查过程的整体情况。新中国建立以来，我国开展了多次文物普查活动，成为确保国家历史文化遗产安全的重要措施，国家文物局针对"互联网+"的发展趋势，对全国重点文物保护单位进行了档案报备工作，并要求各单位开展文物数据管理系统建设，形成"互联网+管理系统"的良好局面。我国除了西藏和青海之外，绝大多数的省市自治区都已经全面推行文物数据管理系统，录入了数量不菲的文物普查档案资料，使文物普查档案管理与互联网紧密相连。

（3）文物修复档案的发展

我国的文物修复档案始于 21 世纪初。在科学技术的快速发展下，许多文物保护单位采用先进手段开展文物修复工作，形成一定数量的文物修复档案。随着"互联网+"的发展，兰州档案馆、济南档案馆、武汉档案馆相继开始应用文物修复档案管理系统，实现"互联网+修复系统"的管理模式，将文物修复时的一些纸质档案资料录入数据库，方便了此类档案的管理。河北省开始推行文物修复档案三级管理制度，即县级文物修复档案需要报备市级档案馆和省级档案馆，形成三级管理模式，这为该省的文物修复档案管理工作奠定了良好的基础。四川乐山市档案馆首创了文物修复档案的分卷管理模式，即每一件修复的文物都设立一个单独的案卷，记录修复日期、时间、负责人、修复前后的状态、保存地等相关信息资料，使文物修复档案变得更加具体化，建档过程也越来越正规。

2."互联网+"环境下文物档案管理存在的问题

（1）文物档案概念缺乏统一的标准

无论从法规文件还是从学术定义看，当前的文物档案概念还缺乏统一的标准，在称呼方面比较混乱。其中"文物普查档案"和"文物修复档案"两个称呼最常见。前者是全国文物普查中所建立的档案，后者是对损坏文物进行修复时所构建的档案。此外，还有文物记录档案、文物藏品档案之称。由于没有统一的标准，一些文物档案的类型划分依然比较模糊，直接影响到文物建档的规范化。从法律层面看，我国《档案法》并没有规定文物档案的具体范畴，而《文物保护法》仅仅指出文物建档的重要性，对于如何规范文物档案概念也没有明确规定。互联网的快速发展促进了信息的互通互联，文物档案作为一种非主流的档案形式，应适应"互联网+"大环境，解决概念不统一的问题，从而进一步推动文物档案互联网管理工作的发展。

为对该文物的一个补充说明，在这种情况下很难体现出文物修复档案的价值。事实上文物修复档案应是文物普查档案的一个重要组成部分，修复后的文物虽然不等同于原始文物，但同样拥有借鉴的价值，能够为文物普查提供一定的参考依据。

（2）文物档案管理技术缺失

"互联网+"环境下的文物档案管理需要一定的技术，但当前的文物档案管理大多使用传统的管理模式，在管理技术方面缺少创新。由于文物建档是一个延续性的过程，从文物出土到鉴定、转移、修复、收藏、普查等环节，都有可能形成相关的档案资料。因此从理论层面看，各类文物档案应得到系统的整理，但实际上很难做到这一点。例如，鉴定、修复、普查这三个环节中所形成的档案，分属于不同部门甚至不同单位，如果进行系统的整理，显然有较大难度，这就需要引入新的管理技术，如信息管理系统、精细化管理技术、6S 管理技术等。当文物档案管理技术缺失的时候，整个管理工作将缺乏层次性和制约性，不能适应内外部持续变化的环境，工作人员的管理逻辑容易变得混乱，甚至有可能出现内外部脱节的现象，极大地影响到互联网环境下的文物档案管理。

3."互联网+"环境下文物档案管理的优化措施

（1）统一规范文物档案的概念标准

针对当前文物档案概念缺乏统一标准的问题，应从三个方面进行改善。首先，相关部门应从法律层面进行规范。例如，可以在《档案法》中加入文物档案的具体条例，或者在《文物保护法》中明确规定文物档案的概念，形成法律意义上的概念标准，不断提高"互联网+"环境下的文物档案管理水平。如果在正式法律中修改有难度，也可以考虑出台一些与文物档案概念相关的法律解释，无论是法定解释还是学理解释，都可以在一定程度上使文物档案概念得到规范。其次，文物普查、文物保护及与此相关的单位应有一定的协作意识，在文物档案概念方面能够形成一致的认识。文物管理局、档案馆、各单位的档案部门、文物普查组织等，都需要具备如何统一文物档案概念的意识。他们可以通过网络视频会议交流各自的意见和建议，形成文物档案命名的官方标准。再次，档案界、文物界及相关学界的学者，应致力于文物档案概念标准的统一，通过自身丰富的专业知识和关联知识，广泛开展文物档案概念标准统一化的研究工作，提出有针对性的意见，从而为相关决策提供理论依据。总之，在"互联网+"环境下统一规范文物档案概念标准，属于一项协调性、系统性、长期性的工作，需要各方的倾力配合，最终制定出符合我国文物保护实际情况的文物档案概念标准。

（2）强化文物普查档案与修复档案的关系

文物普查是我国文物保护工作的核心环节。只有通过一定的普查工作，才能将相关文物纳入到保护范围。在文物普查过程中形成的档案资料有着较大的指导性和权威性。而文物普查时发现残缺或者已经损坏的文物，可以根据相关的典籍资料进行修复工作，一般由文物归属部门自行解决，所产生的档案是整个修复过程的详细记录。因此，文物普查档案与文物修复档案应有密切的联系。但实践中两者之间的脱节现象较为严重，需要从两个方面进行改善。首先，文物普查组织在建档时，需要加强与文物修复档案之间的关联，增加文物修复情况的记录，使文物普查档案的互联网管理得到进一步完善。全国文物普查对于文物保护有着重大意义，而文物修复作为文物保护的一部分，应在文物普查档案中得到体现。其次，文物归属部门在修复文物的过程中，应积极与文物普查组织进行联系，所产生的档案资料能够为文物普查提供一定依据，避免出现"信息孤岛"现象，从最大程度上发挥出文物修复档案的价值。

（3）加强文物档案管理技术研究

在"互联网+"环境下，先进的管理技术是文物档案管理创新与发展的有力支撑。加强相关技术的研究有利于文物档案管理走出传统模式，进一步提高文物档案管理水平。首先，相关部门要加大信息管理系统的研究力度，开发出符合实际情况的文物档案信息管理系统。随着信息技术的快速发展，信息管理系统在文物档案管理工作中变得越来越重要。一套合适的信息管理系统能减轻档案管理人员的日常工作量，能使文物档案管理达到事半功倍的效果。其次，相关部门要引入精细化管理技术，解决当前文物档案粗放式管理的问题，使管理职责层层到位，整个管理流程中的每一位成员都应承担起自身的责任，形成有组织、有纪律、有方向的管理局面。再次，相关部门要引入当前流行的 6S 管理技术。该技术涵盖了整理、整顿、清扫、清洁、素养、安全等环节，在各大企业有着广泛的应用。将该技术引入文物档案管理中，有利于文物档案的全面整理，能提高档案工作人员的素养，确保档案储存的安全。总的来说，"互联网+"环境下文物档案管理，只有具备更多先进的管理技术，才能使管理水平上升到一个新的层次。

结语

综上所述，博物馆作为一种公共文化场所，其内具有多种丰富的藏品，充分体现了博物馆的社会价值和文化价值，有利于促进民族传统文化的传承。馆藏文物的保存主要是文物的系统保护与管理，科学地规划馆藏的存放空间，保证馆藏内部物理元素和化学元素的合理性，避免出现藏品损坏问题。其次，博物馆馆藏文物保护管理工作的开展，能够更好地促进文化强国战略目标的实现，具有一定的整体性，在博物馆馆藏文物保护管理工作过程当中需要定期使用防虫防霉剂，对一些重要的文物进行除氧封存保护，尽可能地保持文物的原始面貌，实现文物的价值。另一方面，现代信息技术的发展为博物馆馆藏文物管理工作提供了良好的技术支撑，管理人员要强化智能化意识，推动博物馆文物管理公司文化建设与发展。

健全的管理制度是博物馆馆藏文物保护管理工作开展的基础，因此，博物馆要积极建立文物管理制度，结合实际情况以及其他优秀的博物馆管理制度构建科学的制度内容条文，确保文物管理工作的有序进行。结合博物馆文物保护管理的现代化发展要求，也需要不断对文物管理制度进行更新优化，如及时将基于现代科技的信息化管理、智慧化管理规程纳入在内，对人员职责分工进行调整，从而使管理工作更为科学有序的开展。对于社会发展来说，博物馆馆藏具有丰富的文物藏品，加强文物保护管理工作极其重要。因此，博物馆要结合实际情况构建一套行之有效的管理制度体系，加强文物保护管理人员建设，用科学的方法开展文物保护，实现博物馆的稳健发展，发挥博物馆拥有的社会价值和文化价值。

参考文献

[1]周龙涛作.数字化可视艺术与文物保护研究[M].北京：中国华侨出版社,2023.05.

[2]龚德才作.文物保护基础理论及先进技术丛书文物保护新论[M].合肥:中国科学技术大学出版社,2023.04.

[3]徐圆圆.文物保护理论与方法研究[M].延吉：延边大学出版社,2023.03.

[4]孟令谦作：山东省古建筑保护研究院编.山东省古建筑保护研究院石质文物保护研究系列泰安岱庙石质文物预防性保护研究[M].北京：科学出版社,2023.03.

[5]金晓燕作.文物保护制度与实践研究[M].北京：中国原子能出版社,2022.09.

[6]李腾巍，王法东，梁俊.文物博物馆数字资源的管理与展示[M].延吉：延边大学出版社,2020.

[7]靳花娜.文物保护管理及其技术研究[M].长春：吉林出版集团有限责任公司,2022.07.

[8]龚钰轩.文物保护技术[M].合肥：中国科学技术大学出版社,2022.06.

[9]文良编；左耘，韩琼总主编.文物保护技术专业系列丛书书画装裱技艺镜片装裱与单色立轴装裱[M].北京：中国财政经济出版社,2022.06.

[10]王志萍.探讨如何强化博物馆的文物保护工作[J].中国民族博览,2021,(第5期)：211-213.

[11]摆小龙.博物馆文物管理中的文物保护研究[J].参花(上),2020,(第7期)：89.

[12]王晖.试析定安县博物馆馆藏文物安全保护的主要措施与意义[J].文物鉴定与鉴赏,2020,(第10期)：150-151.

[13]朱斌宾.为博物馆馆藏文物的保护与管理插上"数字化"翅膀[J].文化产业,2023,(第18期)：139-141.

[14]党路源.博物馆文物保护现状分析与完善途径研究[J].智库时代,2021,(第46期):67-69.

[15]田瑞媛."妙手神工守望文明——晋祠博物馆馆藏纸质文物保护成果展"策展记略[J].文物鉴定与鉴赏,2022,(第8期)：68-71.

[16]袁坤,刘德龙.临海市博物馆书画文物病害分析及其保护研究[J].上海视觉,2022,(第1期)：49-55.

[17]栗荣贺.简析博物馆文物藏品的科学保护工作[J].丝绸之路,2017,(第4期)：58-59.

[18]陈晓琳，周巧燕，马树启著.装裱技术在馆藏书画文物修复中的应用[M].郑州：中州古籍出版社,2018.09.

[19]穆克山著.故宫文物保护工程体系构建与实施基础设施建设[M].天津：天津大学出版社,2022.05.

[20]温小兰.博物馆馆藏文物的管理与保护研究[J].文物鉴定与鉴赏,2020,(第20期)：

124-125.

[21]付世权.博物馆馆藏革命文物的保护利用研究[J].中国民族博览,2022,(第 12 期):210-213.

[22]杨云舒.博物馆馆藏文物的管理与保护[J].参花(下),2023,(第 7 期):56-58.

[23]游越.数字化保护在博物馆馆藏文物中的应用[J].现代交际,2021,(第 21 期):236-238.

[24]赵明亮.中小博物馆馆藏文物的安全保护工作的解析[J].文物鉴定与鉴赏,2019,(第 16 期):148-149.

[25]徐军峰.五台县博物馆馆藏文物预防性保护环境改善措施研究[J].文物鉴定与鉴赏,2022,(第 14 期):86-89.

[26]张石惠.县级馆藏文物的保护管理工作探讨—以湖北省枝江市博物馆为例[J].文物鉴定与鉴赏,2021,(第 6 期):160-162.

[27]弥卓君,刘瑶.现代博物馆在文物保护中的实践探究[M].延吉:延边大学出版社,2020.

[28]辛亚勤,张玉静作.博物馆管理与藏品保护研究[M].北京:中国华侨出版社,2023.03.

[29]陈昀编.云阳博物馆馆藏青铜器保护与修复[M].北京:文物出版社,2022.10.

[30]孔健,徐艳著.博物馆文物陈列与文物保护研究[M].长春:吉林大学出版社,2021.08.

[31]（美）Jerry Podany 编；吴来明等译.馆藏文物防震保护研究[M].北京:科学出版社,2018.10.